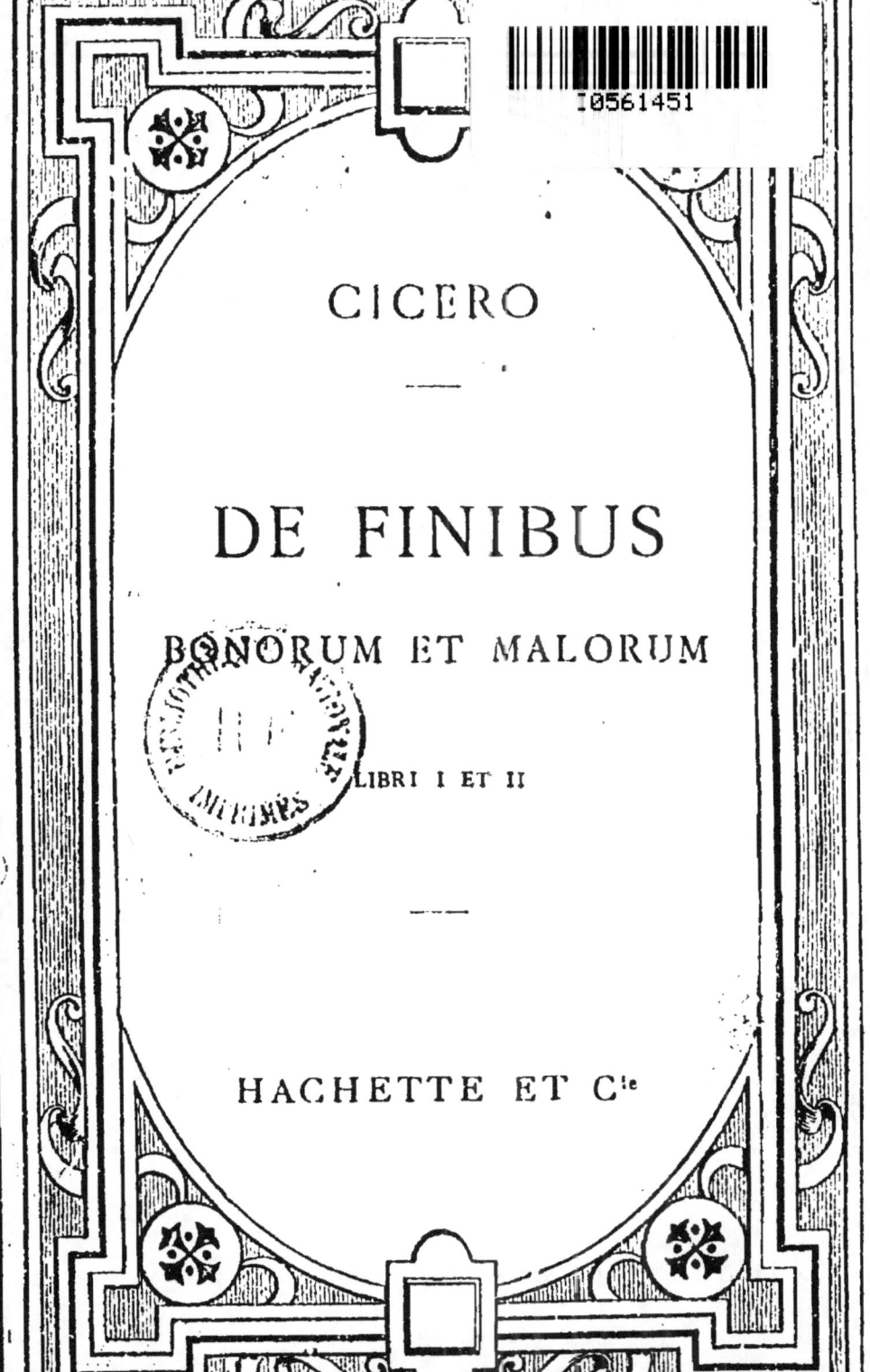

CICERO

DE FINIBUS

BONORUM ET MALORUM

LIBRI I ET II

HACHETTE ET Cⁱᵉ

M. T. CICERONIS

DE FINIBUS

BONORUM ET MALORUM

LIBRI I ET II

A LA MÊME LIBRAIRIE :

Cicéron. *Des vrais biens et des vrais maux,* traduction française par M. É. CHARLES, sans le texte latin, 1 volume petit in-16, broché. . . . . 1 fr. 50

39172. — Imprimerie LAHURE, 9, rue de Fleurus, à Paris.

M. T. CICERONIS
DE FINIBUS
BONORUM ET MALORUM

LIBRI I ET II

NOUVELLE ÉDITION

PUBLIÉE AVEC UNE INTRODUCTION

ET DES NOTES EN FRANÇAIS

PAR ÉMILE CHARLES

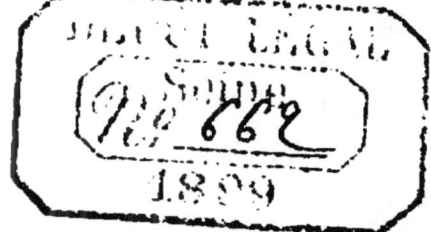

PARIS
LIBRAIRIE HACHETTE ET Cie
79, BOULEVARD SAINT-GERMAIN, 79

—

1899

Les manuscrits du *de Finibus*, dont le plus ancien paraît re-
monter au onzième siècle, nous ont transmis cet ouvrage avec
beaucoup d'altérations et de défauts. On a consulté avant tout,
pour établir le texte, les deux éditions du savant Madvig, dont
l'autorité est si considérable. (Copenhague 1839, 1869.) On a
toutefois profité souvent de celles de Baiter (Zurich 1863), de
Klotz (Leipzig 1860) et de l'édition des deux premiers livres,
donnée par M. Boeckel (Berlin 1872). Entre les différentes leçons,
on a choisi celles qui se rapprochent le plus du texte des manuscrits. Les notes si longues et si multipliées de Madvig ont été
d'une grande utilité pour l'interprétation de plusieurs passages,
mal compris par nos traducteurs français.

Bien que cette publication se borne aux deux premiers livres,
on a donné dans l'Introduction un aperçu de l'ouvrage tout entier.

INTRODUCTION

I

Cicéron écrivit le livre *de Finibus bonorum et malorum* à soixante-deux ans, sous le quatrième consulat de César, dans la première moitié de l'année 45 avant Jésus-Christ. La plupart de ses écrits philosophiques datent à peu près du même temps, et la hâte qu'il mit à les rédiger en explique les négligences et les imperfections. D'ailleurs il était mal préparé à une tâche si difficile : quoique passionné pour la philosophie, il ne l'avait jamais étudiée sérieusement, et s'était contenté d'une érudition de seconde main. Il n'en fallait pas davantage pour son dessein : il ne se proposait pas d'ouvrir à la science de nouvelles voies, mais d'y trouver des consolations aux tristesses de sa vie politique, et de la présenter à ses concitoyens comme un genre de littérature, où il ne convenait pas qu'ils fussent inférieurs aux Grecs, ou comme une méthode pour former de beaux caractères, et procurer une vie bienheureuse. Aussi la morale est pour lui toute la philosophie; il ne la perd jamais de vue, même dans les écrits qui n'y sont pas proprement consacrés; il y ramène tous les problèmes, et c'est avec ses principes qu'il juge de toutes

les opinions. Il a donné dans le traité *des Devoirs*
un manuel de l'honnêteté, dans les *Tusculanes*, une
sorte d'art d'être heureux; dans le traité des *Principes
du bien et du mal*, il s'élève à des théories plus spé-
culatives, et à une critique des systèmes les plus répandus. Le titre, probablement traduit du grec (et le
reste de l'ouvrage en est au moins imité), indique,
non sans quelque incertitude, quelle est son intention. L'idée de fin, τέλος, est une de celles qui ont
justement préoccupé les philosophes, surtout à partir
d'Aristote. C'est le propre d'un être intelligent de ne
pouvoir, quand même il le voudrait, agir sans se proposer un but, sans concevoir les moyens de l'atteindre.
Il y a sans doute des fins secondaires que l'on pour-
suit en vue d'une autre, mais il faut bien qu'il y ait
une fin unique et suprême, pour laquelle toutes les
autres sont recherchées, et qui n'est désirée que pour
elle-même. Les actions seront bonnes ou mauvaises
suivant la valeur de ce mobile : il y aura dans toutes
celles qui sont bonnes un élément commun, une
unité d'intention qui permettra de les rattacher à un
bien, au delà duquel on n'en trouve pas d'autre, qui
soit voulu pour lui-même et non pour d'autres biens.
Celui-là présidera à la vie morale, quand elle est irré-
prochable, et se subordonnera toutes les bonnes résolutions; on pourra l'appeler *finis bonorum*. De même,
la série des actes mauvais ne peut être indéfinie ; elle
tient son caractère d'un élément qui se retrouve en
chacun d'eux, et qui dégagé de toutes les formes
particulières, et considéré sans aucune différence de

degrés, constituera le mal en lui-même, le principe qui à lui seul expliquera cette corruption de l'activité, ce après quoi l'on ne peut rien concevoir de plus mauvais : on l'appellera *finis malorum*. On aura ainsi la première des choses désirables, et la dernière des choses à fuir. De là ce titre, dont la seconde partie a été souvent critiquée, et qu'on peut traduire en français de diverses façons : Des vrais biens et des vrais maux, Des principes des biens et des maux, Du premier des biens et du dernier des maux. En l'écrivant en tête de son livre, Cicéron n'a pas commis cette erreur d'imaginer un souverain mal, par opposition au souverain bien, et de revenir au dualisme moral de certaines religions antiques. Il n'a pas posé la question comme un métaphysicien qui chercherait hors de l'homme quelque principe absolu éclairant sa raison et gouvernant son activité. Il a voulu seulement déterminer le bien et le mal que nous pouvons faire, et marquer en quoi consiste pour une âme humaine la perfection la plus haute et l'avilissement le plus bas; il a voulu mettre en face le type de l'honnêteté et celui du vice. Quant à la question métaphysique que les grands philosophes de la Grèce avaient mise au premier rang, que les épicuriens suppriment, que les stoïciens écourtent, il ne la connaît pas, et il s'imagine que la morale se suffit à elle-même.

Le livre en lui-même, avec ses lacunes et ses obscurités, est un des monuments les plus précieux de l'ancienne philosophie : il y a de fortes raisons de croire que le fond, et même l'ordonnance générale, en est emprunté à un ouvrage grec : il est sûr au moins que Cicéron a souvent traduit, parfois sans les comprendre autant qu'il le faudrait, des pages entières de philosophes anciens, comme Chrysippe, ou plus modernes, comme Diogène le Babylonien, ou de quelque écrivain encore plus récent, comme Antiochus d'Ascalon. Il a de même imité de près Panétius dans le *Traité des devoirs*, en le nommant, il est vrai ; et Phèdre l'épicurien dans le *Traité de la nature des Dieux*, sans le nommer ; on a pu s'en convaincre en retrouvant dans les papyrus d'Herculanum le traité Περὶ θεῶν. La critique moderne peut citer, pour tous ses autres ouvrages de philosophie, les noms des auteurs qu'il a pris pour modèles. Mais comme les originaux grecs ont péri, on lui doit une grande reconnaissance pour nous avoir conservé dans le *de Finibus* des matériaux qui intéressent l'histoire de la philosophie. Toutefois c'est un mérite qu'il suffit de signaler, et dont on ne peut donner de preuves dans cette courte notice. Il semble plus à propos de tirer de son ouvrage quelques vues sommaires sur les opinions morales qui se disputaient la direction des âmes chez les Romains, un demi-siècle avant l'ère chrétienne. Ces pages, en effet, malgré leur appareil scolastique, et leurs prétentions oratoires, ne manquent pas toujours d'une émotion sincère ; dans ces débats un peu prolixes, il y a un intérêt vivant ; on y sent les anxiétés des esprits qui cherchent leur voie, la curiosité des âmes qui s'interrogent sur leur destinée.

et qui n'ont pour s'éclairer que les lumières de la philosophie. Il est facile d'oublier Cicéron, malgré son assiduité à nous rappeler sa personnalité, pour songer à toute cette génération d'hommes, ceux du moins qui comptent par leur talent et leur caractère, que les malheurs du temps, la ruine des croyances et le déclin des anciennes vertus forcent à demander à leur raison ce que c'est que la vie, si elle est bonne ou mauvaise, et quel en est le but et l'usage. Les solutions religieuses, qui paraissent avoir été à Rome des expédients politiques, n'ont plus de crédit, et laissent à l'esprit toute sa liberté. La vie publique, qui faisait du dévouement à la patrie une sorte de religion et tenait lieu de toute morale, leur est interdite, depuis que César s'est chargé de faire tout seul le bonheur et la grandeur des Romains. Il ne leur reste plus que cette science, si négligée par leurs ancêtres, la philosophie, et les systèmes qu'elle a produits en Grèce. Trois doctrines morales, pour ne pas parler de celles qui ont perdu tout crédit, sont en présence : celle des épicuriens, celle des stoïciens, et entre les deux une sorte d'école éclectique qui réunit à peu près, du moins en morale, les descendants dégénérés de Platon et d'Aristote. Il faut choisir, et dans les entretiens imaginaires, que Cicéron a exposés dans les cinq livres, se développe une longue délibération, où sont pesés les mérites et les défauts de chaque système, et que l'esprit un peu indécis de l'auteur a laissée sans conclusion expresse.

II

L'Épicurisme, qui prend le premier la parole, a des avantages propres à toucher les esprits qui ne veulent pas payer trop cher leurs convictions. C'est une doctrine d'accès facile, et qui séduit par des dehors aimables. Elle a pour elle son extrême simplicité, qui dispense de longues études et réduit toute la science à quelques notions de physique ; et le prestige du bonheur et du calme qu'elle permet d'obtenir à peu de frais. Elle a aussi l'autorité du grand nombre : ses adeptes sont nombreux en Grèce, en Italie, et, chose étonnante, se sont même multipliés dans les pays que l'on regarde comme barbares. Répandus dans le monde entier, les épicuriens ont conservé depuis près de trois siècles les traditions de leur école, et répètent sans y rien changer le texte des *maximes fondamentales*, qu'ils apprennent par cœur. Cette immobilité, au milieu des variations incessantes des autres sectes, peut passer, suivant les appréciations, pour le signe d'une grande faiblesse ou pour une preuve de vérité. Les épicuriens forment d'ailleurs, partout où ils se trouvent en nombre, des sortes de confréries, à la façon des pythagoriciens : ils ont leurs réunions, leurs fêtes et l'on dirait presque leur culte, puisqu'ils regardent comme un dieu l'homme aimable et bon qui leur a ouvert la route du bonheur ; ils gagnent à leur cause des hommes de valeur très-inégale, et de caractères différents : les uns cherchent parmi eux l'excuse de leur vie relâchée, de leur indifférence politique, et même un prétexte à la corruption savante de leurs mœurs ; les autres s'y réfugient pour échapper à la tristesse, à la crainte de la mort, à la terreur religieuse, seul sentiment qu'ils aient conservé de la religion ; d'autres encore, et ce sont les meilleurs, sont charmés par les mots de vertu et de bonheur, toujours associés, et trouvent commode d'être honnêtes pour être heureux. Aussi l'épicurisme a ses poëtes, et parmi eux Lucrèce, un des plus grands qu'il y ait eu en n'importe quel temps et quel lieu ; il a ses adeptes élégants, comme ce Thorius Balbus dont on peut lire ci-après l'ingénieux portrait ; il a ses docteurs, comme ce Philodème, l'ami de Cicéron, dont on a retrouvé dans les cendres d'Herculanum les traités de logique et de morale ; philosophe et homme du monde, qui a toutes les passions de l'école, et qui parle contre la métaphysique et pour l'expérience, avec moins de science, mais avec tout autant de verve qu'un positiviste de nos jours.

Le côté séduisant, et l'on dirait presque touchant, de l'épicurisme, c'est qu'il se donne comme un retour à la nature. Au moment où il a paru pour la première fois, le grand mouvement philosophique de la Grèce était interrompu, et les esprits restaient fatigués, incertains et comme dégoûtés de la science. L'occasion était bonne pour détourner leurs regards

vers la bonne nature. C'est elle qui leur fera retrouver cet homme primitif que la science avait défiguré, qui leur révélera ses premières inclinations,
avant qu'elles soient faussées par les préjugés, et
leur découvrira, au prix d'une observation facile, le
vrai but de l'existence qu'ils ont vainement demandé
à des méditations stériles. Qu'on laisse donc de côté
Platon et Aristote, et tous les philosophes de cabinet
qui s'acharnent à rendre la vie morose. Les hommes
simples, les enfants, ces témoins incorruptibles de la
nature, en savent plus qu'eux sur le bien et sur le
bonheur; les bêtes mêmes expriment avec toute l'é-
nergie et l'infaillibilité de l'instinct quel est le premier désir de tout être animé. Pour cette recherche
il n'est pas besoin de métaphysique, ni de logique,
ni de mathématiques. On se contentera de quelques
règles très-simples pour la direction de l'esprit, et
cette *canonique* se réduira presque tout entière à
énoncer et à développer ce principe fécond : Les sens
sont les seuls juges du vrai et du faux. Puis on appli-
quera cette méthode à l'étude des choses extérieures,
qu'on expliquera par les atomes et leurs lois nécessaires, et l'on couronnera le tout par une morale po-
sitive, extraite des faits et saisie sur le vif. Avec ces
trois seules sciences, l'encyclopédie épicurienne est
complète : des faits observés, des faits généralisés,
voilà toute la matière de la philosophie. Les mathématiques et l'astronomie ne sont pas assez positives
pour y être admises, et d'ailleurs paraissent en contradiction avec les données des sens. Aussi Épicure, qui

avait commencé à les étudier auprès de Polyénus,
a-t-il fini par en dégoûter son maître et par lui faire
sacrifier tous les axiomes de la géométrie au grand
criterium de sa canonique. Voilà la méthode : on
peut pressentir quels en seront les résultats dans la
morale.

Cette science a pour but de déterminer quel est le
but de l'existence et de nous assurer les moyens de
l'atteindre. Ce but définitif, on ne doit pas le fixer *a
priori* par des considérations arbitraires : il faut le
démêler dans la première expansion de notre activité : il ne sera le but définitif, qu'à la condition
d'être le premier désiré par nous, et il doit y avoir
accord entre le premier élan de notre âme à la pour-
suite de son bien, et son dernier effort : la vie volontaire doit répéter et non pas supprimer la vie spontanée. Quel est donc le premier bien que tout être
vivant entrevoit dès sa naissance et dont il faut dégager l'image alors confuse ? c'est le plaisir. La première loi de nature, c'est de rechercher le plaisir et
de fuir la douleur. Elle est proclamée par un instinct irrésistible, que les systèmes ne parviennent
pas à comprimer ; elle est suivie par les animaux, les
enfants, les hommes faits eux-mêmes, en dépit de
leurs préjugés. Y a-t-il un homme qui recherche la
douleur, à moins qu'il ne s'en promette quelque avantage ; ou qui évite le plaisir, si ce n'est par crainte
d'une douleur ou par espérance d'un plaisir plus désirable ? Il n'y a donc qu'un seul bien et qu'un seul
mal, une seule façon d'être heureux, une seule façon

d'être malheureux; bien vivre, c'est jouir, et souffrir, c'est vivre mal.

Réduite à ces éléments, la doctrine est simple; mais on n'en voit que mieux combien elle est peu faite pour les esprits délicats, qui retrouveraient en face d'elle les répugnances que soulève le sensualisme effronté d'Aristippe. Pour gagner cette clientèle d'élite, Épicure a su, par un léger détour, donner à sa conception une apparence de noblesse. Le devoir consiste à chercher le plaisir; et le bonheur, à le posséder. Mais il y a diverses sortes de plaisirs. D'abord on ne confondra pas ceux du corps avec ceux de l'âme : ces derniers, prévus par l'espérance, prolongés par le souvenir, assurés pour ainsi dire par la pensée sont plus vifs que les autres. La distinction, il est vrai, n'est par de grande conséquence : car l'âme, cette masse d'atomes lisses et ronds, très-propres au mouvement, ne s'émeut jamais d'elle-même; elle reçoit tout du corps, et lui renvoie tout; c'est là que le plaisir commence, c'est là qu'il aboutit, après l'avoir traversée. Néanmoins la raison, « cette raison sobre qui sait trouver les causes de toute aversion et de tout désir », prononce qu'il faut préférer aux voluptés du corps ces joies durables de l'âme; et loin de contredire le principe du système, elle le confirme, puisqu'elle se fonde sur cette vérité que le plus grand plaisir est le plus grand bien. Mais cette légère correction n'est pas suffisante pour relever la doctrine; il en est une autre qui est plus efficace. Aucun plaisir n'est mauvais en soi, et toute volupté serait bonne, si l'homme n'était sensible qu'à la volupté ; mais il doit compter avec la douleur, qui sans cesse le menace, et qui prend toute les formes, souffrance physique, tristesse des désirs déçus, fatigue et crainte. Il faut donc, dans l'estime que l'on fait des plaisirs, tenir compte des conséquences douloureuses qu'ils peuvent avoir, et même de ce fond d'amertume qui s'y mêle toujours plus ou moins. Or la volupté des sens, le plaisir en mouvement, comme on dit dans l'école d'Aristippe, nous prépare sans cesse de cruels retours de la douleur ; outre qu'elle est fugitive et précaire, toujours suivie de fatigue et d'épuisement, elle porte avec elle comme une secrète angoisse. Enfin, elle nous laisse désarmés contre le plus grand fléau de la vie, la peur, sous toutes ses formes, crainte des hommes, des dieux, de la douleur à venir et de la mort. Cette crainte par elle-même est une souffrance. Il y a donc des plaisirs qui sont un moindre bien, ou même un véritable mal. La douleur, voilà le grand ennemi des hommes, celui qu'il faut combattre, ou plutôt qu'il faut fuir à tout prix. La vie entière doit être comme un art de se mettre à l'abri de ses coups ; et cette maxime, qu'il faut rechercher le plaisir, se change peu à peu en cette autre, qu'il faut fuir la douleur. Elles ne se contredisent pas : le plaisir suprême, le seul désirable, le seul certain, le seul durable, celui qu'Aristote avait déjà appelé le plaisir stable, que les Latins peuvent nommer le plaisir dans le repos, c'est l'absence de douleur. Voilà la béatitude promise au sage, cette félicité toute négative pour laquelle les Grecs ont inventé tant de noms, ἀπάθεια, ἀθαυμασία, ἀταραξία, ἀπονία, ἀόχλησις, ἀθάμβεια, ἀκαταπληξία, etc., et que les Latins, moins contemplatifs, ne savent comment exprimer. Ainsi se trouve fixé le plaisir, cette essence ondoyante qui varie avec la sensation ; ainsi il est ramené en quelque mesure en notre pouvoir, puisque les appétits naturels se satisfont à peu de frais ; ainsi se substitue, au plaisir brutal des Cyrénaïques, une volupté noble, qui peut s'appeler la sérénité.

Tout se rapportera à cet idéal de tranquillité. Les passions seront condamnées parce qu'elles font du bruit, causent du remuement, et, en définitive, vont se froisser aux obstacles ou s'endolorir dans la fatigue ; les désordres de tous genres seront flétris, au nom même du bonheur qu'ils rendent impossible ; toutes les vertus seront louées, comme il convient, et rigoureusement pratiquées. Toutes, en effet, concourent à assurer à l'âme ce calme qui ressemble à l'indifférence. Ne faut-il pas être prudent, c'est-à-dire éclairé et quelque peu savant, pour connaître le vrai prix des choses et la valeur respective de nos désirs, si bien distingués par Épicure, suivant qu'ils sont naturels et nécessaires, ou simplement naturels, ou tout à fait imaginaires ? La tempérance ne nous apprend-elle pas à sacrifier le plaisir actuel pour ne pas en encourir les effets fâcheux, et le courage n'est-il pas nécessaire pour nous affranchir des vaines terreurs de la superstition, et de la crainte de cette douleur, toujours courte quand elle est violente, toujours supportable quand elle est longue? Enfin, la justice nous défend contre la malveillance des hommes, les remords de la conscience, et surtout contre l'opprobre et les châtiments. Les vertus sont donc respectables, puisqu'elles travaillent à assurer notre quiétude ; elles sont saintes comme le bonheur qu'elles procurent. Épicure les a honorées et pratiquées, et ses disciples, que l'on calomnie, ont le droit de répondre à leurs ennemis, comme Cassius le fit à Cicéron : « Ceux que vous appelez les amis du plaisir sont les amis du bien et de la justice. »

On comprend donc que des hommes très-honorables aient embrassé cette doctrine, et que Cicéron confie à un descendant des Torquatus le soin d'en faire l'apologie. En effet, le sage épicurien, malgré l'idée fâcheuse qui s'est attachée à ce nom, ne manque ni de dignité ni de bonheur. Regardant la vie comme une lutte contre des forces qu'il est impossible de dompter, il tâche d'en esquiver les atteintes, en diminuant les prises qu'elles peuvent avoir sur lui : il réduit son activité, comprime son être, et se restreint à cette portion de lui-même qui est indifférente au plaisir et à la douleur. Il s'obstine à vivre le moins possible, comme d'autres à pousser leurs forces à l'excès. Il a les apparences de la faiblesse ou même de la lâcheté ; au fond, comme le dit Sénèque, c'est un héros sous l'habit d'une femme. La vie n'a pas pour lui de ces régions inconnues que tant d'esprits malades imaginent pour se donner la tristesse de n'y pouvoir pénétrer ; c'est un terrain borné, par-

faitement exploré, dont il aperçoit de tous côtés les
limites, et qui ne réserve aucune surprise à ses désirs, aucun prétexte à ses craintes. Il est en règle
avec les dieux, avec la nature, avec les hommes, et
leur demande aussi peu que possible. Son incrédulité
religieuse ne va pas jusqu'à nier les dieux, ni jusqu'à
leur refuser tout culte. Épicure avait écrit sur la
sainteté un livre que Cicéron déclare digne de la main
d'un prêtre, et l'un des personnages du *Traité de la
nature des Dieux*, Cotta, rapporte qu'il a connu des
épicuriens dévots. Mais il leur a ôté le pouvoir de
nuire, il leur a laissé cette béatitude qu'il envie, et
les a exemptés de l'activité qui lui répugne. Ils
vivent solitaires, loin du monde, comme il voudrait
vivre lui-même, et ne peuvent ajouter un seul plaisir
à ceux qu'il goûte, ni prolonger sa vie d'un seul jour.
La nature, avec ses lois inflexibles, est plus redou-
table, mais il ne lui demande qu'un peu de pain et
d'eau pour le disputer de bonheur avec Jupiter. Épicure ne dépense pas un as par jour, et Métrodore
se désole d'aller jusqu'à l'as tout entier. Quant aux
hommes, il les fréquente le moins possible : vivre
caché, c'est bien vivre. Il évite le souci des affaires
et ne se laisse aller aux charmes de l'amitié que s'il
y trouve son intérêt, et ne cède jamais à ceux de l'a-
mour. Il n'est pas amolli par la volupté, car le genre
de bonheur qu'il goûte est tel, que, sur le bûcher
même, il peut s'écrier : *Quam suave est!* et la vie ne
lui est pas tellement chère, qu'il ne la quitte volontiers comme un acteur quitte la scène.

III

Malgré ces beaux semblants, l'épicurisme n'a pu tromper les âmes qui avaient gardé un peu de clairvoyance et de courage. Cicéron ne parle pas seulement pour son compte, quand il proteste contre cette doctrine, mais personne n'a pu mettre à la réfuter .atant de véhémence et de passion. La foi philosophique de ce bel esprit, à moitié sceptique, se résume dans la haine de l'épicurisme ; c'est le seul point où il dogmatise, et le seul aussi où jamais il ne se soit contredit. C'est qu'à côté et au-dessus du philosophe, qui voit dans la science un noble délassement et une consolation, il y a en lui l'homme d'État, qui s'effraye de la corruption des mœurs, de l'indifférence en matière de politique, de l'abaissement des caractères, et de cette résignation qui accepte les faits accomplis et abdique devant les attentats couronnés par le succès. Il comprend que cette doctrine, impuissante à faire d'honnêtes gens, est très-efficace pour faire disparaître les bons citoyens. Aussi n'a-t-il pour elle nul ménagement. Il lui est arrivé d'écrire que c'était « une philosophie sortie de l'étable, et non de l'école, une philosophie de cuisine ». Dans le second livre du *de Finibus*, il tient un langage plus grave, mais non moins énergique. Sa critique, qui va toujours un peu à bâtons rompus, a touché tous les points faibles de cette théorie, qui peut excuser toutes les faiblesses, en gardant le bénéfice de la gravité, et qui donne aux instincts les plus bas de faux dehors de noblesse et d'honneur. Sans doute il semble plus désireux de multiplier les coups que de les assurer ; il passe en courant sur les objections les plus graves, et emploie toute la pompe de son langage à développer des raisons secondaires; mais sa réfutation n'en est pas moins décisive; on pourrait, sauf les termes, l'opposer encore à des systèmes qui, eux aussi, diffèrent moins de l'épicurisme ancien par le fond que par le langage. Suivant lui, le système d'Épicure est faux, sa morale est détestable, et ses promesses de bonheur illusoires.

Que faut-il penser d'abord de ce prétendu retour à la nature qu'Épicure ne cesse d'opposer à la science? Où va-t-il prendre les témoins de la nature humaine? Chez les animaux, où elle n'apparaît pas, chez les enfants, où elle n'est qu'à l'état d'ébauche. Et même il ne sait pas entendre ce qu'ils lui disent : ce qu'ils recherchent sans réflexion, par le seul jeu spontané de leurs penchants, ce n'est pas le plaisir, c'est leur conservation ; c'est la persévérance dans l'être qui est leur première inclination. Et cet être, ce n'est pas seulement celui qui vit et qui sent, qui est capable de désir et d'aversion, de plaisir et de douleur ; c'est celui qui pense, compare, réfléchit, qui porte en lui les germes des vertus, de la science, de la bienveillance et de l'amour des hommes, qui se sait fait pour agir et penser, et non pour s'abstenir sous le coup de la crainte. Pourquoi mutiler ainsi la nature humaine, et ne considérer en elle que ce qui appartient à l'animal; le bien de l'homme est-il seulement celui de la bête? Sa destinée est-elle uniquement dans la satisfaction des penchants inférieurs, et les autres seront-ils, non pas subordonnés, mais comme supprimés? Quelle exactitude y a-t-il dans une observation qui prend pour une fin le plaisir, qui n'est qu'un résultat ; pour le mobile de l'activité la jouissance, que l'on ne peut éprouver qu'après avoir agi; qui s'évertue à choisir pour signe caractéristique de l'homme des attributs qui lui sont communs avec tous les êtres vivants, et néglige la raison et la volonté, qui appartiennent à lui seul?

Mais cette prétendue fin que l'on prétend démêler dans l'expansion primitive de nos facultés agissant sans conscience et sans choix, devrait au moins être maintenue comme celle de l'activité arrivée à tout son développement. Si le plaisir est le premier but auquel aspire la vie, il doit être le dernier, car il y a identité entre la fin première et la fin dernière. Il ne faut rien changer à cette première détermination de la volonté humaine ; esclave du plaisir à ses débuts, elle doit partout et toujours rester soumise au même plaisir, et il ne peut y avoir deux lois. Or Épicure substitue frauduleusement au premier but qu'il a cru découvrir un but tout à fait différent. Ce que l'animal et l'enfant désirent, assurément c'est le bien-être sous sa forme la plus simple et la plus sensible, la volupté au sens où l'entendent les Cyrénaïques, la

jouissance actuelle, résultant d'impressions agréables.
Il ne peut y avoir aucune incertitude sur ce point;
chacun sait assez ce qu'il faut entendre par ces mots
ἡδονή, *voluptas*, « et tous les moineaux en savent autant là-dessus que les philosophes. » Mais quoi! ce
plaisir a mauvais renom, les gens délicats répugnent
à croire qu'il faille en faire le seul objet de nos désirs, et on ne peut le maintenir au rang où une fausse
observation l'a poussé, qu'en excusant tous les désordres, tous les excès du sensualisme brutal ou raffiné.
Aussi Épicure qui manquait de science plus que de
discernement, a-t-il essayé d'exclure ce mobile et de
le remplacer par un autre, auquel il donne le même
nom, à savoir : l'absence de douleur, *indolentia*. De
là des hésitations incessantes et finalement une contradiction insoluble. S'agit-il des fondements du système, c'est le plaisir seul qui est en jeu ; faut-il développer la doctrine, et passer des enfants et des
animaux aux hommes faits, c'est l'absence de la douleur qui devient le premier bien. En réalité pourtant
ces choses ne peuvent se confondre. Cicéron ne dit
pas, comme il le devrait, que cette prétendue indifférence, cet état de neutralité entre la douleur et le
plaisir n'existe pas, ne peut exister, et que l'homme
ne cesse pas plus de sentir que de penser et de vivre.
Mais il soutient que l'âme peut se trouver en trois
états différents, le plaisir, la douleur, et entre les
deux, l'absence de tout plaisir et de toute douleur.
Si Épicure veut rester conséquent avec lui-même, il
devrait alors reconnaître à la vie humaine deux buts,

le plaisir, d'une part, et l'absence de douleur, de l'autre.

Qu'il choisisse l'un ou l'autre, sa doctrine n'en est pas moins immorale; elle absout les passions, elle glorifie l'égoïsme, elle dénature les vertus. De quel droit en effet pourrait-elle condamner les passions? Est-ce au nom de la fameuse division des désirs, division mal faite dans la forme, inexacte dans le fond? D'après quel principe déclarer tel penchant légitime et tel autre coupable? Si l'on juge à la règle de la vertu, cette sentence s'explique; mais le plaisir n'est pas un principe suffisant pour discerner entre les plaisirs. Épicure est obligé d'en convenir: les débauchés ne sont coupables que parce que leurs excès ne les défendent pas de la crainte sous toutes ses formes; si l'ivresse et les voluptés honteuses avaient cet effet, il les tiendrait pour excellentes en elles-mêmes. Quant aux vertus, il les prostitue jusqu'à en faire les complaisantes de la volupté; on les voit, comme dans le tableau de Cléanthe, s'empresser autour de cette reine, s'évertuer à la servir, et se pencher à son oreille pour lui dire: « C'est nous qui sommes les vertus; nous sommes faites pour te servir, et nous n'avons pas d'autre souci. » La prudence n'est plus qu'un art de discerner le plaisir, la tempérance une sorte de respect humain, le courage un calcul, et la justice une salutaire terreur des juges et des châtiments. Il est vrai qu'Épicure daigne compter pour quelque chose les tourments de la conscience, et qu'il recommande de les éviter, comme toutes les autres douleurs. Mais le remords, si vif qu'il soit, est-il donc le seul mal qu'il y ait dans le crime, et est-il sans exemple que des âmes résolues soient parvenues à s'en affranchir? Les vertus sont actives de leur nature; penser et agir, voilà leur œuvre : elles n'ont pas de place dans une vie condamnée à l'inaction.

Quant au bonheur promis par Épicure au vrai sage, il faut la foi robuste de ses adeptes pour y compter. Il est des philosophes qui ont le droit de soutenir qu'il dépend de nous de nous assurer une parfaite félicité : ils ne la séparent pas de la vertu, qui n'est interdite à personne et que nulle violence des hommes ou de Dieu ne peut nous ravir. Mais si le bonheur consiste à ne pas sentir la douleur, que pouvons-nous pour le conquérir et pour le garder? La douleur nous assiége et nous presse de tous côtés ; elle tombe à coups redoublés sur le corps et sur l'âme, et même quand elle ne nous frappe pas, elle tourmente notre esprit de la crainte de ses assauts. Dépend-il de nous de ne pas la subir ou de ne pas la redouter? Quelle recette nous propose-t-on pour nous rendre insensibles? Il faut, dit-on, nous réfugier dans la pensée des joies déjà éprouvées, nourrir notre mémoire de cette contemplation et en bannir le souvenir des souffrances. Mais la mémoire obéit-elle à nos ordres, nous distribue-t-elle à notre gré l'oubli et le souvenir; et quand elle aurait ce pouvoir, la méditation des joies qui ne sont plus ferait-elle évanouir l'amertume des chagrins présents?

La douleur est courte, ajoute-t-on, si elle est violente, comme si toute douleur aiguë nous tuait tout d'un coup, et n'avait jamais que des accès passagers. Singulier bonheur qui enferme en lui-même le plus grand des maux, les souffrances et la crainte, et qui n'a ni certitude, ni durée ! Bonheur indigne de l'homme, en tout cas, et que l'on ne peut désirer sans s'avilir. L'homme heureux n'est pas Thorius Balbus, qui a su faire de sa vie une longue suite de plaisirs modérés et savamment calculés, qui est riche, beau et sans préjugés, qui ne craint rien des dieux ni des hommes ; c'est plutôt Régulus, qui expie dans les supplices sa fidélité à sa patrie et à sa parole. Mais les héros ne peuvent être appelés en témoignage par les épicuriens, qui devraient les railler ou les flétrir comme des insensés. L'histoire est fermée pour eux, et les grands exemples sont à leur confusion. Ils n'oseraient pas même parler franchement devant le peuple, devant le sénat, et Torquatus, qui porte la parole en leur nom, n'aura pas le front, le jour où il montera à la tribune et demandera les suffrages du peuple, de déclarer qu'il se propose de prendre pour règle de sa conduite la ferme résolution de chercher partout son plus grand plaisir, et d'éviter soigneusement toute douleur. Quelle doctrine à proposer aux hommes que celle qu'on murmure à l'oreille, comme ces propos qui risquent de faire rougir ceux qui les entendent, et qui promet aux hommes un bien dont les bêtes elles-mêmes ne voudraient pas se contenter !

IV

Les âmes qui répugnent à ce bonheur, trop semblable au sommeil, peuvent demander une doctrine
plus mâle aux philosophes du Portique. Eux aussi
promettent le bonheur, mais ils estiment qu'il faut le
vouloir et l'acheter; ils le demandent non pas à l'ab-
dication de la volonté, mais à l'effort perpétuel. L'é-
picurien fuit devant la douleur, le stoïcien lui déclare
la guerre; l'un se guérit de la peur en se retirant en
lui-même pour lui laisser moins de prise, l'autre la
met au nombre des vices, regarde en face les objets
dont elle nous menace et leur arrache, par un acte
de sa raison, le pouvoir de nous nuire et celui de
nous effrayer qu'ils tiennent de notre imagination.
C'est Caton que Cicéron choisit pour être l'interprète
de cette morale, pour laquelle il semble que les Romains étaient tellement bien disposés, qu'ils l'avaient
pratiquée avant de la connaître.

Cette école, comme celle des épicuriens, et pour la
même raison, parce qu'elle n'a guère de métaphysique, cherche dans la nature humaine le principe du
devoir et du bonheur. Il s'agit de dégager de l'homme
tel que la nature l'a fait, avec la complexité de ses
éléments et l'inégalité de ses attributs, son essence
propre et sa perfection idéale. Il faut donc étudier
les premiers rudiments d'activité qui se manifestent

en lui : on voit partout où la vie apparaît qu'elle est accompagnée, chez les êtres qui en sont animés, d'un instinct de conservation, d'une sorte d'attachement à leur existence, d'un désir non pas seulement de la maintenir, mais encore de l'augmenter, de la perfectionner. L'homme aspire spontanément à être le plus homme possible, comme chaque espèce animale tend à développer dans toute leur plénitude les forces dont elle est douée. Le plaisir n'est pas parmi ces premiers biens qui stimulent nos facultés ; il n'est que le résultat de leur exercice, le signe qu'elles sont satisfaites, et que ce désir d'être et de persévérer n'a pas éprouvé d'échec ; la douleur n'est pas non plus le mal primitif que nous fuyons, elle nous atteint quand nous ne réussissons pas à conserver notre être, et que nous le sentons compromis ou diminué. Le premier bien de la nature, c'est donc l'intégrité et la perfection de l'homme, et le premier mal, c'est sa destruction ou son affaiblissement ; et par l'homme il faut entendre à la fois les organes, et les plus hautes facultés de l'esprit, d'où naissent les sciences, les arts et les vertus. L'instinct primitif nous pousse donc à chercher tout ce qui est conforme à notre nature, à fuir tout ce qui lui est contraire. Un moment vient où à la vie instinctive succède le premier éveil de l'intelligence, et alors ce choix aveugle se fait avec discernement ; on commence à savoir pourquoi l'on recherche certains objets, pourquoi l'on fuit les autres, et l'on peut rendre compte de chaque action en particulier, en dire le motif actuel, quitte à changer d'ex-

plication à chaque nouveau cas. A cette hauteur,
l'homme n'est pas arrivé à la sphère de la moralité;
il est encore dans la région des actions convenables;
il se prépare la matière d'une activité supérieure, et
prélude, par des actes faits à propos, mais sans suite,
sans direction constante, sans rapport à une seule
fin (τὰ καθήκοντα, *officia*, devoirs moyens), à une activité tout à fait raisonnée, qui ramène tout à un même
principe, subordonne tout à une même fin, et dont
les effets constants, aussi parfaits qu'il est possible
de les concevoir, constituent les devoirs parfaits (τὰ
κατορθώματα). Entre ces deux modes d'agir, il n'y a
pas de différence quant à la matière des actions, mais
il y en a une grande quant à l'intention, et les mêmes
actions prennent dans l'un et dans l'autre un caractère tout différent : la raison, quand elle atteint cette
perfection morale qui est la sagesse, ne les juge plus
une à une, en vertu de l'opportunité, du moment,
du lieu, ou de leur rapport avec quelque fin particulière; la volonté ne les produit plus au jour le jour,
sans suite et sans unité; mais elles forment un système, s'ordonnent en un même ordre, conspirent au
même but, sans cesser d'être conformes à la nature :
elles ne tendent même qu'à assurer cette conformité.
L'âme ainsi pénétrée de l'ordre, dirigeant dans un
même sens toutes ses forces, en vertu de cet accord,
concordia, ὁμολογία, fait de la vie entière comme une
œuvre d'art, un poëme bien composé et sans épisodes
parasites. Cette certitude d'être le plus résolue et le
plus ferme possible en tous ses desseins, et d'avoir

ramassé de tout côté les éléments épars de son activité pour les soumettre à l'unité de la raison, amie
de l'ordre, lui semble alors le premier des biens, la
seule chose désirable en elle-même, et auprès de laquelle tous les autres avantages qui la séduisaient
n'ont plus de valeur. Mettre de l'ordre en ses actions,
c'est-à-dire les rendre raisonnables comme tout ce
qui est ordonné, voilà le vrai bien moral. Il n'est
pas apparent dans les premières déterminations de la
nature (τὰ πρῶτα κατὰ φύσιν, expression que Cicéron a
traduite de tant de façons), non plus que la raison
qui vient tard à tout le monde et même jamais à
quelques-uns ; mais, comme la raison dont il est
l'œuvre, il y est à l'état de germe ; c'est une étin-
celle qui deviendra plus tard une grande lumière.
Bien plus, c'est à ces premiers penchants qu'il faut
demander le principe suivant lequel ce travail d'ar-
rangement et de composition s'effectuera : car on ne
peut pas ordonner sa vie, mettre de l'harmonie entre
tous ses actes, si on ne les rapporte à une seule fin ;
il faut un dessein, un plan, une intention unique
pour ne rien laisser au hasard, au caprice, c'est-à-
dire à la déraison. Or cette fin suprême est indiquée,
on l'a déjà dit, avec clarté par les mouvements primitifs de l'âme qui tous ont pour but la conservation de la nature. Rester ce qu'on est par naissance, garder cette essence propre qu'on a reçue,
à savoir l'humanité, la porter au plus haut degré
de perfection possible, voilà quelle est la loi suprême, que les stoïciens expriment communément par

cette sentence : *vivre conformément à la nature.*
La sagesse consiste à entendre le vœu de la nature,
et à ne rien vouloir, ne rien faire, pas même un
mouvement du doigt, sans l'intention d'y satisfaire.
La sagesse n'est donc pas créée de toutes pièces par
la nature, mais elle est comme ébauchée par elle et
désignée à notre attachement. N'arrive-t-il pas que
nous nous éprenons d'une amitié plus vive pour certaines personnes recommandées par nos amis, que
nous n'en avions pour ces amis eux-mêmes ? Qu'y
a-t-il d'étonnant que nous préférions à la nature
même le bien qu'elle nous a inclinés à aimer? On
objectera peut-être qu'il y a là deux biens distincts,
et, comme dit Cicéron, deux fins différentes : ne pas
se démentir, d'un côté, et, de l'autre, vivre conformément à la nature. Mais, qui ne voit que ces deux
devoirs s'impliquent et ne sont que les deux formes
d'une seule et même obligation? Pour ne pas se démentir, il faut un dessein, et pour vivre conformément à la nature, il faut ne pas se démentir, et de-
meurer en ce ferme propos; la règle d'un côté, et de
l'autre, la résolution constante de s'y soumettre.

Mais les épicuriens se flattent aussi de vivre conformément à la nature : seulement on sait qu'ils entendent par là la nature animale, tout au plus la
nature sensible, celle qui a la passion du plaisir et
l'horreur de la douleur. Les stoïciens s'en font une
tout autre idée. La nature d'un être, disent-ils, c'est à
proprement parler sa différence, le caractère qui le
distingue de tous les autres, et non pas les attributs

qui lui sont communs avec eux. Pour trouver celle de l'homme, il ne faut pas regarder la vie, — tant d'autres êtres sont vivants, — ni l'inclination aveugle, — tous les animaux ont leurs penchants ; — ni la passion, ni la sensibilité, puisqu'on en découvre ailleurs bien d'autres formes tout aussi actives : il faut savoir dégager de ces éléments, qui lui sont comme étrangers, celui qui lui appartient en propre, la seule chose véritablement humaine, qui est en lui la partie supérieure, ou qui doit l'être, τὸ ἡγεμονικόν, à savoir la raison, et la liberté, qui ne s'en distingue guères. Vivre conformément à la nature, c'est conserver et développer en soi l'être intelligent et moral aux dépens de l'être animal et insensé, et délivrer l'homme idéal de la brute, avec laquelle il se trouve confondu. Il faudra donc éliminer du bien tout ce qui ne contribue pas à cette création d'une personne, les plaisirs grossiers des sens, les vaines terreurs ou les aveugles attachements de l'opinion, tout ce fardeau de la vie sensible dont les épicuriens ont surchargé l'homme ; il faudra même écarter ces avantages, que l'on peut choisir, mais non pas poursuivre comme des fins, la santé, la richesse qui ne sont que des moyens ; et, cette élimination terminée, il restera le fond de la nature humaine, l'amour inné de la vertu et de la science, qui, transformé par la raison en idée directrice de la vie, deviendra le vrai bien, le bien propre de l'homme qui ne peut être hors de l'homme même, et qui s'appelle l'honnêteté, comme le seul vrai mal s'appelle le vice ou la méchanceté (κακία).

Est-ce à dire que les stoïciens proscrivent tous les sentiments du cœur, et exigent de l'homme qu'il devienne indifférent à tout, hormis à la vertu, et qu'ils confondent dans une même nullité tous ces avantages qui, suivant eux, ne peuvent être que la matière des actions convenables et non celle des actions droites? Sans doute, ces choses n'ont en elles-mêmes aucune valeur morale : un homme n'est pas meilleur, pour être riche ou bien portant; il ne perd rien de sa dignité en devenant pauvre et malade, et, dans ce sens, on peut dire que la santé et la richesse sont choses indifférentes, comme le plaisir et la douleur. Elles ne sont pas des fins, elles ne sont pas de l'ordre de la droite raison; mais elles ne laissent pas d'être des moyens, et si elles ne doivent pas être l'objet du désir ou de la volonté, elles peuvent être celui du discernement, d'une juste estime, d'une préférence, et leurs contraires peuvent être évités avec prudence. La vertu ne reste pas seule au sommet d'une vie déserte, sans rien qui la prépare, rien qui la soutienne, et l'un de ses emplois, comme une de ses conditions, c'est de savoir distinguer, parmi les choses moralement indifférentes, celles qui se rapprochent plus ou moins d'elle, et qui, à ce titre, doivent être, non pas le terme de la volonté, — on ne veut, à proprement parler, que la fin, — mais celui d'une prédilection.

Ainsi, chaque chose est à sa place, tout est subordonné, sans que rien soit supprimé. Si l'on se figure l'âme d'un stoïcien comme une sorte de pensée abs-

traite, fixée sur la vertu, aveugle et impassible pour
le reste, ignorante des biens du corps et de ceux de
la nature, et même des affections les plus saintes, on
'n'a devant soi qu'une image forgée à plaisir. Le bien
est au-dessus de tout, il est l'intention, le but désiré et voulu, toujours égal à lui-même, incapable de
degrés d'accroissement ou de diminution ; il est seul
souverain ; mais, au-dessous de lui, il y a des choses
qui approchent plus ou moins de sa majesté et en
reçoivent un éclat plus ou moins brillant. Quel est,
disait Zénon, le premier personnage de la cour? C'est
celui qui, par sa dignité, vient après le roi, et non
le roi lui-même, car le roi est au-dessus de tous et
hors de pair. De même le bien n'est pas la première
des choses préférables, il est en dehors d'elles, au-
dessus d'elles. Elles ont beau s'en approcher, la distance qui les en sépare est infinie et ne saurait être
comblée : elles seront plus ou moins dignes d'être
choisies, mais lui seul reste digne d'être voulu. Ceux
qui rejettent toute différence entre les choses, quand
elles ne sont par elles-mêmes ni honnêtes ni malhon-
nêtes, brouillent toute la vie, y ramènent le caprice
et le hasard, et sont infidèles à la grande maxime stoïcienne ; ils retournent à l'indifférence grossière des
cyniques, ou à la résignation stupide de Pyrrhon. Il
faut distinguer parmi les objets indifférents et les
juger par comparaison avec le bien ; il y en a qui
sont tout voisins de lui (προηγμένα, *producta*), il
y en a d'autres qui en sont éloignés (ἀποπροηγμένα,
remota). Leur prix est variable, et comporte le plus

et le moins; le bien est inestimable parce qu'il est infini.

Quant aux affections, quel est le stoïcien qui a jamais parlé de les arracher, comme on le dit, du cœur humain? Les penchants naturels sont excellents, et donnent à l'âme le signal de son ascension vers le bien; il suffit, pour les consacrer, les faire entrer dans la vie intellectuelle, et de les soumettre à la raison, à la volonté. Ceux-là seuls sont à proscrire qui naissent d'une raison corrompue, qu'on peut appeler l'opinion ou l'imagination, et qui, par suite n'ont plus rien de conforme à notre nature, rien d'humain. Le désir que les stoïciens condamnent, c'est celui qui s'oppose à l'activité volontaire; la joie et la crainte, qu'ils défendent à leur sage, ne les empêchent pas de louer la sérénité (*gaudium*) et la prudence qui se garde (*cautio*), c'est-à-dire les mêmes, sentiments purifiés et unis à la raison. Est-on insensible pour faire de la joie une chose sérieuse et pour mettre du discernement dans les aveugles répugnances de l'instinct? Leur ambition, c'est de vouloir que l'âme tout entière se pénètre de raison, c'est-à-dire qu'elle s'humanise; et ils n'en extirpent que les éléments réfractaires à cette influence, si toutefois il en est de tels dans notre constitution. Cette sécheresse de cœur, qu'on leur reprochait déjà du temps de Caton, on ne voit pas qu'ils l'exigent, ni même qu'ils l'encouragent. Ce sont eux qui ont le plus hautement revendiqué pour l'âme le privilège de ces penchants innés qui rattachent les parents aux enfants, et de

« cette inclination naturelle qui unit les hommes aux hommes, et nous défend de regarder comme étranger l'un de nos semblables, n'eût-il d'autre titre à notre affection que d'être un homme comme nous. »

Aussi, tandis que les épicuriens n'ont jamais eu qu'une morale personnelle, qui ramène tout à l'individu solitaire, et lui fait même un devoir de vivre pour lui seul, et qu'ils n'ont échappé à l'égoïsme que par une bonté inerte d'ailleurs et voisine de l'indifférence, les stoïciens ont retenu et compris cette parole d'Aristote, que l'homme est un animal politique. Ils y ont donné un sens nouveau en reconnaissant en lui non pas le citoyen d'une ville ou d'un État, mais le membre d'une immense famille dispersée dans le monde, habitant cette cité commune des hommes et des dieux, où les esclaves comme les rois ont le droit de pénétrer. Cette personne qu'ils travaillent à former, ils ne l'enferment pas en elle-même, ils la mêlent à la foule, la convient à prendre part aux affaires publiques, à travailler à l'avantage commun des hommes, à les éclairer, à leur donner de bons conseils, à transmettre ses vertus et ses lumières aux générations futures. Est-il le défenseur de l'égoïsme, ce Caton qui regarde comme la plus criminelle des paroles ce mot, que nous ne savions pas si ancien : « Après nous la fin du monde ! » Les épicuriens suppriment la sensibilité, après l'avoir regardée comme le fond de l'homme ; les stoïciens la rendent raisonnable pour l'absoudre.

V

Il semble que cette doctrine qui tend jusqu'à l'excès tous les ressorts de l'âme humaine, et qui conquiert
le bonheur les armes à la main, devait convenir au
génie des Romains, stoïciens par nature, et à Cicéron
qui apprécie les systèmes par leur efficacité à ranimer
la vie politique défaillante à Rome. Pourtant le stoïcisme ne trouvait pas grâce auprès de tous les esprits
cultivés, et Cicéron, qui en emprunte souvent le langage et les idées, et qui lui doit ses plus belles in-
spirations en morale, se croit obligé de lui faire de
nombreuses objections et d'y opposer une doctrine
éclectique, commune à ceux qui s'appellent alors académiciens et péripatéticiens, quoiqu'ils soient fort
éloignés de penser comme Platon ou comme Aristote.
Les deux derniers livres du *de Finibus* sont consacrés à cette controverse, intéressante pour l'histoire
des systèmes, mais qui n'a jamais eu grand écho au
delà des écoles; il suffira d'en dire quelques mots.
C'est une guerre d'érudition plutôt qu'une réfutation
portant sur les doctrines. Suivant les nouveaux académiciens, le stoïcisme aurait pris de toutes parts ses
vérités essentielles, à Platon, à Aristote, et à d'autres philosophes moins illustres, tels que Xénocrate,
Polémon et Crantor, et aurait déguisé ses emprunts
sous la nouveauté et la barbarie d'un langage pédan-

tesque et étrange. Cicéron, qui en croit trop facilement
ses amis, s'évertue à prouver que Zénon et ses suc-
cesseurs n'ont trouvé aucune idée originale, et que
malgré les dénégations de Caton, leurs innovations
ont porté sur des mots. Cette critique est peu fondée,
et s'explique par une véritable supercherie. Les écoles, rivales du stoïcisme, par un sentiment de jalou-
sie, avaient repris l'étude des anciens philosophes avec
le parti pris d'y retrouver en meilleurs termes toutes
les grandes vérités qui avaient fait le succès de leurs
adversaires, et à force de tourmenter les textes, elles y
avaient découvert ce qu'elles y cherchaient. Elles-mêmes avaient largement profité des travaux de Zénon,
de Cléanthe et surtout de Chrysippe, avaient adopté
beaucoup de leurs idées, comme si elles leur étaient
propres, et avaient ainsi brouillé toutes les doctrines,
tout en protestant de leur mépris pour ceux qu'elles
pillaient ; il en résultait une grande confusion d'où
ne pouvaient se tirer ceux qui n'avaient pas une érudition profonde ; Cicéron en fut la victime, et si l'on
voulait juger des systèmes de Platon et d'Aristote par
ce qu'il en rapporte, on attribuerait à ces grands
hommes les élucubrations de Philon ou d'Antiochus
d'Ascalon, où se trouvent en proportions considérables des opinions propres aux stoïciens, mais dont
l'origine est dissimulée. Il est d'ailleurs surprenant
que Cicéron se donne tant de peine pour prouver qu'il
n'y a rien de neuf dans le Portique, et qu'ensuite il
essaye de signaler tant d'erreurs qui y ont trouvé accès. Est-ce donc Platon et les nouveaux académiciens

qu'il réfute dans cette discussion si prolixe? Enfin, à
supposer cette critique fondée, elle est sans portée :
il s'agit après tout de la vérité du stoïcisme et non
de son originalité.

Au fond que reproche-t-il aux stoïciens? D'avoir
fondé leur morale sur l'observation de la nature humaine, et d'être devenus infidèles à cette observation. Sans doute, dit-il, notre destinée peut se lire
dans les premiers mouvements de nos inclinations
abandonnées à elles-mêmes, et aspirant au bien
pour lequel elles sont faites. C'est là une méthode
commune aux épicuriens, aux stoïciens, et à leurs
adversaires. Mais, pour qu'elle reste légitime, il faut
prendre la nature humaine telle qu'elle est, tout
entière, avec l'ensemble des tendances qui la manifestent. On n'a pas le droit d'exclure, ni de choisir.
Tout ce qu'il y a dans l'homme est humain, aussi
bien les appétits qui ont pour objet le salut du corps
que les penchants qui nous déterminent à la recherche de la vérité ou à la pratique de la vertu. Dans
l'amour que toute créature a pour elle-même se trouve
embrassé son être tout entier, et Zénon, qui veut borner cet être à la raison toute pure, n'est pas plus ex-
cusable qu'Épicure, qui le réduit à la sensibilité. Vivre
selon la nature, ce sera donc aider au progrès de la
nature humaine telle qu'elle est, et non pas de l'âme
toute seule, ni encore moins de la partie la plus
excellente de l'âme. Le bien total devra se composer
de ces biens partiels que désire chacune des inclinations, les uns extérieurs, les autres corporels, d'au-

tres encore purement intellectuels. Est-ce que les
animaux sont déterminés par l'instinct à conserver
une seule portion de leur être, est-ce qu'ils s'aiment dans un seul de leurs caractères, ou bien
dans l'ensemble de leurs attributs? Où prend-on
cette règle qu'il faut seulement s'attacher à ce qu'il y
a de plus parfait dans notre espèce? La science doit
observer l'homme tel que la nature le lui donne, et
non pas imaginer de toutes pièces un homme idéal
dont on ne trouve nulle part le modèle. Sans doute, il
ne faut pas déclarer légitimes au même titre tous les
besoins naturels, ni mettre au même rang l'appétit
de la faim et l'amour de la justice : rien n'empêche
de juger les penchants et de les subordonner les uns
aux autres; il n'est permis d'en supprimer aucun, ni
de forger un bien unique, quand il y a plusieurs fins
désirables et bonnes en elles-mêmes. L'idée du bien,
telle que les stoïciens l'imaginent, est donc trop
étroite : c'est le bien d'une partie de l'homme, et
non pas celle de l'homme lui-même. Ensuite que
gagne-t-on à réduire toute l'activité morale à la
vertu, et toutes ses fins à l'honnêteté? Est-ce la
vertu qui profite de cette exclusion des autres biens
très-réels auxquels nous sommes destinés? Tant s'en
faut : la vertu consiste à préférer, à choisir et par
suite à exclure, à rejeter. Si elle reste seule, sur quoi
s'opérera ce discernement qui est l'œuvre exquise de
la sagesse? Elle est par essence comme un progrès,
comme un épanouissement de toutes les facultés; on
n'y parvient pas du premier coup; comment s'y élè-

vera-t-on si on supprime tous les degrés qui y conduisent? Elle est faite non pour détruire ou mutiler la nature, mais pour la perfectionner, comment s'attachera-t-elle à anéantir tout ce qui l'a préparée? Les principes d'action qu'on a exclus comme indignes, il faudra bien les ramener sous un nom ou sous un autre; on a rejeté leurs objets quand ils s'appelaient des biens, on les accepte quand ils sont dissimulés sous le nom barbare de proegmènes. Ce sont des choses préférables, dit-on, mais si elles ne sont pas comprises dans l'unité complexe du bien, quelle raison y a-t-il de les préférer? Ajoutez que cette recherche à outrance de l'unité entraîne les stoïciens à proposer des paradoxes intolérables, et à les soutenir par des comparaisons sans propriété. A qui persuadera-t-on que la douleur n'est jamais un mal, sous prétexte qu'elle n'est pas l'infamie ou le vice? Les stoïciens n'avouent-ils pas qu'elle est funeste, haïssable, contraire à la nature? Que disent de plus ceux qui l'appellent un mal? Croient-ils rendre les hommes plus résolus à la supporter, en la dissimulant sous des noms moins fâcheux? Et ces autres paradoxes, que le sage seul est heureux, que tous les autres sont également infortunés, que toutes les bonnes actions et toutes les fautes sont égales, sans doute on les déduit dans l'école avec une logique parfaite de ce principe que le seul bien est la vertu, et que le vice est le seul mal; mais plus le raisonnement est exact, plus il prouve par la fausseté de la conclusion la fausseté du principe d'où on l'a tirée. D'ailleurs

cette sévérité dont on fait parade on sait l'amollir à
l'occasion : et Zénon est obligé de convenir que le
sage, dont le bonheur cependant ne peut augmenter,
serait plus heureux encore s'il joignait à la vertu la
jouissance de ces avantages, qu'il ne veut pas appeler
des biens; il admet qu'il y a des fautes tolérables et
d'autres qui ne le sont pas, parce qu'elles impliquent
des transgressions très-inégales du devoir. Quant au
bonheur que les stoïciens promettent à la vertu, qui
doit en être l'effet, qui est la vertu même sous un
autre nom, ils ont en l'assurant à leur sage fait un
rêve ou exprimé un vœu, mais non pas proposé une
doctrine. Le principe commun de toutes leurs
erreurs, c'est l'orgueil et un penchant à la fausse
grandeur, *gloriosa ostentatio.*

Cette critique n'a pas convaincu Caton : « Vous
approuvez tout de nos stoïciens, dit-il à Cicéron,
sauf les termes dont ils se servent; pour moi, je
n'approuve absolument rien de vos philosophes. »
Le mot est sévère, mais il n'a rien que de juste, si
on le restreint à cette discussion. La critique de Cicéron tombe à faux quand elle redresse de prétendues erreurs, et plus à faux encore quand elle
veut les remplacer par de prétendues vérités. Le reproche principal qu'il adresse aux stoïciens, à savoir
de mutiler la nature humaine en choisissant ce qu'il y
a d'excellent en elle, est leur titre de gloire, quoique
Platon leur ait montré la voie; la doctrine qu'il y
oppose, et qui donne une valeur morale absolue à
des penchants inférieurs et destinés seulement à ser-

vir de moyens pour une fin plus élevée, est une erreur de morale dont la conséquence ordinaire est d'absoudre, qu'on le veuille ou non, toutes les convoitises et de déclarer tous les besoins respectables. Telle est cependant l'idée essentielle de la longue exposition qui remplit le livre cinquième, où Pison, sous prétexte de rétablir dans toute sa pureté la morale de l'ancienne académie, qu'il confond avec celle du péripatétisme, développe en réalité l'éclectisme confus d'Antiochus d'Ascalon. Ces sortes de compromis n'ont jamais grande influence sur les convictions des hommes, qui aiment en morale les solutions nettes et tranchées : il n'y en eut jamais que deux pour les Romains : l'épicurisme ou le plaisir, le stoïcisme ou la vertu.

ARGUMENT ANALYTIQUE
DU PREMIER LIVRE

On peut diviser le premier livre du traité des *Principes du bien et du mal* en trois parties inégales en étendue et en importance.

1° PRÉAMBULE. — La première (ch. I à VI) est un préambule où Cicéron répond aux critiques qui lui reprochaient de perdre son temps à faire de la philosophie, et à ceux qui ne lui pardonnaient pas de parler en latin d'une science dans laquelle les Grecs n'avaient rien laissé à dire. Il renvoie les premiers à l'*Hortensius*, apologie de la philosophie, que nous avons perdu; il maintient contre eux l'importance de cette étude, et n'admet pas même qu'on puisse s'y livrer avec ménagement. Il réplique aux seconds que, s'il était défendu de toucher aux sujets que les Grecs ont traités, il faudrait supprimer une bonne partie de la littérature romaine. D'ailleurs il ne se donne pas pour un simple traducteur: il explique plutôt qu'il n'imite. Enfin la langue nationale qu'on affecte de mépriser ne le cède en rien à celle de la Grèce. Il continuera donc à éclairer ses concitoyens, et il croit leur rendre un grand service en leur enseignant la vraie nature du bien et du mal. Il interrogera d'abord Épicure sur ce problème capital de la morale, et racontera une conversation qu'il a eue à ce sujet avec L. Torquatus, défenseur convaincu de l'épicurisme, en présence du jeune Triarius, simple auditeur du débat.

2° CRITIQUE GÉNÉRALE DE LA PHILOSOPHIE D'ÉPICURE (ch. VI à IX). — Cicéron prend la parole, à la prière de Torquatus, et expose pour quelles raisons il condamne en bloc toute la doctrine d'Épicure : sa physique, dont il est si fier, est tout entière celle de Démocrite, sauf quelques erreurs nouvelles qu'il y a ajoutées, comme par exemple le mouvement de déclinaison des atomes. Sa logique est insignifiante ou plutôt tout à fait nulle; et quant à sa morale elle n'est ni originale, puisqu'elle est empruntée à Démocrite, ni vraie, puisqu'elle admet la confusion du bien et du plaisir. Sans doute, il y a toujours quelque satisfaction à accomplir son devoir; mais ce n'est pas toujours pour éprouver cette joie qu'on se décide à bien faire. Si l'on trouve que cette sentence qui condamne toute la doctrine d'Épicure est trop sévère, Cicéron s'excusera en revendiquant pour les discussions de ce genre toute liberté d'appréciation.

3° APOLOGIE DE LA MORALE D'ÉPICURE. — Torquatus entreprend alors de défendre Épicure, en se bornant toutefois à justifier sa morale, et le principe sur lequel elle se fonde, c'est-à-dire l'identité du souverain bien et du plaisir. Son argumentation porte sur trois points : ce principe est vrai par lui-même ; il se concilie avec les idées morales les plus pures; il assure la dignité de la vie et le bonheur.

D'abord, cette vérité est évidente d'elle-même : c'est le cri de la nature, quand elle n'est pas faussée par la réflexion; c'est l'instinct de toute créature vivante, qui, par un élan spontané, recherche son bien, c'est-à-dire le plaisir, et fuit son mal, la douleur. Elle peut d'ailleurs s'appuyer sur le témoignage des sens, seuls juges infaillibles du vrai; sur les conceptions de la raison, et même sur les procédés du raisonnement. En fait, personne n'évite le plaisir, sinon par crainte de ses effets fâcheux; personne ne va au-devant de la douleur, sinon par espérance d'un plus grand plaisir. Ce plaisir n'est pas tel que l'imaginent les ignorants ou les malveillants : ce n'est pas le chatouillement passager des sens, l'agitation des passions : c'est le calme, l'absence de toute douleur. Ne pas souffrir, être tranquille, voilà la vraie volupté, et le grand devoir : ce que le vulgaire appelle l'indifférence, c'est le bonheur.... Il ne faut donc pas s'acharner à poursuivre sans discernement tous les plaisirs qui se présentent; on doit s'attacher à ceux qui ne passent pas, et ne pas imiter les débauchés qui achètent quelques jouissances fugitives au prix des plus grands maux futurs. Les syllogismes de Chrysippe sont puissants contre le plaisir, tel qu'Aristippe l'a conçu; ils ne peuvent rien contre la théorie d'Épicure. Mettez en face deux hommes : l'un jouit de plaisirs purs, sans mélange de douleur; il ne craint ni le malheur, ni la mort, ni les dieux; il prolonge par le souvenir les joies passées; l'autre est en proie à toutes les souffrances, déchiré dans son corps et dans son âme, et dépourvu d'espoir; quel est celui des deux que vous appellerez heureux ou misérable? Le premier des biens c'est de jouir, le dernier des maux c'est de souffrir. (Ch. IX à XIII.)

En second lieu, cette doctrine se concilie avec les idées morales les plus correctes. La vertu est désirable parce qu'elle assure la félicité. Chacune de ses quatre formes la procure à sa manière. La *prudence* nous apprend à distinguer entre nos désirs, à nourrir ceux qu'il est facile et bon de satisfaire, à réprimer ceux qui sont à la fois factices et insatiables. La *tempérance* consiste à sacrifier le plaisir du moment, quand il nous menace de cruels retours; elle est digne de nos hommages, non parce qu'elle répudie la volupté, mais parce qu'elle la garantit. Le *courage* nous affranchit des vaines terreurs, et nous fortifie contre la souffrance et la mort, parce que l'une est toujours courte quand elle est violente, et que l'autre nous remet en l'état où nous étions avant de naître. Enfin la *justice* est le meilleur des calculs : quiconque la viole risque d'être découvert, et vit dans la peur du châtiment des hommes ou des dieux. Les profits de l'injustice ne valent pas la peine qu'elle cause. Si l'on n'a ni talent ni crédit, que gagne-t-on à être méchant? si l'on a du génie ou de la puissance, ne vaut-il pas mieux les employer à se faire aimer des hommes, et à obtenir d'eux la sécurité et le bonheur? Ainsi, supprimez le plaisir, et il n'y a plus aucune vertu. Qu'on ne réclame pas au nom de la dignité humaine. Sans doute tout plaisir a son origine dans le corps, et les sentiments de l'âme en proviennent et y retournent : mais ces

sentiments sont plus vifs que les pures sensations : la pensée y
mêle l'assurance d'une possession continue, et le souvenir des
joies passées est lui-même une vraie volupté. (Ch. xiii à xviii).

Quelle béatitude est promise au sage qui comprend ainsi le
but de l'existence! Il unit dans un même amour, il réalise dans
une même pratique la vertu et le bonheur; il ne connaît ni
les orages des passions qui agitent les insensés, ni les craintes
superstitieuses, ni les déceptions de l'ambitieux. Les vices les
plus répandus, la cupidité, la pusillanimité, l'envie, les excès
ou les lâchetés de l'amour n'ont pas d'accès dans son âme. Il a
aussi la conscience de sa supériorité sur les autres mortels. Si
belle que lui paraisse la vie, il est prêt à en sortir volontairement, comme un acteur quitte la scène. L'amitié vient encore
ajouter au charme de la sagesse : nul ne l'a plus recommandée
dans ses préceptes qu'Épicure; nul n'en a donné de plus beaux
exemples, et ce n'est pas la profaner que d'en attribuer l'origine à l'intérêt. Qui donc d'Épicure ou de Chrysippe a le droit
de dire: Le sage est heureux, l'insensé est malheureux? Épicure
a négligé, il est vrai, des sciences incertaines ou frivoles qui n'apprennent pas à bien vivre; mais il a donné la préférence à la
physique, parce qu'il savait devoir trouver dans la connaissance
de la nature le secret de notre destinée et le remède à nos mi-
sères. Quelle reconnaissance ne doit-on pas au grand homme
qui nous a ouvert la route du bonheur! (Ch. xviii à xxi.)

M. T. CICERONIS

DE FINIBUS[1]

BONORUM ET MALORUM

LIBER PRIMUS.

CAPUT I.

Cicéron s'adressant à Brutus se justifie de consacrer son temps à la philosophie : il réfute ceux qui veulent la supprimer tout entière, et ceux qui la jugent digne d'une médiocre attention.

1. Non eram nescius, Brute[2], quum, quæ summis ingeniis exquisitaque doctrina philosophi græco sermone tractavissent, ea latinis litteris mandaremus, fore ut hic noster labor in varias reprehensiones[3] incurreret. Nam quibusdam, et iis quidem non admodum indoctis, totum hoc displicet, philosophari. Quidam autem non tam id reprehendunt[4], si remissius agatur sed tantum studium

---

1. *De finibus.* V. sur le sens de ce titre, ci-après, page 15, note 5.

2. *Brute.* Brutus, le meurtrier de César et l'ami de Cicéron, dont cependant il jugeait sévèrement l'éloquence ; il la trouvait, comme dit Montaigne, traduisant Tacite (*Dialogue des orateurs*, XVIII), « cassée et esrénée, » *fractam et elumbem*. Il reste de lui huit lettres à Cicéron et une à Atticus. Il avait écrit sur le devoir et sur la vertu. Cicéron lui a dédié plusieurs traités de philosophie et de rhétorique.

3. *Reprehensiones.* Cicéron exprime les mêmes appréhensions dans les *Tusculanes*, II, 1; dans les *Académiques*, II, 11, et enfin dans le traité *de la Nature des Dieux*, I, 3.

4. ... *Non tam* ne doit pas être traduit comme *non ita*, dans le sens de *non admodum*, « pas tout

tamque multam operam ponendam in eo non arbitrantur[1]. Erunt etiam, et hi quidem eruditi græcis litteris, contemnentes latinas, qui se dicant in Græcis legendis operam malle consumere. Postremo aliquos futuros suspicor, qui me ad alias litteras vocent, genus hoc scribendi, etsi sit elegans, personæ tamen et dignitatis esse negent. 2. Contra quos omnes dicendum breviter existimo, quanquam philosophiæ quidem vituperatoribus satis responsum est eo libro, quo philosophia a nobis defensa et collaudata est[2], quum esset accusata et vituperata ab Hortensio. Qui liber quum et tibi probatus videretur et iis, quos ego posso judicare arbitrarer, plura suscepi[3], veritus ne movere hominum studia viderer, retinere non posse. Qui autem, si maxime hoc placeat[4], moderatius tamen id volunt fieri, difficilem quamdam

---

à fait »; on n'en peut citer aucun exemple digne d'autcrité, et d'ailleurs Cicéron n'emploie jamais dans cette acception *non ita* avec un verbe. Il dit dans ce cas, *non ita valde.* On pourrait peut-être expliquer : ils ne la condamnent pas aussi rigoureusement que les premiers ; *non tam, quam illi quibus totum hoc displicet.* Mais il vaut mieux comprendre, avec Otto : *non tam id, quam tantum studium,* ils condamnent moins la philosophie elle-même, que les travaux qu'elle exige. — *Remissius.* Aulu-Gelle cite ce vers d'une tragédie perdue d'Ennius : « *Philosophandum est paucis, nam omnino non placet.*» Comparez les *Tusculanes,* II, 1. *Remissius* équivaut à *moderatius,* qu'on lit quelques lignes plus bas.

1. *Non arbitrantur.* La négation tombe sur *ponendam,* comme dans cette proposition du *de Officiis,* I, XIII : « Captivos reddendos in senatu non censuit. »

2. *Collaudata est....* Cette mention se retrouve presque textuellement dans les *Tusculanes,* II, II. C'est ce livre, aujourd'hui perdu, qui engagea saint Augustin à se livrer à l'étude de la philosophie. Il existait encore au treizième siècle, au témoignage de Roger Bacon. Il était intitulé *Hortensius ou de la Philosophie.*

3. *Plura suscepi.* L'*Hortensius* fut publié l'an 47 ou 46, avant les *Académiques,* les *Tusculanes,* et les principaux ouvrages de philosophie de Cicéron. Les *Lois* et la *République* avaient paru en 55 et en 53.

4. *Si.... placeat. Si* équivaut à *etiamsi.*

temperantiam postulant in eo, quod semel admissum [1]
coerceri reprimique non potest; ut propemodum justioribus utamur illis, qui omnino avocent a philosophia,
quam his, qui rebus infinitis modum constituant, in reque eo meliore quo major sit, mediocritatem [2] desiderent.
3. Sive enim ad sapientiam perveniri potest, non paranda
nobis solum ea, sed fruenda etiam sapientia est [3]; sive
hoc difficile est [4], tamen nec modus est ullus investigandi
veri, nisi inveneris; et quærendi defatigatio turpis est,
quum id, quod quæritur, sit pulcherrimum. Etenim si [5]
delectamur, quum scribimus, quis est tam invidus qui ab
eo nos abducat [6]? sin laboramus [7], quis est qui alienæ
modum statuat industriæ? Nam ut Terentianus Chremes non inhumanus, qui novum vicinum non vult

> Fodere aut arare aut aliquid ferre denique [8],

(non enim illum ab industria, sed ab illiberali labore de-

1. *Semel admissum*. Les manuscrits donnent *jam missum :*
« une fois lancé, on ne peut le retenir. » *Jam* ne s'explique guère ;
la comparaison est forcée ; et
il est facile d'expliquer la corruption de *admissum* en *jam missum.*

2. *Mediocritatem* équivaut ici à
μισότητα, un juste milieu. Voir
la même idée, plus nettement
exprimée encore, *Tusculanes*,
I, I.

3. *Sapientia est*. Madvig, d'après un seul manuscrit, supprime
sapientia. Cette répétition, assez
choquante après *ea*, peut être une
simple négligence.

4. *Sive hoc difficile est*. La logique
exigerait *impossible* et non
pas *difficile* ; il est aisé de voir

pourquoi l'auteur substitue une
idée à l'autre.

5. *Etenim si*. Voici une seconde
raison. *Etenim* ne rattache pas
cette phrase à la précédente ; il
annonce une seconde réponse aux
partisans d'une philosophie tempérée ; la première a été indiquée
par *enim*. Madvig fait observer que
etenim a souvent le sens de *præterea.*

6. *Nos abducat*. Ailleurs : *deducal.* Les manuscrits donnent l'un
et l'autre.

7. *Sin laboramus*, « mais si nous
éprouvons de la peine. »

8. *Denique. Le Bourreau de
soi-même*, acte Ier, scène I, vers
69. Cicéron cite de mémoire. *Denique*, qui finit le vers, est le commencement d'une autre phrase.

terret[1]), sic isti curiosi, quos offendit noster minime nobis injucundus labor[2].

CAPUT II.

Il soutient, contre d'autres critiques, qu'on peut et qu'on doit
écrire en latin des traités de philosophie, même après les
chefs-d'œuvre que les Grecs ont laissés.

4. Iis igitur est difficilius satisfacere[3], qui se latina scripta[4] dicunt contemnere. In quibus hoc primum
est, in quo admirer[5], cur in gravissimis rebus non delectet eos patrius sermo, quum iidem fabellas latinas ad
verbum e Græcis expressas non inviti legant[6]. Quis enim

---

1. *Deterret. Industria*, c'est l'activité résolue et obstinée de l'âme;
labor exprime un effort doulou-
reux, ou même seulement la peine
qui en résulte. « Mihi in perfe-
rendo labore industriam non de-
futuram; » l'énergie ne me man-
quera pas en supportant la peine. (*Discours aux Quirites*, X.)
On pourrait traduire : il veut lui
épargner, non pas l'effort de l'esprit, mais un travail servile.

2. *Injucundus labor.* « Si Chré-
mès ne manque pas de bonté,
non inhumanus est, on n'en peut
dire autant de ces critiques in-
discrets qui se fâchent d'un travail qui n'est pas du tout sans
charmes pour moi. »

3. *Difficilius satisfacere.* Les
premiers ne valent guère la peine
d'être réfutés; on n'a pas aussi
facilement raison des autres.

4. *Latina scripta.* Quelques
manuscrits portent *latine*; *scripta*
est alors tenu pour un substantif. Voir page 10, *latina
scripta.*

5. *In quo admirer.* « Ce qui
m'étonne d'abord en eux, c'est
que.... » *In quo admirer* paraît
une construction étrange. On a
proposé *quod demirer*, malgré les
manuscrits.

6. *Non inviti legant.* Le même
argument se retrouve dans les
Académiques, I, 3; mais Cicéron
y soutient « qu'Ennius, Pacuvius,
Attius, et beaucoup d'autres,
n'ont emprunté aux Grecs que le
fond et non la forme. » Il semble
affirmer ici qu'ils ont été des
traducteurs serviles. Les critiques s'évertuent à le laver du reproche de contradiction. Les uns
proposent de traduire dans les
Académiques: non verba, sed vim,
par : « non-seulement la forme,
mais encore le fond; » d'autres
remarquent qu'on pourrait à la
rigueur appliquer cette affirmation, non pas à Ennius, Pacuvius,
Attius, mais à d'autres, *multi
alii.* Il est plus simple d'admettre
que, parmi ces essais, les uns
étaient des copies, les autres des

tam inimicus pæne nomini[1] romano est, qui Ennii Me-
deam aut Antiopam Pacuvii spernat aut rejiciat, quod se
iisdem Euripidis fabulis delectari dicat, latinas litteras
oderit[2]? Synephebos ego, inquit, potius Cæcilii aut An-
driam Terentii quam utramque Menandri legam[3]? 5. A
quibus[4] tantum dissentio, ut, quum Sophocles vel optime scripserit Electram, tamen male conversam Atilii[5]
mihi legendam putem, de quo Licinius[6] :

Ferreum
Scriptorem, verum, opinor, scriptorem tamen,

ut legendus sit. Rudem enim esse omnino in nostris poetis aut inertissimæ segnitiæ est aut fastidii delicatissimi.
Mihi quidem nulli satis eruditi videntur, quibus nostra
ignota sunt. An

Utinam ne[7] in nemore....

nihilominus legimus quam hoc idem græcum ; quæ autem

Imitations originales, et que Cicéron a ici en vue les premiers,
et les seconds dans les *Académiques.*

1. *Pæne nomini.* L'adverbe *pæne* se trouve rejeté après *nomini*
dans quelques manuscrits. Gœrenz le joint à *inimicus* ; Madvig
soutient avec raison qu'il modi-
fie *nomini* : « presque tout ce qui
s'appelle romain. »

2. *Litteras oderit.* Le texte de
cette phrase est assez contesté.
Tantôt l'on supprime *litteras* ;
tantôt l'on retranche les trois
derniers mots ; on adopte ici la
leçon de Madvig, suivie par Baï-
ter et Klotz. — La *Médée* d'Ennius est souvent citée. Il en reste
quelques vers, ainsi que de l'*An-
tiope* de Pacuvius, pièce imitée
d'Euripide et dont les deux principaux personnages étaient Am-
phion et Zéthus.

3. *Menandri legam.* L'*Andrien-
ne* de Térence est bien connue ;
mais il reste à peine quelques débris de la comédie de Cécilius.

4. *A quibus.* Ce sont ceux que Cicéron a fait parler. Ce brusque
changement de nombre n'en est
pas moins peu naturel.

5. *Atilii.* Atilius est cité par
Volcatius Sedigitus parmi les
cinq premiers poëtes comiques
de Rome. On n'a de lui que les
titres de quelques pièces.

6 *De quo Licinius.* Licinius,
poëte inconnu. On conjecture
qu'il peut être un certain Porcius
Licinius, cité par Aulu Gelle, XVII,
VI. Quelques éditeurs bornent à
ces mots : *Ferreum scriptorem,
verùm,* la citation de Licinius.
Gœrenz réunit *rerum tamen* ; d'autres écrivent *verum opinor* ; *scriptorem tamen.*

7. *Utinam ne.* C'est le début

de bene beateque vivendo a Platone disputata sunt, hæc explicari non placebit latine? 6. Quod si nos non interpretum fungimur munere [1], sed tuemur ea, quæ dicta sunt ab iis, quos probamus, eisque nostrum judicium et nostrum scribendi ordinem adjungimus, quid habent cur græca anteponant iis, quæ et splendide dicta sint neque sint conversa de Græcis? Nam si dicent ab illis has res esse tractatas, ne ipsos quidem Græcos est cur tam multos legant, quam legendi [2] sunt. Quid enim est a Chrysippo [3] prætermissum in Stoicis? Legimus tamen Diogenem, Antipatrum, Mnesarchum, Panætium, multos alios, in primisque familiarem nostrum Posidonium [4]. Quid? Theophrastus mediocriterne delectat, quum tractat locos ab Aristotele ante tractatos? Quid? Epicurei num desistunt de iisdem, de quibus et ab Epicuro scriptum est

de la *Médée* d'Ennius, traduite de celle d'Euripide : Εἴθ' ὤφελ' Ἀργοῦς,.... etc. On en a les neuf premiers vers.

1. *Fungimur munere*. Cicéron, on le voit, répudie, et il en a le droit, le rôle de simple traducteur. Il n'y a pas de raisons pour interpréter, comme quelques critiques, *non interpretum*, dans le sens de *non modo interpretum*.

2. *Quam legendi sunt*. Les uns comprennent « qu'on en lit, » ce qui ne peut se justifier; les autres, « qu'on en peut lire, » ce qui n'est d'accord ni avec le sens, ni peut-être avec la grammaire; il vaut mieux entendre : « qu'on en doit lire, » c'est-à-dire « qui méritent d'être lus. »

3. *A Chrysippo*. Cicéron choisit Chrysippe de préférence à tout autre stoïcien, non pas seulement parce qu'on l'appelait la « colonne du Portique, » mais parce qu'il

avait composé un très-grand nombre d'ouvrages. Diogène rapporte les titres de trois cent onze traités de logique, et le nombre des livres de physique et de morale était plus considérable, εἰ μὴ γὰρ ἦν Χρύσιππος, οὐκ ἂν ἦν στοά, dit-il.

4. *Nostrum Posidonium*. Diogène le stoïcien, né à Séleucie, et nommé le Babylonien, διὰ τὴν γειτονίαν, dit Diogène-Laërce, fit partie, avec Carnéade et Critolaüs, de l'ambassade envoyée à Rome par les Athéniens. Il eut pour disciple Antipater de Tarse, qui maintint plus que lui la sévérité des principes stoïciens. (Voir le *Traité des devoirs*, III.) Mnésarque fut l'élève de Panétius, bien que Cicéron le cite avant l'auteur du Περὶ τοῦ καθήκοντος. Quant à Posidonius, que Cicéron avait entendu à Rhodes, il avait surtout écrit, comme on le sait par Strabon et Cléomède, sur les sciences physi-

et ab antiquis, ad arbitrium suum scribere[1]? Quod si Græci leguntur a Græcis, iisdem de rebus alia ratione compositis, quid est cur nostri a nostris non legantur?

CAPUT III.

Ses livres ne sont pas de simples traductions, et, alors même, ils ne seraient pas inutiles; la langue latine ne le cède pas à celle des Grecs.

7. Quanquam, si plane sic verterem Platonem aut Aristotelem, ut verterunt nostri poetæ fabulas, male, credo, mererer de meis civibus, si ad eorum cognitionem divina illa ingenia transferrem[2]! Sed id neque feci adhuc[3], nec mihi tamen ne faciam interdictum puto. Locos quidem quosdam, si videbitur, transferam, et maxime ab iis, quos modo nominavi, quum inciderit ut id apte fieri possit, ut ab Homero Ennius, Afranius[4] a Menandro solet. Nec vero, ut noster Lucilius, recusabo quominus omnes mea legant. Utinam esset ille Persius[5]! Scipio vero et

ques. Il reste bien peu de traces de toute cette littérature philosophique, si familière aux Romains du temps de Cicéron. On peut au moins juger de Théophraste, dont le nom vient plus bas, par des fragments assez considérables.

1. *Num desistunt.... scribere.* Cette fécondité des épicuriens nous est attestée par les papyrus découverts à Herculanum, et qui, publiés à Naples de 1802 à 1855 (*Herculanensia volumina*, onze volumes), nous rendent des lambeaux de tout une bibliothèque épicurienne.

2. *Transferrem.* C'est traduire mot à mot. *Convertere* n'emporte

pas la même idée. L'ironie de toute la phrase n'échappera à personne.

3. *Neque feci adhuc.* Cicéron avait pourtant traduit le *Protagoras* et le *Timée* de Platon, et les *Économiques* de Xénophon. Mais les fragments qui nous restent des deux dernières traductions ressemblent en effet à une interprétation libre.

4. *Ennius, Afranius.* Il reste peu de fragments de la traduction d'Ennius. Quant à Afranius, on se rappelle le bel éloge d'Horace : « Dicitur Afrani toga convenisse Menandro. » *Ep.* II, I, 57.

5. *Nec vero.... Persius.* « Lucilius ne voulait pour lecteurs ni

Rutilius [1] multo etiam magis; quorum ille judicium re-formidans Tarentinis ait se et Consentinis [2] et Siculis scribere [3]. Facete is quidem, sicut alias [4]; sed neque tam docti tum erant, ad quorum judicium elaboraret, et sunt illius scripta leviora, ut urbanitas summa appareat, doctrina mediocris [5]. 8. Ego autem quem timeam lectorem, quum ad te ne Græcis quidem cedentem in philosophia audeam scribere? Quanquam a te ipso id quidem facio provocatus gratissimo mihi libro, quem ad me « de Virtute [6] » misisti. Sed ex eo credo quibusdam usu venire, ut abhorreant a Latinis, quod inciderint in inculta quæ-

des gens très-ignorants, ni des savants consommés.... ». — « Je ne me soucie pas d'être lu par Persius, dit-il (c'était le nom d'un de nos plus savants concitoyens), j'aime mieux Lélius Décimus (honnête homme, sans doute, et assez instruit, mais bien loin de Persius » (De l'Orateur, II, 25.) Cicéron n'est pas du même sentiment : « Plût aux dieux que j'eusse pour lecteur un Persius, et bien mieux encore, un Scipion ou un Rutilius ! »

1. *Scipio, Rutilius.* Scipion, le second Africain, l'ami de Lélius. On connaît assez P. Rutilius Rufus, ses malheurs et sa fermeté toute stoïque. Athénée affirme qu'il avait écrit une histoire en grec.

2. *Consentinis.* Les habitants de Consentia, capitale du Brutium, aujourd'hui Cosenza.

3. *Siculis scribere.* Lucilius redoute le jugement de Scipion et de Rutilius; il écrit, dit-il, pour des provinciaux, pour des habitants de la Grande-Grèce, du Brutium ou de la Sicile, juges peu sévères, puisqu'ils parlent un latin mêlé de grec et d'osque; *bilingues Brutaces*, comme dit Ennius.

4. *Sicut alias.* La plupart des manuscrits écrivent *alias*; Madvig prétend à tort que cet adverbe, chez Cicéron et tous les autres écrivains avant Pline, signifie « en un autre temps » et non pas « en un autre endroit; » et il écrit *alia.*

5. *Sed neque.... mediocris.* « Il n'y avait pas alors (à peu d'exceptions près) d'hommes assez savants pour qu'il s'efforçât de satisfaire leur goût; et d'ailleurs, dans ce genre un peu léger, il fait preuve de beaucoup d'esprit, mais ne peut montrer beaucoup de science. » Cette phrase obscure s'explique, si l'on y oppose la suivante.

6. *De Virtute.* « J'ay mille fois regretté que nous ayons perdu le livre que Brutus avoit escript de la Vertu : car il faict beau apprendre la theoricque de ceux qui sçavent bien la practique. » Montaigne, II, 10. Brutus avait aussi écrit un livre sur le Devoir. Il essayait, après Antiochus, une conciliation entre les doctrines

dam et horrida, de malis Græcis[1] latine scripta deteriùs
Quibus ego assentior, dummodo de iisdem rebus ne Græcos quidem legendos putent. Res vero bonas verbis elec-
tis graviter ornateque dictas[2] quis non legat? nisi qui
se plane Græcum dici velit, ut a Scævola est prætore sa-
lutatus Athenis Albucius[3]. 9. Quem quidem locum cum
multa venustate et omni sale idem Lucilius[4], apud quem
præclare Scævola :

Græcum te, Albuci, quam Romanum atque Sabinum,
Municipem Ponti, Tritanni[5], centurionum,
Præclarorum hominum ac primorum signiferumque
Maluisti dici : græce ergo prætor Athenis,
Id quod maluisti, te, quum ad me accedi' saluto :
Χαῖρε, inquam, Titel lictores, turma omni' cohorsque :
Χαῖρε, Titel Hinc hostis mi Albucius, hinc inimicus.

10. Sed jure Mucius[6]. Ego autem non mirari[7] non queo

de l'Académie et celles du Portique. V. les *Académiques*, I, 3.

1. *Malis Græcis.* Orelli substitue *male* à *malis*, leçon des manuscrits, confirmée par le sens ;
car Cicéron ne reproche pas seulement à ces livres d'être écrits
en mauvais style. Les auteurs de
ces traductions sont nommés ailleurs ; ce sont Amafinius, Rabi-
rius, Catus, tous épicuriens. V.
les *Académiques*, I, 2 ; les *Tusculanes*, II, 3 ; *Lettres familières*, XV.

2. *Dictas.* Les manuscrits : *dic-
tatas.* Gœrenz propose *dilatatas*
que Madvig juge ridicule.

3. *Albucius.* Les vers de Lucilius expliquent cette phrase. Ce
T. Albucius était un épicurien à
qui un long séjour à Athènes
avait donné la passion des arts
et de la langue de la Grèce. —
Cicéron en parle souvent. Scévola
est le jurisconsulte qui figure

dans la *République* et qui fut
consul en l'année 177.

4. *Quem.... Lucilius.* Passage
suspect. Quelques critiques suppo-
sent qu'il y a omission d'un
verbe, comme *tractat, persequitur ;* d'autres changent *locum* en
jocum, et *idem* en *ridet,* ou plus
simplement *idem* en *rediit :* conjectures arbitraires, et parfois in-
compatibles avec la grammaire.
Le sens n'est pas douteux.

5. *Ponti, Tritanni.* Ce sont
les noms de soldats vaillants.
Cicéron cite ailleurs le même
Pontius (*De la Vieillesse*, X). Le
nom de Tritannus se retrouve
dans Pline l'Ancien, VII, 19 ; mais
désigne un gladiateur et non un
centurion.

6. *Sed jure Mucius.* « Mucius
Scévola a raison. »

7. *Non* est une conjecture de
Boeckel, justifiée par le sens gé-

unde hoc sit tam insolens domesticarum rerum fasti-
dium. Non est omnino hic docendi locus, sed ita sentio
et sæpe disserui, latinam linguam non modo non in-
opem, ut vulgo putarent, sed locupletiorem etiam esse
quam græcam[1]. Quando enim nobis, vel dicam[2] aut
oratoribus bonis aut poetis, postea quidem quam fuit
quem imitarentur, ullus orationis vel copiosæ vel ele-
gantis ornatus defuit?

CAPUT IV.

Il est résolu à instruire ses concitoyens, et ne croit pas pouvoir
mieux employer son temps et son talent. Il n'y a pas de question plus importante que celle de la nature du bien; rien
n'est plus intéressant que l'exposé des doctrines morales des
philosophes.

Ego vero, quoniam[3] forensibus operis, laboribus,
periculis non deseruisse mihi videor præsidium, in quo
a populo Romano locatus sum, debeo profecto quantum-
cumque possum in eo quoque elaborare, ut sint opera,
studio, labore meo[4] doctiores cives mei, nec cum istis

néral. Les manuscrits portent *mirari*, et Madvig ajoute *satis*.
Baiter propose : « Rimari non
queo. »

1. *Quam græcam.* Voir plus
bas, III, 11, 15, § 1; les *Tusculanes*
II, xv, et *de la Nature des dieux*,
I, 4. Ce jugement, pour être souvent répété, n'en est pas moins
contestable.

2. *Nobis, vel dicam,* « moi-mê-
me, ou plutôt les orateurs et les
poëtes de talent.... » *Vel dicam*
équivant à *vel potius.* Madvig en
cite cet exemple : « A plerisque,
vel dicam ab omnibus » (*Lettres
familières*, IV, VII), et quatre
autres tout aussi concluants.

3. *Quoniam.* Gœrenz écrit
quum, et non *quoniam*, et maintient *videor;* la grammaire exigerait alors *viderar.*

4. *Labore meo,* « par mon travail,
mon application, mes peines. »
Studium ajoute à *opera* l'idée
d'une inclination et d'une résolution; *magna cum voluntate
occupatio*, dit Cicéron (*De l'In-
vention*, I, 23). *Labor*, quoiqu'il
puisse exprimer un effort, rappelle plus particulièrement l'idée
de la fatigue, de la souffrance qui
en résultent. Son dérivé *laborare*
exprime un état pénible; on doit
lire à la ligne précédente *elaborare*, qui marque un effort.

antopere pugnare, qui græca legere malint, modo le-
ant illa ipsa, ne simulent [1], et iis servire, qui vel utris-
ue litteris uti velint, vel, si suas habent, illas non ma-
nopere desiderent [2].

11. Qui autem alia malunt scribi a nobis, æqui esse
ebent, quod et scripta multa sunt, sic ut plura nemini
nostris [3], et scribentur fortasse plura, si vita suppe-
et [4], et tamen qui diligenter hæc, quæ de philosophia
itteris mandamus, legere assueverit, judicabit nulla ad
egendum his esse potiora. Quid est enim in vita tanto-
ere quærendum quam quum omnia in philosophia, tum
d, quod his libris quæritur, qui sit finis [5], quid extre-
num, quid ultimum [6], quo sint omnia bene vivendi rec-

1. *Ne simulent. Ne* a souvent,
malgré les manuscrits, été remplacé par *nec*, correction bien
peu justifiée. *Modo ne simulent,*
dit l'auteur : « pourvu qu'ils le
lisent, et qu'ils ne fassent pas
semblant.... »

2. *Non.... desiderent*, « ceux qui,
si on leur donne du latin, ne re-
gretteront pas le grec. »

3. *Nemini e nostris.* « J'ai beaucoup écrit, plus même que pas
un Romain. »

4. *Si vita suppetet.* Cicéron devait périr à deux ans de là.

5. *Qui sit finis.* Ce mot a ici
le même sens que dans le titre
de l'ouvrage, et il est défini.
Aristote, le premier, a donné en
morale une grande importance à
l'idée de fin, τέλος, qu'il identifie
avec celle du bien : « le but définitif que nous cherchons, et en
vue duquel nous poursuivons
tous les autres. » (*Morale à
Nicomaque,* I, 1.) Cette même
idée a passé dans le langage du

stoïcisme. En latin, *finis bonorum*
signifie donc le souverain bien,
celui en vue duquel les autres
sont réellement des biens. Mais
le bien a son contraire, le mal,
extremum malorum, qui commu-
nique aux actes leur caractère
mauvais; et de même qu'ils reconnaissaient de véritables biens,
parce qu'ils se rapportent à la
vertu, fin suprême, τέλικὰ ἀγαθά,
les stoïciens ont admis des maux,
qui ont tous leur fin dans le vice :
τέλικὰ κακά. De là l'expression de
finis malorum, parfois reprochée
à Cicéron. En somme, le titre
signifie : Quel est le plus grand
bien, et quel est le plus grand
mal? Quel est le principe en
vertu duquel les actes sont bons,
et celui qui les rend mauvais? Si
l'on ne craignait de donner à ce
titre une forme affectée, on le
traduirait ainsi : « Du premier
des biens et du dernier des
maux. »

6. *Extremum.... ultimum.* « Le

teque faciendi consilia referenda, quid sequatur natura
ut summum ex rebus expetendis, quid fugiat ut extremum malorum? Qua de re quum sit inter doctissimos
summa dissensio, quis alienum putet ejus esse dignitatis,
quam mihi quisque tribuit, quid in omni munere vitæ
optimum et verissimum sit exquirere? 12. An, partus an-
cillæ sitne in fructu habendus[1], disseretur inter principes civitatis, P. Scævolam, M. Manilium, ab iisque M. Brutus dissentiet[2] (quod et acutum genus est et ad usus
civium non inutile, nosque ea scripta reliquaque ejusdem
generis et legimus libenter et legemus) : hæc quæ vitam
omnem continent negligentur? Nam, ut sint illa vendibi-
liora, hæc uberiora certe sunt[3]. Quanquam id quidem
licebit iis existimare, qui legerint. Nos autem hanc omnem
quæstionem de finibus bonorum et malorum[4] fere a nobis
explicatam esse his litteris[5] arbitramur, in quibus quàntum
potuimus non modo quid nobis probaretur, sed etiam quid a
singulis philosophiæ disciplinis diceretur, persecuti sumus.

but définitif, celui au delà duquel
il n'y en a plus d'autre.» Voy. ch. VI.

1. *In fructu habendus.* Question
de droit : L'enfant d'une esclave
appartient-il, comme le produit
du bétail, à l'usufruitier ou au
propriétaire ? Ulpien nous apprend que l'opinion de M. J. Brutus avait force de loi, et consacrait
les droits du propriétaire. Voir
Ulpien, livre XVII, *ad Sabinum.*

2. *M. Brutus dissentiet.* La famille des Scévola compte un grand
nombre de jurisconsultes. Celui
dont on parle ici est sans doute P.
Mucius, père de Q. Scévola (voy.
ch. III). M. Manilius, ami du second Africain et jurisconsulte. Voir
la *République,* I, XII. — Sur M.
Brutus et ses ouvrages de juris-
prudence, voy. *Orateur,* II, LIII.

3. *Uberiora.... sunt,* les uns ont
plus d'attrait; on tire plus de
profit des autres. Gœrenz entend
par *illa* les discours, les traités
de rhétorique; ce sont les ouvrages de droit pour lesquels les
Romains avaient un goût si vif.

4. *Et malorum.* Voir ci-dessus,
note 3, page 15.

5. *His litteris.* Emploi très-rare
de *litteræ.* Baiter en trouve
pourtant des exemples dans les
passages suivants : de l'*Orateur,*
I, 192; de la *Divination,* II, 5;
Brutus, 13; *Lettres familières,* V,
XIX. De même Cicéron parlant à
Atticus (XIII, XXXII, 3) de quelques fragments ajoutés à ces ouvrages, lui dit : « eas litteras volo
habeas. » La plupart des éditeurs
ont remplacé *litteris* par *libris.*

CAPUT V.

Il commencera par faire connaître la plus facile, la plus répandue, celle d'Épicure. Il raconte la conversation qu'il a eue à ce propos avec l'épicurien L. Torquatus; commencement de l'entretien : Cicéron manifeste son aversion contre l'épicurisme.

13. Ut autem a facillimis[1] ordiamur, prima veniat in medium Epicuri ratio, quæ plerisque notissima est, quam a nobis sic intelliges expositam, ut ab ipsis, qui eam disciplinam probant, non soleat accuratius explicari[2]. Verum enim invenire[3] volumus, non tanquam adversarium aliquem convincere.

Accurate autem quondam a L. Torquato, homine omni doctrina erudito, defensa est Epicuri sententia de voluptate, a meque ei responsum, quum C. Triarius[4], in primis gravis et doctus adolescens, ei disputationi interesset. 14. Nam quum ad me in Cumanum[5] salutandi causa uter-

---

1. *A facillimis.* C'est même à la facilité de sa doctrine que Cicéron attribue son succès auprès des gens peu éclairés. Voir les *Tusculanes*, IV, 3,

2. *Explicari.* Les documents sur la philosophie d'Épicure extraits des papyrus d'Herculanum ne font que confirmer cet hommage que Cicéron s'accorde à lui-même. On peut même dire que l'épicurisme est le seul sytème qu'il ait parfaitement connu.

3. *Verum... invenire.* L'auteur s'oublie; il parle de trouver la

vérité; l'école à laquelle il croit appartenir prétend tout au plus à la vraisemblance.

4. *A L. Torquato.... C. Triarius.* On trouve ailleurs l'éloge de ces deux personnages (*Brutus*, 7, 6). Torquatus est le fils de Manlius, consul un an avant Cicéron. Il périt dans la guerre civile. Triarius avait un grand talent oratoire, *orationem plenam senectutis*, dit Cicéron. Il mourut, jeune encore, dans la même guerre.

5. *Cumanum.* Sa villa de Cumes, qu'il aimait beaucoup comme on

que venisset, pauca inter nos primo de litteris, quarum
summum erat in utroque studium, deinde Torquatus :
« Quoniam nacti te, inquit, sumus aliquando otiosum,
certe audiam quid sit quod Epicurum nostrum non tu
quidem oderis, ut fere faciunt qui ab eo dissentiunt, sed
certe non probes, eum, quem ego arbitror unum vidisse
verum, maximisque erroribus animos hominum liberavisse [1] et omnia tradidisse, quæ pertinerent ad bene beateque vivendum ; sed existimo te, sicut nostrum Triarium,
minus ab eo delectari, quod ista Platonis, Aristotelis [2], Theo-
phrasti orationis ornamenta neglexerit. Nam illud quidem adduci [3] vix possum, ut ea, quæ senserit ille, tibi
non vera videantur. — 15. Vide quantum, inquam, fal-
lare, Torquate : oratio me istius philosophi non offendit ;
nam et complectitur verbis quod vult et dicit plane [4] quod

le voit par ses *Lettres à Quintus,*
II, XIV, et ses *Lettres diverses,*
IX, VIII.

1. *Liberavisse.* On sent dans
ces paroles l'admiration que tous
les disciples d'Épicure témoi-
gnaient à leur maître, et dont
Lucrèce s'est fait l'interprète inspiré.

2. *Aristotelis.* Les plus récen-
tes éditions donnent *Aristoteli*, et
non pas *Aristotelis.* Les manuscrits justifient les deux leçons.
Madvig incline à croire que, dans
les noms analogues, Cicéron a
toujours dit *Praxiteli, Aristidi,
Themistocli ;* mais c'est une simple présomption.

3. *Illud.... adduci.* Leçons des
meilleurs manuscrits. Ailleurs
illuc ou *ad illud.* Il y a des exemples de constructions analogues.
Adduci, « être amené à croire, se
décider à admettre. »

4. *Dicit plane.* Tous les témoi-
gnages s'accordent à reconnaître
que les ouvrages d'Épicure étaient
écrits sans talent, et que la lecture en était pénible. « Il emploie,
avoue Diogène, les mots les plus
propres à traduire sa pensée, dût-
il leur donner un sens inusité, et
Aristophane le grammairien lui
en fait un reproche. » Mais il
avait une qualité précieuse pour
un philosophe, la clarté ; « c'est le
seul mérite auquel un écrivain
doit prétendre, » disait-il, dans
son traité de rhétorique. Voir Diogène, *Vie d'Épicure,* X, 13. Les
fragments du traité *de la Nature*
qu'on a retrouvés à Herculanum
et les trois lettres citées par Diogène confirment en partie le jugement de l'antiquité ; ils sont
écrits sans talent ; mais ils ne
brillent pas par une extrême
clarté.

intelligam; et tamen ego a philosopho, si afferat eloquentiam, non asperner; si non habeat, non admodum flagitem[1]. Re mihi non æque satisfacit, et quidem locis pluribus. Sed quot homines, tot sententiæ[2]; falli igitur possumus. — Quamobrem tandem, inquit, non satisfacit? te enim judicem æquum puto, modo quæ dicat ille bene noris. — 16. Nisi mihi Phædrum, inquam, mentitum aut Zenonem[3] putas, quorum utrumque audivi, quum mihi nihil sane præter sedulitatem[4] probarent, omnes mihi Epicuri sententiæ satis notæ sunt; atque eos, quos nominavi, cum Attico nostro[5] frequenter audivi, quum mira-

---

1. *Et tamen.... flagitem.* « Non pourtant que j'interdise l'éloquence au philosophe; mais s'il en est dépourvu, je n'exige pas absolument qu'il en ait. » La construction s'explique ainsi d'après Madvig : l'auteur se proposait d'abord de dire: *A philosopho eloquentiam non flagitem, etsi non asperner.* Cette dernière proposition, au lieu d'être une simple modification de la première, s'est coordonnée avec elle par le retranchement de *etsi.* Mais on trouve d'autres exemples de cette construction, *aspernari aliquid ab aliquo:* « furorem deos a suis aris aspernatos (*Pro Cluentio* LXVIII, 194). Hanc proscriptionem a vobis rejicitis et aspernamini (*Pro Roscio*, LIII, 153). »

2. *Sententiæ.* Cette maxime, devenue banale, est textuellement tirée de Térence, *Phormion*, II, IV, 454.

3. *Phædrum.... Zenonem.* Phèdre, philosophe épicurien, a eu l'honneur d'être un des maîtres de Cicéron, qui l'avait entendu tout jeune à Rome (*Lettres familières*, XIII, 1) et qui plus tard le retrou-

va à Athènes. On a découvert, dans les papyrus d'Herculanum, des fragments d'un traité περὶ θεῶν, qui est probablement l'œuvre de Phèdre. (*Phædri epicurei.... fragmentum.* Petersen, Hambourg, 1833.) Il est certain, d'après ce texte, que Cicéron a emprunté à cette source une bonne partie de son premier livre *de la Nature des dieux.* Voy. aussi une thèse de M. Olleris, *De Phædro epicureo*, 1841. — Les *columina Herculanensia* nous ont encore rendu les titres de quelques-uns des ouvrages de Zénon l'épicurien, et même quelques extraits de sa polémique contre les stoïciens. Cicéron rapporte ailleurs les paroles qu'il lui avait entendu prononcer à Athènes (*Tusculanes*, III, XVII).

4. *Præter sedulitatem. Sedulitas* désigne ici leur exactitude dans l'exposition des doctrines d'Épicure : « ils ne m'ont fait croire qu'à une seule chose, à leur exactitude. » Gœrenz entend : « leur zèle à enseigner. »

5. *Attico nostro.* Pomponius Atticus, si connu par son amitié pour Cicéron.

retur ille quidem utrumque, Phædrum autem etiam amaret; quotidieque inter nos ea, quæ audiebamus, conferebamus, neque erat unquam controversia, quid ego intelligerem, sed quid probarem. »

CAPUT VI.

Critique sommaire de la physique d'Épicure ; vanité de la doctrine des atomes, et surtout de la théorie de la déclinaison. Épicure n'a ajouté que des erreurs aux idées de Démocrite.

17. « Quid igitur est, inquit? audire enim cupio quid non probes. — Principio, inquam, in physicis [1], quibus maxime gloriatur, primum [2] totus est alienus Democritea [3] dicit, perpauca mutans, sed ita, ut ea, quæ corrigere vult, mihi quidem depravare videatur. Ille atomos [4]

1. *In physicis.* Il divisait la philosophie en trois parties : τό τι κανονικὸν, καὶ φυσικὸν, καὶ ἠθικόν. La physique était l'objet des trente-sept livres du περὶ Φύσεως, et d'un grand nombre de lettres (Diogène, X, 30).

2. *Principio.... primum.* La répétition de ces deux mots dans une même proposition est loin d'être un pléonasme : « Pour commencer par la physique, d'abord rien ne lui appartient.... Mais en outre il a commis des erreurs qui lui sont propres. »

3. *Democritea.* Madvig écrit *Democritia*, comme plus bas, IV, 5. La plupart des manuscrits portent *Democrito adjicit. Ille*, à la phrase suivante, se rapporte à l'idée contenue dans l'adjectif. Voy.

plus bas V, 6. *Carneadia divisio.... Ille....* Épicure avait été initié à l'atomisme d'Abdère par Nausiphane et par la lecture des livres de Démocrite. Métrodore, son ami, disait de lui, au témoignage de Plutarque (*contre Colotes,* III) : « Si Démocrite n'avait été son guide, jamais Épicure ne se fût avancé si loin dans la science. »

4. *Atomos.* Démocrite n'inventa pas la doctrine des atomes ; elle est d'origine orientale. On la trouve déjà dans l'Inde, où Kanada explique par leur existence la formation du monde physique, sans nier la nécessité d'une intelligence infinie. On en voit les traces dans le système de Pythagore, d'Empédocle, et d'Anaxagore. Démocrite a pu en recueil-

quas appellat, id est, corpora individua propter soliditatem [1], censet in infinito inani [2], in quo nihil nec summum
nec infimum nec medium nec ultimum nec extremum [3]
sit, ita ferri [4], ut concursionibus inter se cohærescant, ex
quo efficiantur ea, quæ sint quæque cernantur [5], omnia ;
eumque motum atomorum nullo a principio, sed ex æterno
tempore intelligi convenire. 18. Epicurus autem, in quibus sequitur Democritum, non fere labitur [6]. Quanquam

---

lir l'idée dans les voyages en
Orient que la tradition lui attribue. Épicure ne fait que la mo-
difier. Gassendi s'efforce de la concilier avec le dogme chrétien, et
la réduit à n'être plus qu'une
théorie physique, et c'est à ce titre que la science moderne l'accepte encore dans des spécula-
tions d'ailleurs hypothétiques.

1. *Propter soliditatem*. L'atome
a de l'étendue ; s'il est néanmoins
indivisible, c'est qu'il exclut le
vide, ἄμετοχος κινοῦ, c'est-à-dire
qu'il est solide. Diogène parle à
peu près comme Cicéron ἀναλ-
λοίωτα διὰ τὴν στερρότητα. Ils ne peuvent changer, puisqu'ils sont so-
lides, dit-il, en exposant les idées
de Démocrite sur les combinaisons des atomes, IX, VII, 44.
« *Solido vincunt*, » dit Lucrèce,
I, 488.

2. *Infinito inani*. Le vide ou
l'espace, voilà le second principe
de toutes choses, d'après Démocrite : Ἀρχὰς εἶναι τῶν ὅλων ἀτόμους
καὶ κενόν : « le reste, ajoute-t-il,
n'est qu'un préjugé de l'opinion. »
(*Id. ibid.*)

3. *Ultimum.... extremum*. Ces
deux mots semblent se répéter ;
mais Cicéron les a déjà réunis
plus haut, ch. IV, et ils se complè-

tent. « Il n'y a pas de limite dernière qui contienne tout le reste. »
Au lieu d'*extremum*, on lit ailleurs
citimum, en dépit des manuscrits.

4. *Ita ferri*. L'origine de ce
mouvement est le point le plus
obscur du système de Démocrite,
et Cicéron ne l'éclaircit pas. Diogène dit à peu près de même :
φέρεσθαι δ' ἐν τῷ ὅλῳ δινουμένας, mais
ne nous indique pas l'origine de
ce tourbillon. Nous savons seulement que Démocrite le déclare
nécessaire, qu'il est pour lui la
cause de tout l'univers, τῆς δίνης
αἰτίας οὔσης τῆς γενέσεως πάντων, ἣν
ἀνάγκην λέγει. (Diogène, IX, VII, 45).
Ce mouvement n'a donc aucun
principe, *nullo a principio* ; il est
éternel comme le temps.

5. *Sint.... cernantur*. Les atomes existent, mais les sens ne
peuvent les percevoir : leurs
combinaisons sont aussi réelles
qu'eux, *quæ sint*, mais, de plus,
elles tombent sous le sens, *quæque cernantur*.

6. *Non fere labitur*. Suivant
Madvig, il faut comprendre qu'il
ne commet guère d'erreurs, en
ce que ses idées sont conséquen-
tes et bien enchaînées, quoique
fausses en réalité. Cette explication paraît forcée. Cicéron ne

utriusque quum multa non probo, tum illud in primis, quod, quum in rerum natura duo quærenda [1] sint, unum, quæ materia sit ex qua quæque res efficiatur; alterum, quæ vis sit quæ quidque efficiat; de materia disseruerunt, vim et causam efficiendi [2] reliquerunt [3]. Sed hoc commune vitium; illæ Epicuri propriæ ruinæ: censet enim eadem illa individua et solida corpora ferri deorsum [4] suo pondere ad lineam; hunc naturalem esse omnium corporum motum [5]; 19. deinde

veut-il pas dire : « Tant qu'il suit Démocrite, ses erreurs ne sont presque rien, auprès de celles qu'il commet quand il s'en sépare ? » — « Ce n'est pas, ajoute-t-il aussitôt, que je n'aie de nombreux griefs contre tous les deux.»

1. *Duo quærenda.* Ce sont les deux principes des stoïciens, la matière et la cause. C'est donc au nom des principes de cette école que Cicéron critique la physique d'Épicure. Les stoïciens n'étaient pourtant pas d'accord sur ce point avec la nouvelle Académie. Voir Sénèque, *lettre* LXV.

2. *Causam efficiendi.* Ces mots désignent ici la cause efficiente, et peut-être aussi la cause finale, comme dans ce passage de Sénèque : « Quæ deo faciendi mundum causa fuit ? »

3. *Reliquerunt.* Épicure ne supprime pas la force, la cause, mais il la confond avec la matière et le vide. et ne veut pas qu'on la cherche hors de là : Ἀρχὴ δὲ τούτων οὐκ ἔστι, dit-il dans sa *Lettre à Hérodote*, αἰτίων τῶν ἀτόμων αὐτῶν καὶ τοῦ κενοῦ.

4. *Ferri deorsum.* Il est constant en effet que Démocrite n'a pas mis la pesanteur au nombre des propriétés des atomes. Aristote, si exact en ses assertions, affirme le contraire, mais toute l'antiquité s'accorde à attribuer cette conception à Épicure Démocrite ne reconnaît pas ce mouvement perpendiculaire, dû à la pesanteur. « Qu'y a-t-il de plus indigne d'un philosophe, s'écrie Bayle, que de supposer du bas et du haut dans un espace infini. »

5. *Naturalem.... motum.* Les atomes peuvent être animés de deux mouvements. Il y a le mouvement naturel, résultat de leur pesanteur, de haut en bas, *deorsum,* ἡ κάτω διὰ τῶν ἰδίων βαρῶν φορά; puis un mouvement accidentel, qui provient de leur rencontre ἡ ἄνω, ἡ εἰς τὸ πλάγιον διὰ τῶν κρούσεων φορά. La vitesse est toujours égale, et Épicure, devançant l'expérience, établit très-bien que dans le vide tous les atomes sont ἰσοταχεῖς, « puisque, dit-il, dans le vide rien ne peut leur faire obstacle. » *Lettre à Hérodote.* Diogène, X, 61. Comparez Lucrèce, II, 79 : « Aut gravitate suâ, aut ictu. »

ibidem homo acutus, quum illud occurreret [1], si omnia deorsum e regione ferrentur et, ut dixi, ad lineam, nunquam fore ut atomus altera alteram posset attingere [2]; itaque attulit [3] rem commentitiam : declinare dixit [4] atomum perpaulum, quo nihil posset fieri minus; ita effici complexiones et copulationes et adhæsiones atomorum inter se, ex quo efficeretur mundus omnesque partes mundi quæque in eo essent. Quæ quum res tota ficta sit pueriliter, tum ne efficit quidem quod vult. Nam et ipsa declinatio ad libidinem fingitur (ait enim declinare atomum sine causa [5] : quo nihil turpius physico, quam fieri quidquam sine causa dicere) et illum motum naturalem omnium ponderum, ut ipse constituit, e regione [6] inferiorem locum petentium, sinè causa eripuit atomis, nec ta-

1. *Quum illud occurreret.* « Comme il se présentait cette difficulté, à savoir.... »

2. *Posset attingere.* « Les atomes alors tomberaient, dit Lucrèce, comme des gouttes de pluie, dans le vide profond. » II, 216.

3. *Itaque attulit. Itaque* paraît justement suspect aux critiques; il est probable qu'il y a omission d'un verbe dont *aculus homo* était le sujet.

4. *Declinare dixit.* On ne trouve rien dans Diogène, ni dans les fragments d'Épicure, sur cette conception, qui paraît une ressource désespérée, « cette petite inflexion des atomes, qui vient si à propos pour sauver le système. » (Fénelon, *de l'Existence de Dieu.* I, III) Stobée et Plutarque ne sont guère plus explicites; mais, au moins, on trouve chez eux le mot παρέγκλισιν. Épicure évitait-il de se prononcer sur ce troisième mouvement : *tertius*

motus extra pondus et plagam, (Cicéron, *du Destin,* x), qui n'a d'autre raison d'être que de tirer le philosophe d'un grand embarras? Lucrèce explique très bien que sans cette petite inflexion, *exiguum clinamen,* les atomes ne peuvent s'accrocher; mais il en conclut, sans plus ample démonstration, qu'ils dévient de la perpendiculaire, le moins possible, il est vrai : « *nec plus quam minimum.* » L. II, vers 241 à 194.—Épicure avait dit ἐλάχιστον.

5. *Sine causa.* Épicure pose en principe que rien ne peut venir de rien : πρῶτον μὲν οὐδὲν γίνεται ἐκ τοῦ μὴ ὄντος (*Lettre à Hérodote,* 38). On lui a dès longtemps reproché de se contredire en supposant un mouvement sans cause : ἐπεισάγοντι κίνησιν ἐκ τοῦ μὴ ὄντος. Plutarque, *de la Création de l'âme.*

6. *E regione,* perpendiculairement.

men id, cujus causa hæc finxerat, assecutus est. 20. Nam si omnes atomi declinabunt[1], nullæ unquam cohærescent; sive aliæ declinabunt, aliæ suo nutu recte ferentur, primum erit hoc quasi provincias atomis dare, quæ recte, quæ oblique ferantur[2]; deinde eadem illa atomorum, in quo etiam Democritus hæret, turbulenta concursio hunc mundi ornatum efficere non poterit[3]. Ne illud quidem physici credere aliquid esse minimum[4]; quod profecto

---

1. *Si.... declinabunt.* La première proposition du dilemme n'est peut-être pas solide. Cicéron suppose que cette déclinaison maintiendrait les directions parallèles des atomes; mais alors il n'y aurait pas de déviation, le mot de perpendiculaire n'ayant pas de sens dans un espace vide et infini. Lucrèce a répondu d'avance en marquant que cet écart a lieu, non pas toujours et partout, mais en des temps et à des points de l'espace non réglés : *Nec regione loci certa, nec tempore certo.* Les atomes se croisent donc. On comprend mal Bayle, lorsqu'il avance: « S'il eût supposé qu'ils se mouvaient par toutes sortes de lignes droites, il eût assigné une bonne cause de leur rencontre. » Une supposition n'est jamais une bonne cause, et celle d'Épicure vaut autant que celle de Bayle.

2. *Primum.... ferantur.* « Ce serait assigner des attributions diverses aux atomes, à ceux-ci la ligne droite, à ceux-là l'oblique.» Épicure n'y répugnerait pas. Son hypothèse du *clinamen* a deux buts : 1° Rendre possible la formation des choses; 2° Laisser place à la liberté. Dans le monde des atomes, tel que Démocrite le

conçoit, règne une nécessité universelle, πάντα κατ' ἀνάγκην γίγνεσθαι (Diogène, IX, 7, 45). Épicure fait un effort stérile pour y introduire la liberté Ce *clinamen* est comme une activité spontanée, différente du mouvement de pesanteur ou de répercussion qui est dans l'enchainement des causes éternelles: *Principium quoddam quod fati fœdera rumpat, Ex infinito ne causam causa sequatur.* (Lucrèce, II, 182.) Il se flatte par là, de pouvoir concilier ces deux propositions contradictoires : l'âme est composée d'atomes ; l'âme est libre : *fatis avulsa voluntas.* Cicéron condamne en principe l'expédient, parce qu'il est arbitraire; il est de plus inefficace.

3. *Non poterit.* Voy. Fénelon, *de l'Existence de Dieu,* I, 3.

4. *Esse minimum.* Descartes dit de même : « La plus petite partie étendue qui puisse être au monde, peut toujours être divisée, parce qu'elle est telle de sa nature. » (*Principes de philosophie,* II° partie, 30). D'autres pensent tout autrement sur cette grave question. Voy. Bayle, article ΖΗΝΟΝ. Épicure affirme que la divisibilité à l'infini est un préjugé à extirper. Un corps fini ne peut

nunquam putavisset, si a Polyæno[1] familiari suo geome-
trica discere maluisset quam illum etiam ipsum dedocere[2].
Sol Democrito magnus videtur, quippe homini erudito in
geometriaque perfecto; huic pedalis fortasse; tantum
enim esse censet, quantus videtur, vel paulo aut majorem
aut minorem[3]. 21. Ita, quæ mutat, ea corrumpit; quæ
sequitur, sunt tota Democriti[4]. Atomi, inane, imagines,
quæ εἴδωλα nominant, quarum incursione non solum videamus, sed etiam cogitemus, inflnitio ipsa, quam ἀπει-
ρίαν vocant, tota ab illo est, tum innumerabiles mundi,
qui et oriantur et intereant quotidie[5]. Quæ etsi mihi nullo

---

etre composé de parties inflnies,
et si l'on ne s'arrête, dit-il, tout
s'évanouit, μὴ πάντα ἀσθινῇ καθά-
μεν (*Lettre à Hérodote*, 56, sqq).

1. *A Polyæno*. Polyænus de
Lampsaque, un des familiers
d'Épicure, qui pourvut dans son
testament à l'éducation de son
fils. Il renonça à l'étude de la
géométrie, sans doute parce
qu'elle implique le principe de la
divisibilité à l'infini, qui semble
ruiner la théorie des atomes.

2. *Dedocere*. Épicure ne peut
échapper à cette critique, parce
que l'atome, suivant lui, a encore
une certaine étendue : Μέγεθος
ἔχει ἡ ἄτομος.... μικρόν τι μόνον....
(*Lettre à Hérodote*, 59). Leibnitz
ne la craindrait pas pour ses mo-
nades, qui sont comme des atomes de forces.

3. *Aut minorem*. C'est à peu
près le sens d'un passage de sa
Lettre à Pythoclès, 91. Dans le
deuxième livre *de la Nature*, il
donnait cette preuve : « Si le soleil
perdait son étendue à cause de la
distance, ne perdrait-il pas plus
encore sa couleur ? »

4. *Quæ mutat.... Democriti*, « ce
qu'il change, il le gâte, et tout le
reste il le prend à Démocrite. »
L'antithèse entraîne Cicéron ; *quæ
sequitur* fait double emploi avec
sunt tota Democriti.

5. *Atomi.... quotidie*. Voilà en
quelques mots les principales in-
ventions de Démocrite. Cicéron
les résume dans les mêmes termes au premier livre *de la Nature des dieux*, ch. XII, 26, 43.
Il conclut : « Démocrite est au
premier rang parmi les grands
hommes, et c'est à ses sources
qu'Épicure a puisé l'eau de ses
jardins. » (Ch. XXXIII.) On connaît
son hypothèse des images, *simulacra, species*, qui a fait une si
longue fortune dans la philosophie. Il expliquait la connaissance sensible, *videamus*, par
leur impression, *incursione*, κατ'
εἰδώλων ἐμπτώσεις (Diogène, IX, 44).
Est-il vrai qu'il ait expliqué de
la même manière la pensée pure,
cogitemus? Plutarque l'affirme
comme Cicéron : « Suivant lui et
Leucippe, la sensation et la pensée, καὶ τὴν νόησιν, ont lieu par

modo probantur, tamen Democritum laudatum a ceteris ab hoc, qui eum secutus esset, nollem vituperatum [1].

CAPUT VII.

La logique d'Épicure est nulle; sa morale, sans originalité, est odieuse dans ses principes.

22. « Jam in altera philosophiæ parte, quæ est quærendi ac disserendi, quæ λογικὴ dicitur [2], iste vester plane

l'introduction d'images venant du dehors. » (*Des opinions*, etc., IV, 8.) Sextus Empiricus, dans un passage obscur et mutilé, semble indiquer le contraire. Démocrite, affirme-t-il, reconnaît deux sortes de connaissances : l'une est obscure, σκοτίη, c'est celle des sens ; mais il y a des objets qu'on ne peut sentir, et une autre connaissance supérieure, légitime, γνησίη. (*Contre les mathématiciens*, VII, 139.) Épicure a donné plus de précision aux idées de Démocrite ; il admet trois facultés de connaître, αἴσθησις, πρόληψις, πάθος ; mais toutes ont leur point de départ dans la sensation : Ἔννοιαι πᾶσαι ἀπὸ τῶν αἰσθήσεων γεγόνασι (Diogène, X, 26, sqq.). Cependant nos idées ne se forment pas toutes par impression, κατὰ περίπτωσιν ; il faut y joindre l'analogie, la ressemblance, la composition. (Diogène, X, 27. V. Gassendi, *Philosophie d'Épicure*, CIX.) Le jugement de Cicéron n'a pas l'assentiment de Bayle.

Saint Augustin signale entre Démocrite et Épicure une différence, qui serait notable, si l'on pouvait se fier à la critique de l'auteur sacré. Le philosophe d'Abdère aurait reconnu aux atomes une sorte d'âme ; il en aurait fait des forces animées, *vim quamdam animalem et spiritalem* (*Lettre* 56). « Ce fût gâter le système, dit Bayle, que de ne pas retenir la doctrine de Démocrite, touchant l'âme des atomes. »

1. *Vituperatum.* Plutarque (*Contre Colotès*, VI) rapporte, au contraire, qu'Épicure s'appelait luimême *démocritien* ; mais Diogène nous dit qu'il se vantait de n'avoir pas eu de maître, et lui attribue un jeu de mots qui changeait le nom de Δημόκριτος en celui de ληρόκριτος, *nugarum censor*.

2. *Jam.... dicitur.* Épicure l'appelait la canonique ; il en retranchait comme superflue la partie que les stoïciens appelaient dialectique, et en faisait une sorte

ut mihi quidem videtur, inermis ac nudus est. Tollit definitiones[1], nihil de dividendo[2] ac partiendo docet, non quo modo efficiatur concludaturque ratio tradit, non qua via captiosa solvantur ambigua distinguantur ostendit; judicia rerum in sensibus ponit[3], quibus si semel aliquid falsi pro vero probatum sit, sublatum esse omne judicium veri et falsi putat[4].

23. « Confirmat autem[5] illud vel maxime, quod ipsa

d'introduction, ἐφόδους, à la physique, dont il la séparait à peine: Εἰώθασι τὸ κανονικὸν ὁμοῦ τῷ φυσικῷ συντάττειν. (Diogène, X, 30.) De là vient que certains épicuriens ne comptent que deux parties dans la philosophie. Cicéron aurait dû, par scrupule de méthode, critiquer la canonique avant la physique. Au fond, c'était une théorie rapide des signes de la vérité, περὶ κριτηρίου καὶ ἀρχῆς, ou des sources de la connaissance, qu'il réduit à trois : κριτήρια τῆς ἀληθείας εἶναι τὰς αἰσθήσεις καὶ προλήψεις καὶ τὰ πάθη (Diogène, X, 31.) Il méprisait le raisonnement, tel qu'il est étudié dans l'Organon, et Plutarque l'accuse même de ne pas savoir que le syllogisme est composé de trois propositions. (Sur Homère, 11.)

1. Tollit definitiones. Il y a un peu d'exagération dans ce reproche. Épicure recommande de bien fixer le sens des mots : πρῶτον τὰ ὑποτεταγμένα τοῖς φθόγγοις δεῖ διειληφέναι. (Lettre à Hérodote, 37.) De plus, l'anticipation, πρόληψις, a pour objet une conception générale de la nature de chaque chose, qui en est la véritable définition.

2. De dividendo. On remarque ici la distinction entre la division et la partition, qui s'est conservée dans la logique.

3. Judicia.... ponit. C'est bien le sens de la canonique. Épicure parle de l'anticipation et des passions; mais l'une n'est que la sensation répétée; les autres, le sentiment qui l'accompagne; et Gassendi résume toute la doctrine en disant : Omnis idea ortum ducit a sensibus.

4. Quibus.... putat. Épicure n'avancerait rien que de juste, s'il soutenait contre l'Académie que les sens sont dans leur sphère des témoins fidèles; Cicéron lui reproche justement d'en faire les seuls juges de la vérité. Par là il retombait sans le savoir dans le scepticisme, qu'il croyait combattre, et retournait jusqu'à Protagoras.

5. Confirmat autem. On signale ici une lacune. Cicéron, dit-on, n'aurait pas si brusquement passé de la logique à la morale; il n'a pas fini la critique de la première, et sans doute il commençait autrement celle de la seconde. Il s'est trouvé un éditeur pour suppléer à cette perte, et on lit dans beaucoup d'éditions, après putat: « In tertia vero parte, quæ est de vitâ et moribus, in constitutione

natura, ut ait ille, sciscat et probet, id est, voluptatem et dolorem; ad hæc et quæ sequamur et quæ fugiamus refert omnia. Quod quanquam Aristippi est, a Cyrenaicisque melius liberiusque[1] defenditur, tamen[2] ejus modi esse judico, ut nihil homine videatur indignius. Ad majora enim quædam nos natura genuit et conformavit, ut mihi quidem videtur. Ac fieri potest ut errem, sed ita prorsus existimo, neque eum Torquatum[3], qui hoc primus cognomen invenit, aut torquem illum hosti detraxisse, ut aliquam ex eo perciperet corpore[4] voluptatem, aut cum Latinis tertio consulatu conflixisse apud Veserim[5] propter voluptatem. Quod vero securi percussit[6] filium, privasse se etiam videtur multis voluptatibus, quum ipsi naturæ patrioque amori prætulerit jus majestatis atque imperii. 24. Quid? T. Torquatus is, qui consul cum Cn. Octavio fuit, quum illam severitatem in eo filio adhibuit,

---

finis, nihil generosum sapit atque magnificum. » Les autres se contentent de quelques points.... La pensée ne nous semble pas interrompue. S'il y a quelque chose de forcé dans cette expression : *Confirmat autem vel.... voluptatem et dolorem*, elle paraît plus naturelle, quand on la rapproche de la phrase précédente : *Tollit definitiones.... Confirmat autem.* (Voir plus bas, ch. viii.)

1. *Melius liberiusque.* Nous ne pouvons savoir si Aristippe, dont il ne reste pas une ligne, défendait mieux sa morale qu'Épicure; mais il est sûr qu'il s'affranchissait des ménagements et des distinctions dont ce dernier entoure ses idées; il y mettait plus de franchise, *liberius*, ou plus d'impudence.

2. *Quanquam.... tamen*, « Cette doctrine n'appartient pas à Épicure; je dirai cependant mon avis. »

3. *Torquatum.* Voir Tite-Live, VII, x; Florus, I, xiii.

4. *Corpore.* Ailleurs, *corporis voluptatem.*

5. *Apud Veserim.* C'est là que Torquatus battit les Latins, en 340 av. J. C., et que Décius se dévoua. Véséris est qualifié de rivière par certains critiques; ce paraît être plutôt le nom d'une bourgade, au pied du Vésuve.

6. *Percussit.* Plusieurs manuscrits donnent *percusserit.* Madvig défend longuement l'autre leçon; c'est une affirmation, un fait historique, et sans rapport avec l'idée comprise dans *videtur.*

quem in adoptionem D. Silano emancipaverat[1], ut eum,
Macedonum legatis accusantibus, quod pecunias præto-
rem in provincia cepisse arguerent, causam apud se dicere juberet, reque ex utraque parte audita, pronuntiaret
eum non talem videri fuisse in imperio, quales ejus majores fuissent, et in conspectum suum venire vetuit[2],
numquid videtur tibi de voluptatibus suis cogitavisse?
Sed ut omittam pericula, labores, dolorem etiam, quem
optimus quisque pro patria et pro suis suscipit, ut non
modo nullam captet, sed etiam prætereat omnes voluptates, dolores denique quosvis suscipere malit[3], quam
deserere ullam officii partem, ad ea, quæ hoc non minus
declarant, sed videntur leviora, veniamus. 25. Quid tibi,
Torquate, quid huic Triario litteræ, quid historiæ cognitioque rerum[4], quid poetarum evolutio, quid tanta tot
versuum memoria voluptatis affert? Nec mihi illud
dixeris : « Hæc enim ipsa mihi sunt voluptati, et erant
« illa Torquatis[5]. » Nunquam hoc ita defendit Epicurus,

1. *Emancipaverat.* Le père qui
consentait à laisser passer son
fils par adoption dans une autre
famille, devait l'émanciper.

2. *Venire vetuit.* Silanus, raconte Valère Maxime, se pendit
de désespoir, et son père n'as-
sista pas à ses funérailles. On a
remarqué que Cicéron écrit, sans
doute par inattention, *vetuit* au
lieu de *vetaret;* mais cette proposition se joint naturellement à
celle-ci : « Quum illam severitatem in eo filio adhibuit.... et in
conspectum, etc. »

3. *Sed ut.... malit.* On remarque
encore ici quelque négligence:
*Dolorem quem.... suscipit, ut....
dolores suscipere malit.* Les critiques qui ne veulent pas qu'il
puisse y avoir une seule tache

dans une page de Cicéron, et que
Madvig appelle *superstitiosi Cice-
roniani,* ont essayé des corrections; l'un d'eux propose même
d'effacer toute la phrase.

4. *Cognitioque rerum.* Gœrenz
supprime *historiæ* et *que,* et entend par *cognitio rerum* la philosophie. Madvig croit que ces
derniers termes désignent l'ensemble des connais. ances libé-
rales. On les retrouve quelques
lignes plus bas, et on les traduirait là, comme ici, par notre mot
« la science. »

5. *Nec mihi.... Torquatis,* « et
ne me réponds pas: De ces devoirs, les uns sont un plaisir pour
moi, et les autres en étaient un
pour les Torquatus. » *Hæc,* la cul-
ture des lettres; *illa,* les exploits.

neque vero tu[1] aut quisquam eorum, qui aut saperet aliquid, aut ista didicisset. Et quod quæritur sæpe, cur tam multi sint Epicurei, sunt aliæ quoque causæ[2]; sed multitu dinem hæc maxime allicit, quod ita putant dici ab illo[3] recta et honesta quæ sint, ea facere ipsa per se lætitiam, id est, voluptatem. Homines optimi non intelligunt totam rationem everti, si ita res se habeat. Nam si concederetur, etiamsi ad corpus nihil referatur, ista sua sponte et per se esse jucunda, per se esset et virtus et cognitio rerum, quod minime ille vult, expetenda[4]. 26. Hæc igitur Epicuri non probo, inquam. De cetero vellem equidem aut ipse doctrinis fuisset instructior[5] (est enim, quod tibi ita videri necesse est, non satis politus iis artibus, quas qui tenent eruditi appellantur) aut ne deterruisset

1. *Neque vero tu.* Au lieu de ces mots, Baiter, adoptant une conjecture de Manuce, écrit *neque Metrodorus;* d'autres, *neque vero tu, Triari;* cette seconde leçon est peu raisonnable, puisque Triarius est un stoïcien; la première est ingénieuse, mais les manuscrits ne l'autorisent pas. Il vaudrait mieux lire: *neque vestri;* mais toute correction paraît inutile. Cette apologie de la doctrine d'Épicure est contraire, dit Cicéron, à son système, *totam rationem evertit.* « Épicure n'a jamais pu parler ainsi, ni toi-même, puisque tu es épicurien. Tu n'as donc pas le droit de me faire cette réponse. » (Voir ch. XXVII, 55.)

2. *Aliæ quoque causæ.* Sur le nombre des épicuriens et les causes du succès de leur doctrine, voir les *Tusculanes,* III, 21; IV, 3.

3. *Putant dici ab illo.* Ils se font une fausse idée de l'épicurisme. Ils croient que le bien a pour conséquence le plaisir, tandis qu'en réalité Épicure professe que le plaisir est le principe du bien.

4. *Nam si... expetenda,* si l'on accordait que les actions honnêtes, *recta et honesta,* sans qu'on ait égard au corps, sont, par nature et d'elles-mêmes, une source de plaisir, il en résulterait que la vertu et la science sont choses désirables en soi, et rien ne répugne davantage à Épicure.

5. *Instructior.* Épicure affectait un grand mépris pour l'érudition, pour la poésie, la musique, la géométrie, l'astronomie. (Voy. plus bas, ch. XXI.) Παιδείαν πᾶσαν, φεῦγε, écrivait-il à son disciple Pythoclès. Il y a de l'affectation dans ce dédain; Épicure a dû beaucoup à ses devanciers, et il n'ignorait pas plus les travaux d'Aristote que ceux de Démocrite. Sa doctrine est un appel à la nature, une réaction contre la science.

alios a studiis. Quanquam te quidem video minime esse deterritum. »

CAPUT VIII.

On objecte à Cicéron qu'il ne laisse rien subsister de la doctrine d'Épicure. Il répond qu'il n'y a pas de discussion sérieuse sans une pleine liberté d'appréciation. Torquatus entreprend la défense de la morale d'Épicure.

Quæ quum dixissem, magis ut illum provocarem quam ut ipse loquerer[1], tum Triarius leniter arridens : « Tu quidem, inquit, totum Epicurum pæne e philosophorum choro sustulisti. Quid ei reliquisti, nisi te, quoquo modo loqueretur, intelligere quid diceret[2]? Aliena dixit in physicis, nec ea ipsa, quæ tibi probarentur; si qua in iis corrigere voluit, deteriora fecit; disserendi artem nullam habuit; voluptatem quum summum bonum diceret, primum in eo ipso parum vidit, deinde hoc quoque alienum, nam ante Aristippus, et ille melius; addidisti ad extremum etiam indoctum fuisse[3]. — 27. Fieri, inquam, Triari, nullo pacto potest, ut non dicas quid non probes ejus, a quo dissentias. Quid enim me prohiberet Epicureum esse, si probarem quæ ille diceret? quum præsertim

---

1. *Ipse loquerer.* Cicéron répond d'avance à ceux qui trouveraient si critique superficielle : il n'a eu d'autre but que de provoquer son adversaire.

2. *Quid ei.... diceret?* « Que lui as-tu laissé hormis le mérite d'un langage plus ou moins correct, mais enfin clair pour toi? » Au

lieu de *quoquo,* on trouve *quoque* et *quocumque.*

3. *Aliena.... fuisse.* C'est le résumé de la critique de Cicéron. On voit que la distinction entre la morale et la canonique n'y est pas plus marquée qu'au chapitre VII. *Parum vidit,* il a eu peu de clairvoyance.

illa perdiscere ludus esset. Quamobrem dissentientium
inter se reprehensiones non sunt vituperandæ; maledicta,
contumeliæ, tum iracundiæ, contentiones concertationes-
que in disputando pertinaces indignæ philosophia mihi
videri solent. » 28. Tum Torquatus : « Prorsus, inquit,
assentior; neque enim disputari sine reprehensione, nec
cum iracundia aut pertinacia recte disputari potest. Sed
ad hæc, nisi molestum est, habeo quæ velim. — An me,
inquam, nisi te audire vellem, censes hæc dicturum
fuisse? — Utrum igitur[1] percurri omnem Epicuri disciplinam placet, an de una voluptate quæri, de qua omne
certamen est? — Tuo vero id quidem, inquam, arbitratu. — Sic faciam igitur, inquit; unam rem explicabo
eamque maximam; de physicis alias[2], et quidem tibi et
declinationem istam atomorum et magnitudinem solis
probabo et Democriti errata ab Epicuro reprehensa et
correcta permulta. Nunc dicam de voluptate, nihil scilicet novi, ea tamen, quæ te ipsum piobaturum esse
confidam. — Certe, inquam, pertinax non ero, tibique,
si mihi probabis ea, quæ dices, libenter assentiar. —
29. Probabo, inquit, modò ista sis æquitato, quam
ostendis. Sed uti oratione perpetua malo quam interrogare aut interrogari. — Ut placet, » inquam. Tum dicere
exorsus est[3].

---

1. *Utrum igitur.* Ces paroles
sont prononcées par Torquatus.
Quelques éditions portent même
après *igitur, inquit.*

2. *De physicis alias.* On ne voit
pas que Torquatus ait tenu parole; hormis dans quelques passages de la *Nature des dieux,* Cicé-

ron ne parle guère de la physique
d'Épicure, dont il a si bien fai t
connaitre la morale.

3. *Exorsus est.* Les prélimi-
naires sont finis; quoiqu'un peu
languissants, ils n'ont pas été inutiles, et l'on aura surtout remarqué l'importance du chapitre vi.

CAPUT IX.

Exposition de la morale d'Épicure : le souverain bien est le plaisir. Évidence de ce principe : il a pour lui le témoignage des sens, les affirmations de la raison et les déductions du raisonnement.

« Primum igitur, inquit, sic agam, ut ipsi auctori hujus disciplinæ placet : constituam quid et quale sit id, de quo quærimus[1], non quo ignorare vos arbitrer, sed ut ratione et via procedat oratio. Quærimus igitur quid sit extrémum et ultimum[2] bonorum, quod omnium philosophorum sententia tale debet esse, ut ad id omnia referri oporteat, ipsum autem nusquam[3]. Hoc Epicurus in voluptate ponit, quod summum bonum[4] esse vult, summumque malum dolorem; idque instituit docere sic : 30. Omne animal[5], simul atque natum sit, voluptatem appe-

---

1. *Quid.... quærimus.* Épicure ne supprimait donc pas les définitions comme Cicéron l'en accuse. (Voir dans Diogène au commencement de la *Lettre à Hérodote* : ἀνάγκη γὰρ τὸ πρῶτον ἐννόημα καθ' ἕκαστον φθόγγον βλέπεσθαι, etc.)

2. *Extremum et ultimum.* On a déjà vu deux fois ces mots réunis ; le bien suprême, celui après lequel ou n'en trouve pas d'autres.

3. *Quod omnium.... nusquam.* C'est la définition même de l'idée de fin. De tous les philosophes nul ne l'a sans doute exprimée avec plus de précision qu'Aristote : ὃ

δι'αὐτὸ βουλόμεθα, τὰ ἄλλα δὲ διὰ τοῦτο. (*Morale à Nicomaque*, I, 2). Après lui toutes les écoles ont parlé le même langage : οὗ χάριν πάντα πράττομεν, dit Stobée, αὐτὸ δὲ οὐδενός. Les stoïciens la définissaient de même ; mais ils y ajoutaient un mot qui marque l'identité de la fin et du bien absolu. καθηκόντως.

4. *Summum bonum.* Τὴν ἡδονὴν ἀρχὴν καὶ τέλος τοῦ μακαρίως ζῆν, etc. (*Lettre à Ménécée*, 128.)

5. *Omne animal.* C'est ainsi qu'Épicure établit le principe de son système : il allègue un fait, le même que les Cyrénaï-

tere eaque gaudere ut summo bono, dolorem aspernari ut summum malum, et, quantum possit, a se repellere; idque facere nondum depravatum, ipsa natura incorrupte atque integre judicante[1]. Itaque negat opus esse ratione neque disputatione, quamobrem voluptas expetenda, fugiendus dolor sit. Sentiri hoc putat, ut calere ignem, nivem esse albam, dulce mel, quorum nihil oportere exquisitis rationibus confirmare, tantum satis esse admonere; interesse enim inter argumentum conclusionemque rationis et inter mediocrem animadversionem atque admonitionem : altera occulta quædam et quasi involuta aperiri, altera prompta et aperta judicari[2]. Etenim quoniam detractis de homine sensibus reliqui nihil est, necesse est quid aut ad naturam aut contra sit a natura ipsa judicari[3]. Ea quid percipit aut quid judicat, quo aut petat aut fugiat aliquid, præter voluptatem et dolorem[4]? 31. Sunt

ques, et prend pour témoins, comme eux, les animaux. Il a cru que sa doctrine était un retour à la nature.

1. *Integre judicante.* Ils agissent alors naturellement sans réflexion, φυσικῶς καὶ χωρὶς λόγου (Diogène, x, 137), et ne sont pas encore dépravés, ἀδιάστροφα ὄντα (Sextus, *Hypotyposes*, III, 194); aussi le plaisir leur paraît le souverain bien. Que faut-il pour cela? dit brutalement Épicure : des sens et de la chair : Αἴσθησιν δεῖ ἔχειν καὶ σάρκιον εἶναι, καὶ φανεῖται ἡδονὴ ἀγαθόν (Plutarque, *contre Colotès*, 27).

2. *Aperta judicari.* Il lui était en effet commode d'invoquer une évidence de sentiment qui le dispensait de tout raisonnement, et d'en appeler, comme toujours, à la nature. La distinction entre

les vérités démontrées et celles qui sont claires par elles-mêmes, et n'ont besoin que d'un peu d'attention pour être admises, malgré la mauvaise application qu'il en faisait, ne manque pas de justesse.

3. *Etenim.... judicari.* Si de l'homme on retranche les sens, il ne reste rien; il faut donc que la nature elle-même juge de ce qui est conforme ou contraire à la nature. Ce qui constitue la nature humaine, veut-il dire, ce sont les sens; c'est donc à eux et non au raisonnement, de juger ce qui leur convient. *Ad naturam,* pour *secundum naturam,* est un exemple unique chez Cicéron, et reste suspect. On n'a pourtant pas osé écrire, avec Graser, *aptum ad naturam.*

4. *Ea quid.... dolorem,* que

autem quidam [1] e nostris, qui hæc subtilius velint tradere et negent satis esse, quid bonum sit aut quid malum, sensu judicari; sed animo etiam ac ratione intelligi posse et voluptatem ipsam per se esse expetendam et dolorem ipsum per se esse fugiendum. Itaque aiunt hanc quasi naturalem atque insitam in animis nostris inesse notionem, ut alterum esse appetendum, alterum aspernandum sentiamus [2]. Alii autem, quibus ego assentior, quum a philosophis compluribus permulta dicantur, cur nec voluptas in bonis sit numeranda, nec in malis dolor, non existimant oportere nimium nos causæ confidere, sed et argumentandum, et accurate disserendum, et rationibus conquisitis de voluptate et dolore disputandum putant [3].

peut-elle sentir ou connaître, qui fasse naître en elle le désir ou la répulsion, si ce n'est le plaisir et la douleur?

1. *Sunt.... quidam.* Gassendi loue l'école d'Épicure de son attachement à une même doctrine qui ne rencontra aucune dissidence sérieuse. Cicéron nous signale ici trois sortes d'épicuriens; mais ils sont bien près de s'entendre, et cette unanimité est loin de témoigner en faveur de l'enseignement du maître, ou de la fécondité du système.

2. *Sentiamus.* Au fond, ces épicuriens ajoutent au témoignage des sens une anticipation de la raison, πρόληψιν, *insitam notionem*; mais cette conception n'a pas pour origine un pouvoir distinct de la sensibilité; elle est formée par la répétition même des sensations que la mémoire combine en une seule notion générale, et ne renferme rien de plus qu'elle. Il ne faut donc pas se tromper au sens des mots du texte : *naturalem atque insitam inesse rationem*, qui font penser à une idée innée. Ritter fait un reproche à Cicéron de les employer. C'est pourtant le langage de l'école. Καθολικὴν νόησιν ἐναποκειμένην, dit aussi Diogène; mais il ajoute aussitôt : τουτέστι μνήμην τοῦ πολλάκις ἔξωθεν φανέντος (X, 33). Entre Épicure et ses disciples, il n'y a donc qu'une différence de mots.

3. *Disputandum putant.* Les épicuriens durent en effet sentir la nécessité de se défendre et contre l'Académie et contre les stoïciens; le raisonnement, si négligé par le maître, fut leur seule ressource contre des raisonneurs exercés. On trouve dans les papyrus d'Herculanum des preuves de cette innovation. Les fragments de Philodème témoignent d'une polémique ardente (*Herculanensia volumina*, t. VI et VIII, Naples, 1839-1844) Mais, au fond, il en est de ce raisonnement comme de l'anticipation.

CAPUT X.

En fait, personne ne fuit le plaisir, parce qu'il est le plaisir ; —
personne ne va au-devant de la douleur, sinon pour un avantage ultérieur. Mais il faut user de discernement et savoir se
refuser, suivant les circonstances, certains plaisirs et accep-
ter certaines douleurs.

32. « Sed ut perspiciatis[1], unde omnis iste natus sit
error voluptatem accusantium doloremque laudantium,
totam rem aperiam, eaque ipsa, quæ ab illo inventore veritatis[2] et quasi architecto beatæ vitæ dicta sunt, explicabo. Nemo enim ipsam voluptatem, quia voluptas sit,
aspernatur aut odit aut fugit, sed quia consequuntur magni dolores eos, qui ratione voluptatem sequi nesciunt[3].

il n'ajoute rien à la sensation : πᾶς
λόγος ἀπὸ τῶν αἰσθήσεων ἔρχεται ; il
contribue un peu à la connaissance, συμβαλλομίνος τι τοῦ λογισμοῦ,
parce qu'il peut interpréter les
phénomènes, ἀπὸ τῶν φαινομένων
σημειοῦσθαι (Épicure, cité par Diogène, x, 32). La distinction intéressante que fait Cicéron entre
divers groupes d'épicuriens ne
change donc rien au jugement
de la critique. L'épicurisme a
la rigueur d'un dogme, et des
générations d'épicuriens, sans
rien ajouter aux décrets du maître, ont répété ces κυρίας δόξας,
qu'il ordonnait d'apprendre par
cœur.

1. *Ut perspiciatis.* Torquatus ne
rapporte pas ici les raisonne-

ments qu'il vient d'annoncer ;
mais on les trouve plus bas
(ch. XII).

2. *Inventore veritatis.* On a déjà remarqué le ton emphatique
des disciples chaque fois qu'ils
prononcent le nom du maître
(ch. v). On retrouvera les mêmes
hyperboles ch. XXVIII. On connaît le magnifique éloge que
Lucrèce a répété au commencement de deux livres de son poëme. C'est de tradition dans l'école,
et l'auteur des fragments περὶ
ἰτῶν, que ce soit Phèdre ou un
autre, n'y a pas manqué.

3. *Nemo.... nesciunt.* Tout plaisir, dit Épicure, est un bien ; mais
il ne faut pas poursuivre tout
plaisir ; il faut s'arrêter quand

Neque porro quisquam est qui dolorem ipsum, quia dolor sit, amet, consectetur, adipisci velit ; sed quia nonnunquam ejusmodi tempora incidunt, ut labore et dolore magnam aliquam quærat voluptatem[1]. Ut enim ad minima veniam, quis nostrum exercitationem ullam corporis suscipit labóriosam, nisi ut aliquid ex ea commodi consequatur? Quis autem vel eum jure reprehenderit, qui in ea voluptate velit esse, quam nihil molestiæ consequatur, vel illum, qui dolorem eum fugiat, quo voluptas nulla pariatur? 33. At vero eos et accusamus et justo odio dignissimos ducimus, qui blanditiis præsentium voluptatum deleniti atque corrupti, quos dolores et quas molestias excepturi sint, obcæcati cupiditate non providtent; similique sunt in culpa, qui officia deserunt[2] mollitia animi, id est, laborum et dolorum fuga. Et harum quidem rerum facilis est et expedita distinctio : nam libero tempore, quum soluta nobis est eligendi optio[3], quumque nihil impedit, quominus id, quod maxime placeat, facere possimus, omnis voluptas assumenda est, omnis dolor repellendus. Temporibus autem quibusdam,

on a à craindre pour résultat une douleur plus grande : ὅταν πλεῖον ἡμῖν τὸ δυσχερὲς ἐκ τούτων ἐξηται. (Lettre à Ménécée, 130.) La prudence est donc le plus grand bien : τὸ μέγιστον ἀγαθὸν φρόνησις. (ibid., 132).

1. Neque.... voluptatem. Toute douleur est un mal, ajoute-t-il, mais il ne faut pas les éviter toutes : οὐ πᾶσα φευκτή δεῖ; car il en est qui sont la condition d'un plus grand plaisir.

2. Officia deserunt. On voit quel est le sens de ce mot officia dans la morale d'Épicure. Manquer au devoir, c'est, ou n'avoir pas le

courage de sacrifier l'intérêt du moment à un intérêt plus grand, ou reculer devant une douleur qui doit produire une jouissance. Aristippe n'y mettait pas tant de raffinement, et cette phrase, dirigée contre ses disciples, exprime le mépris pour ses principes. La morale de l'intérêt bien entendu est sévère pour la morale du plaisir.

3. Nam.... optio, quand les circonstances le permettent et que nous avons la liberté de choisir. Optio désigne ici le pouvoir, et eligendi, l'usage que nous en faisons, l'acte même.

et aut officiis debitis aut rerum necessitatibus[1] sæpe eve-
niet, ut et voluptates repudiandæ sint et molestiæ non
recusandæ. Itaque earum rerum hic tenetur a sapiente delectus[2], ut aut rejiciendis voluptatibus majores alias consequatur, aut perferendis doloribus asperiores repellat.
34. Hanc ego quum teneam sententiam, quid est cur
verear ne ad eam non possim accommodare Torquatos
nostros? quos tu paulo ante, quum memoriter[3], tum
etiam erga nos amice et benevole collegisti; nec me tamen laudandis majoribus meis corrupisti[4], nec segnio-
rem ad respondendum reddidisti. Quorum facta quemadmodum, quæso, interpretaris? Siccine eos censes aut in
armatum hostem impetum fecisse, aut in liberos atque in
sanguinem suum tam crudeles fuisse, nihil ut de utilitatibus[5], nihil ut de commodis suis cogitarent? At id ne

1. *Temporibus.... necessitatibus.*
Mais, par suite de certaines conjonctures, de devoirs pressants ou
de nécessités extérieures, il
pourra arriver.... On a proposé
de retrancher *et* avant *aut*. Le
sens serait légèrement modifié;
il faudrait dire : dans certaines
conjonctures.

2. *A sapiente delectus.* Le Cyrénaïque n'a que faire de toute
cette casuistique : le plaisir est
là ; il s'y jette tête baissée. L'é-
picurien raisonne; il a besoin
de ce raisonnement sobre, νήφων
λογισμός,, qui scrute les causes des
préférences et des répulsions, *tenetur a sapiente delectus.* Cette
sensualité exquise, qui ne reconnaît les plus nobles pouvoirs de
l'âme que pour se les subordonner, est-elle un progrès sur l'hé-
donisme brutal de Cyrène?

3. *Quum memoriter*, avec autant d'érudition que d'amitié et
de bienveillance pour moi. *Memoriter*, Madvig le démontre sura-
bondamment, ne signifie pas ici
ni ailleurs, *e memoria*; il désigne la sûreté et l'abondance des
souvenirs ; *qui studiose antiqua
persequeris*, dira tout à l'heure
Torquatus.

4. *Corrupisti.* Les manuscrits
écrivent *corripuisti*, démenti par
le sens et par un autre passage,
où Cicéron, reprenant les paroles
de Torquatus, dit : *te non possum, ut ais, corrumpere* (II, 22).

5. *De utilitatibus.* On ne voit
guère la différence entre *utilitates* et *commoda.* Aussi Orelli
écrit-il *voluptatibus.* Mais, est-il
sans exemple que Cicéron, pour
insister sur une idée, l'exprime
par plusieurs des mots qui la
traduisent ? N'a-t-on pas vu plus
haut, *ultimum et extremum*, et
ne retrouvera-t-on pas plus bas,
divelli nec distrahi (ch. XVI)?

feræ quidem faciunt, ut ita ruant itaque turbent[1], ut earum motus et impetus quo pertineant, non intelligamus[2]; tu tam egregios viros censes tantas res gessisse sine causa? 35. Quæ fuerit causa mox videro; interea hoc tenebo, si ob aliquam causam ista, quæ sine dubio præclara sunt, fecerunt, virtutem iis per seipsam causam non fuisse. — Torquem detraxit hosti? Et quidem se texit, ne interiret. — At magnum periculum adiit? In oculis quidem exercitus[3]. — Quid ex eo est consecutus? Laudem et caritatem, quæ sunt vitæ sine metu degendæ præsidia firmissima. — Filium morte mulctavit? Si sine causa, nollem me ab eo ortum, tam importuno tamque crudeli; sin, ut dolore suo sanciret militaris imperii disciplinam, exercitumque in gravissimo bello animadversionis metu contineret, saluti prospexit civium, qua intelligebat contineri suam. 36. Atque hæc ratio late patet[4]. In quo enim maxime consuevit jactare vestra se oratio, tua præsertim, qui studiose antiqua persequeris, claris et fortibus viris commemorandis eorumque factis non emolumento aliquo, sed ipsius honestatis decore[5] laudandis, id totum evertitur

---

1. *Itaque turbent.* Au lieu de *itaque*, qui prête à la confusion, Orelli écrit *atque;* mais les exemples de *que* après *ita*, sans être nombreux, ne manquent pas. *Turbare* a ici le sens neutre de s'agiter brusquement, *turbas dare.*

2. *Intelligamus.* Quand les bêtes s'agitent, nous comprenons le but de leurs mouvements. Épicure proposait volontiers les bêtes pour exemples à l'homme. C'est une façon d'opposer la nature à la société et l'instinct à la science. Il avait été précédé en cela par Aristippe ; il a été imité par tous les moralistes qui acceptent la proposition fondamentale de son système, témoin Hobbes, Helvétius, etc.

3. *In oculis exercitus.* Tel est le procédé qu'ont suivi tous les moralistes qui réduisent au seul intérêt tous nos principes d'action. Ces lignes rappellent les maximes de la Rochefoucauld, et quelques-unes des pensées de Pascal. « Nous consentons à mourir, pourvu qu'on en parle. »

4. *Atque....patet,* c'est une théorie d'une grande portée.

5. *Eorum....decore.* En mesurant les éloges, non pas au résultat

eo delectu rerum, quem modo dixi, constituto, ut aut voluptates omittantur majorum voluptatum adipiscendarum causa, aut dolores suscipiantur majorum dolorum effugiendarum gratia.

CAPUT XI.

Le vrai plaisir ne consiste pas dans les jouissances, mais dans le calme où nous laisse l'absence de toute douleur.

37. « Sed de clarorum hominum factis illustribus et gloriosis satis hoc loco dictum sit. Erit enim jam de omnium virtutum cursu ad voluptatem proprius disserendi locus[1]. Nunc autem explicabo voluptas ipsa quæ qualisque sit, ut tollatur error omnis imperitorum intelligaturque ea, quæ voluptaria, delicata, mollis habeatur disciplina, quàm gravis, quam continens, quam severa sit[2]. Non enim hanc solam sequimur, quæ suavi-

profitable de leurs actions, mais à leur beauté morale. Sens assez rare de l'ablatif. On lit de même plus bas, ch. XIII : « Gubernatoris ars utilitate, non arte laudatur. »

1. *Disserendi locus.* On en parlera au ch. XIII. — *Cursu :* toutes les vertus tendent au plaisir.

2. *Quam severa sit.* Épicure se plaint déjà de ne pas être compris; il tient à se séparer des disciples d'Aristippe, qui ignorent sa doctrine ou la comprennent mal : τινὶς ἀγνοοῦντις.... ἢ κακῶς ἐκδεχόμενοι; il repudie le plaisir brutal des voluptueux : τὰς τῶν ἀσώτων ἡδονάς. *Lettre à Méné-*

cée, 131. Sa prétention est de professer une morale sévère. Sénèque n'est pas éloigné de l'en croire, et l'on admet généralement que l'épicurisme bien compris n'est pas aussi relâché qu'on le dit. La vérité, c'est qu'il y a une certaine noblesse dans quelques-unes de ses maximes, mais que d'autres affichent sans déguisement la plus odieuse sensualité: « C'est le ventre, s'écrie Métrodore, c'est le ventre que la raison naturelle doit avant tout considérer. » Épicure lui-même a dit : Ἀρχὴ καὶ ῥίζα παντὸς ἀγαθοῦ τῆς γαστρὸς ἡδονή. Athénée, VII. 11;

tate aliqua naturam ipsam movet et cum jucunditate quadam percipitur sensibus, sed maximam illam voluptatem habemus, quæ percipitur omni dolore detracto[1]. Nam
quoniam, quum privamur dolore, ipsa liberatione et vacuitate omnis molestiæ gaudemus, omne autem id, quo
gaudemus, voluptas est, ut omne id, quo offendimur,
dolor, doloris omnis privatio recte nominata est voluptas[2].
Ut enim, quum cibo et potione fames sitisque depulsa
est, ipsa detractio molestiæ consecutionem affert voluptatis, sic in omni re doloris amotio successionem efficit
voluptatis. 38. Itaque non placuit Epicuro medium esse
quiddam inter dolorem et voluptatem : illud enim ipsum,
quod quibusdam medium videretur, quum omni dolore
careret[3], non modo voluptatem esse, verum etiam summam voluptatem. Quisquis enim sentit, quemadmodum
sit affectus, eum necesse aut in voluptate esse aut in dolore[4]. Omnis autem privatione doloris putat Epicurus ter-

---

XII, 67. Il n'est pas bien sûr non
plus que sa vie ait toujours été
austère et sobre, comme dans ces
derniers jours, et l'antiquité nous
a transmis sur ses mœurs des
bruits qui ne sont pas à son honneur.

1. *Dolore detracto.* Voilà la célèbre distinction entre le plaisir
ἐν κινήσει, et le plaisir ἐν στάσει, κατα-
στηματική, que Cicéron appelle
plus bas *moventem* et *stantem.*
La différence est si faible, que
parfois Épicure lui-même la mé-
connaît. A lire cette phrase, on
pourrait croire que les épicuriens discernent du plaisir physique, *quæ percipitur sensibus,*
une autre volupté toute morale ;
mais ce plaisir plus pur, *quæ percipitur omni dolore detracto,* ce

sont toujours les sens qui le goû-
tent.

2. *Nominata est voluptas.* Les
Cyrénaïques se moquent de cette
prétendue volupté, si bien définie
par Diogène Laërce : τὴν καταστη-
ματικὴν ἡδονὴν, τὴν ἐπ' ἀναιρέσει ἀλγη-
δόνων καὶ οἷον ἀνοχλησίαν. Ce calme
leur paraît, non pas un plaisir,
mais un sommeil : ἡ ἀπονία οἷονεὶ
καθεύδοντός ἐστι κατάστασις. (Livre II,
VIII, 87 sqq.)

3. *Dolore careret.* Il y a quelque embarras dans cette construction. Orelli corrige ainsi :
omni dolore carere. Mais on peut
expliquer sans rien changer : cet
état, que quelques philosophes
appellent indifférent, puisqu'il
exclut la douleur, etc.

4. *Quisquis.... dolore.* Tout être

minari summam voluptatem, ut postea variari voluptas[1] distinguique possit, augeri amplificarique non possit. 39. At etiam Athenis, ut a patre audiebam facete et urbane Stoicos irridente, statua est in Ceramico[2] Chrysippi sedentis, porrecta manu, quæ manus significet illum in hac esse rogatiuncula[3] delectatum : « Num quidnam manus tua sic affecta, quemadmodum affecta nunc est, desiderat? — Nihil sane. — At, si voluptas esset bonum, desideraret. — Ita credo. — Non est igitur voluptas bonum. » Hoc ne statuam quidem dicturam pater aiebat, si loqui posset. Conclusum est enim contra Cyrenaicos satis acute, nihil ad Epicurum. Nam si ea sola voluptas esset, quæ quasi titillaret[4] sensus, ut ita dicam, et ad eos cum suavitate afflueret et illaberetur, nec manus[5] esse contenta posset, nec ulla pars, vacuitate doloris sine jucundo motu voluptatis. Sin autem summa voluptas est, ut Epicuro placet, nihil dolere, primum tibi recte, Chrysippe, concessum est nihil desiderare manum, quum ita esset affecta; secundum[6] non recte, si voluptas esset bo-

---

doué de sensibilité est nécessairement dans un de ces deux états, le plaisir ou la douleur.

1. *Variari voluptas.* C'est la dix-septième des maximes, κύριαι δόξαι, d'Épicure : Le plaisir de la chair, ἐν τῇ σαρχί, ne grandira pas une fois que la douleur causée par le besoin aura disparu; mais seulement il peut varier, ἀλλὰ μόνον ποιχίλλεται.

2. *In Ceramico.* Cette statue, au dire de Pausanias, était ἐν τῷ Πτολεμαίῳ. Le Céramique n'est pas un endroit bien déterminé; c'est le nom de tout un quartier, *les Tuileries*, comme dit Barthélemy.

3. *Rogatiuncula.* C'est un syllogisme, sous forme d'interrogation. Ἐρωτᾶν a ce sens en grec, et *interrogare* en latin.

4. *Titillaret.* C'est le mot d'Épicure, γαργαλίζω.

5. *Nec manus.* Aussi ni la main, ni aucun organe ne pourrait se contenter de l'absence de douleur sans aucun chatouillement de plaisir.

6. *Primum.... secundum.* Torquatus accorde bien la première proposition, mais il nie la seconde : il n'est pas vrai, dit-il, que si le plaisir était un bien, la main l'aurait désiré; elle ne peut le désirer, parce qu'elle le possède déjà, puisqu'elle ne souffre pas, ce qui est un vrai plaisir.

num, fuisse desideraturam; idcirco enim non desideraret, quia, quod dolore caret, id in voluptate est.

CAPUT XII.

Que l'on compare l'homme qui jouit de tous les plaisirs purs, et celui qui est tourmenté par la souffrance. Lequel est le plus heureux?

40. « Extremum autem esse bonorum voluptatem ex hoc facillime perspici potest[1]. Constituamus aliquem magnis, multis, perpetuis fruentem et animo et corpore voluptatibus, nullo dolore nec impediente nec impendente; quem tandem hoc statu præstabiliorem aut magis expetendum possumus dicere? Inesse enim necesse est in eo, qui ita sit affectus, et firmitatem[2] animi nec mortem nec dolorem timentis, quod mors sensu careat[3], dolor in longinquitate levis, in gravitate brevis soleat esse[4]; ut ejus magnitudinem celeritas, diuturnitatem allevatio consoletur. 41. Ad ea quum accedit, ut neque divinum numen horreat[5], nec præteritas voluptates ef-

---

1. *Perspici potest.* Ce sont les raisonnements annoncés au ch. IX. Il semble qu'en bonne logique ils auraient dû précéder tout le reste; car ils doivent assurer la solidité de tout le système, qui repose sur ce principe : Le plaisir est le souverain bien.

2. *Et firmitatem.* La conjonction *et* annonce d'autres substantifs, mais la construction change, et Cicéron écrit plus bas : *ad ea quum accedit*, etc.

3. *Sensu careat.* Τὸ γὰρ διαλυθὲν ἀναισθητεῖ (Épicure, IIᵉ *maxime*). Cicéron lui-même s'est, dans les *Tusculanes*, servi de cet argument, bien faible pour rassurer les vivants.

4. *Brevis solet esse.* On ne peut plus fidèlement traduire Épicure : οἱ μεγάλοι πόνοι συντόμως ἐξάγουσιν, οἱ δὲ χρόνιοι μέγεθος οὐκ ἔχουσι (Plutarque, *de Aud. poet.* Voir dans Diogène la IVᵉ *maxime* d'Épicure).

5. *Numen horreat.* Lucrèce a célébré en beaux vers ce bienfait d'Épicure, qui affranchit les hom-

fluere patiatur, earumque assidua recordatione lætetur[1], quid est quod huc possit, quod melius sit, accedere? Statue contra aliquem confectum tantis animi corporisque doloribus, quanti in hominem maximi cadere possunt, nulla spe proposita fore levius aliquando, nulla præterea neque præsenti neque exspectata voluptate; quid eo miserius dici aut fingi potest? Quod si vita doloribus referta maxime fugienda est, summum profecto malum est vivere cum dolore; cui sententiæ[2] consentaneum est ultimum esse bonorum cum voluptate vivere. Nec enim habet nostra mens quidquam, ubi consistat tanquam in extremo, omnesque et metus et ægritudines ad dolorem referuntur; nec præterea est res ulla, quæ sua natura aut sollicitare possit aut angere[3]. 42. Præterea et appetendi,

---

mes des craintes superstitieuses. Les dieux existent, mais ils ne se mêlent pas du monde, et après la mort nous n'avons pas davantage à les craindre, puisque le néant nous attend : τὸ ἄφθαρτον οὔτ' αὐτὸ πράγματα ἔχει, οὔτ' ἄλλῳ παρέχει.

1. *Lætetur.* C'est en cela que consiste le plaisir de l'âme, que les épicuriens opposaient à la volupté des Cyrénaïques Il ne faut pas s'y méprendre, cette joie sévère consiste au fond, d'abord, à jouir par anticipation du plaisir des sens. Épicure le dit textuellement (Saint Clément, *Stromates*, II). Métrodore ajoute que l'âme jouit seulement quand le corps est sain et tranquille : τὸ σαρκὸς εὐσταθὲς κατάστημα. Joignez à cela le souvenir obstiné des plaisirs passés, et vous reconnaîtrez mal les joies sereines du sage, dont Lucrèce a tracé la décevante image. Les épicuriens

n'en appellent pas moins les Cyrénaïques des débauchés : ἀσώτους, parce qu'ils ne mettent au nombre des jouissances, ni le souvenir, ni l'espérance de la volupté (Athénée, XII, 63 ; voir aussi Diogène, X, 22, 122).

2. *Cui sententiæ.* On n'attendait pas cette conclusion incidente, qui ramène brusquement la pensée à un sujet épuisé. Aussi certains critiques suppriment cette phrase. Ils jugent que Cicéron n'a jamais pu commettre la moindre infraction aux lois de la logique. Est-il certain d'ailleurs que ce soit un écart, et que l'ordre des pensées en soit troublé ?

3. *Nec enim.... angere.* Le sens ne laisse pas d'être obscur. Il faut entendre que cette phrase explique ces mots, que le plus grand bien est le plaisir, que le plus grand des malheurs, c'est de vivre dans la douleur : « car, ajoute l'auteur, le plaisir est le dernier terme

et refugiendi, et omnino rerum gerendarum initia proficiscuntur[1] aut a voluptate aut a dolore; quod quum ita
sit, perspicuum est omnes rectas res atque laudabiles eo
referri, ut cum voluptate vivatur. Quoniam autem id est
vel summum vel ultimum vel extremum bonorum[2], quod
Græci τέλος nominant, quod ipsum nullam ad aliam rem,
ad id autem res referuntur omnes, fatendum est summum esse bonum jucunde vivere.

CAPUT XIII.

Les vertus sont désirables parce qu'elles procurent du plaisir.
   D'abord, la prudence nous apprend à distinguer nos désirs,
   comme Épicure l'a fait.

« Id qui in una virtute ponunt et splendore nominis capti, quid natura postulet non intelligunt, errore
maximo, si Epicurum audire voluerint, liberabuntur
Istæ enim vestræ eximiæ pulchræque virtutes, nisi voluptatem efficerent, quis eas aut laudabiles aut expetendas
arbitraretur[3]? Ut enim medicorum scientiam non ipsius

auquel la pensée puisse s'arrêter,
et quant à toutes les craintes et
à tous les chagrins, ils se rattachent à la douleur : après ces sentiments, il n'y a rien qui puisse
par soi même exciter nos désirs
ou nos angoisses.

1. *Initia proficiscuntur.* Les
sensations sont le principe des
passions, c'est-à-dire de toute activité.

2. *Extremum bonorum.* Voir
plus haut, ch. IV, 11.

3. *Arbitraretur.* C'est un des
points les plus connus de l'épicurisme, un de ceux que les
stoïciens ont le plus attaqué, témoin le fameux tableau de Cléanthe. On ne doit pas se lasser
de prouver, texte en main,
l'exactitude de Cicéron, quand il
expose les doctrines d'Épicure.
L'auteur du Περὶ τέλους prétend,
dit *Athénée*, liv. XII, qu'il faut
estimer le bien, la vertu et autres choses semblables, si l'on en
retire du plaisir; sinon il faut
leur donner congé, χαίρ ιτέον.

artis, sed bonæ valetudinis causa probamus; et gubernatoris [1] ars, quia bene navigandi rationem habet, utilitate,
non arte laudatur [2]; sic sapientia, quæ ars vivendi putanda
est, non expeteretur, si nihil efficeret; nunc expetitur, quod
est tanquam artifex conquirendæ et comparandæ voluptatis [3]. 43. Quam autem ego dicam voluptatem, jam videtis,
ne invidia verbi labefactetur oratio mea [4]. Nam quum
ignoratione rerum bonarum et malarum maxime hominum vita vexetur, ob cumque errorem et voluptatibus
maximis sæpe priventur et durissimis [5] animi doloribus
torqueantur, sapientia adhibenda est, quæ et terroribus
cupiditatibusque detractis [6], et omnium falsarum opinio-

---

1. *Medicorum... gubernatoris.*
Ces comparaisons sont employées
par Aristote pour distinguer la fin
et les moyens : Πολλὰ γίνεται τὰ τέλη ·
Ιατρικῆς μὲν γάρ, ὑγίεια · ναυπηγικῆς δὲ,
πλοῖον, etc. (*Morale à Nicomaque,*
I, 1.) Épicure les répète : ὥσπερ
τὴν Ιατρικὴν διὰ τὴν ὑγίειαν (Diogène.
X, 135). Mais il a emprunté autre
chose que des comparaisons au
grand philosophe; toutes ses idées
originales en morale, celles qui
le séparent d'Aristippe, viennent
de cette source. Il a appris à cette
école que le bonheur est une
vraie fin, qu'il doit être quelque
chose de complet en soi, κατα-
στηματικαί, et non un mouvement;
qu'il est inséparable de la vertu, etc. Il a défiguré ces doctrines, en les subordonnant à son
principe que le bien est le plaisir.

2. *Arte laudatur.* On a vu plus
haut, ch. X, un autre exemple
de cet ablatif : « En raison de son
utilité. »

3. *Artifex voluptatis.* La philosophie n'a qu'un but, dit Épicure;
c'est le bonheur : ἐνέργειαν λόγοις καὶ

διαλογισμοῖς τὸν εὐδαίμονα βίον περιποι-
οῦσαν (Sextus Empiricus, *Contre
les mathématiciens,* XI, 169). Tous
les philosophes anciens professent
que la sagesse donne le bonheur,
τὴν φρόνησιν ποιητικὴν τῆς εὐδαιμονίας,
mais Épicure ravale la pensée en
la transformant en un moyen et
en un instrument pour le plaisir; par le bonheur, il entend la
volupté.

4. *Quam autem.... mea.* Cette
volupté, quelle est-elle ? vous le
savez maintenant, et je ne veux
pas qu'on s'autorise d'un mot
odieux pour ôter tout crédit à mes
paroles.

5. *Durissimis.* Cicéron n'a jamais
dit ailleurs *durus dolor.* La plupart des manuscrits donnent *pu-
rissimis.* Orelli écrit *gravissimis.*

6. *Cupiditatibus detractis.* Au
premier abord, il semble étrange
d'entendre condamner les passions au nom de la morale du
plaisir; un stoïcien ne parlerait
pas autrement , mais pour de
tout autres raisons. On a dit que
l'épicurisme était la morale du

num temeritate derepta, certissimam se nobis ducem
præbeat ad voluptatem. Sapientia est[1] enim una, quæ
mœstitiam pellat ex animis, quæ nos exhorrescere metu
non sinat, qua præceptrice in tranquillitate vivi potest,
omnium cupiditatum ardore restincto. Cupiditates enim
sunt insatiabiles[2], quæ non modo singulos homines, sed
universas familias evertunt; totam etiam labefactant
sæpe rem publicam. 44. Ex cupiditatibus odia, discidia[3],
discordiæ, seditiones, bella nascuntur; nec eæ sese foris
solum jactant, nec tantum in alios cæco impetu incurrunt, sed intus etiam in animis inclusæ inter se dissident
atque discordant, ex quo vitam amarissimam necesse est
effici, ut sapiens solum amputata circumcisaque inanitate[4] omni et errore, naturæ finibus contentus, sine æ-
gritudine possit et sine metu vivere. 45. Quæ est enim

relâchement; on peut ajouter
que c'est la théorie de la lâcheté.
Les passions exposent à la douleur; il ne faut pas s'y risquer;
il faut se retirer en soi-même,
donner le moins de prise à la nature qui nous menace, aux hommes qui nous attaquent, éviter
l'activité pour fuir la souffrance.
De là l'égoïsme et l'indifférence,
et, en définitive, la tristesse.

1. *Sapientia est.* Il faut, dit
Épicure, méditer sur les moyens
d'arriver au bonheur. Aussi tout
le monde devrait être philosophe:
φιλοσοφητέον καὶ νέῳ καὶ γέροντι, le
vieillard pour goûter la joie des
plaisirs passés, le jeune homme
pour se garantir de la crainte des
maux futurs (*Lettre à Ménécée,*
122).

2. *Insatiabiles.* C'est parce qu'elles sont insatiables qu'il les condamne. Si l'on était sûr de toujours les assouvir, il faudrait leur

laisser carrière : « Je les rejette,
non pas pour elles-mêmes, mais
pour les suites fâcheuses qu'elles
entraînent : οὐδὲ αὐτάς, ἀλλὰ διὰ
ἐξακολουθοῦντα αὐταῖς δυσχερῆ. » (Stobée, *Anthologie,* 34.) La sagesse
dont il parle est donc le calcul de
ce qui est utile ou nuisible, συμφε-
ρόντων καὶ ἀσυμφόρων βλέψει (Diogène, 130).

3. *Discidia.* On trouve parfois
dissidia. Wesemberg et après lui
Madvig prétendent, en s'appuyant
sur le témoignage des manuscrits et sur les lois de l'étymolo-
gie, que ce mot, conservé pourtant par nos dictionnaires, n'a
jamais été latin, et constitue un
vrai barbarisme.

4. *Inanitate.* Traduction du mot
κενοδοξίαν, employé par Épicure,
et que la version latine de Diogène interprète mal en disant
vanam gloriam; il signifie proprement les fausses opinions.

aut utilior aut ad bene vivendum aptior partitio[1], quam illa, qua est usus Epicurus? qui unum genus posuit earum cupiditatum, quæ essent naturales et necessariæ[2]; alterum[3], quæ naturales essent, nec tamen necessariæ; tertium[4], quæ nec naturales nec necessariæ; quarum ea ratio est, ut necessariæ nec opera multa nec impensa expleantur; ne naturales quidem[5] multa desiderant, propterea quod ipsa natura divitias, quibus contenta sit, et parabiles et terminatas[6] habet; inanium autem cupiditatum nec modus ullus nec finis[7] inveniri potest.

1. *Partitio.* Cette division se trouve dans la XXXe *maxime* d'Épicure. Mais dans la *Lettre à Ménécée*, elle n'a plus que deux membres : αἱ μὲν εἰσὶ φυσικαί, αἱ δὲ κεναί. Les désirs naturels sont, à leur tour, les uns nécessaires, les autres seulement naturels, φυσικαὶ μόνον (Voir ci-dessous, II, 9). Platon, et surtout Aristote, ont évidemment inspiré à Épicure cette distinction (Voir *Morale à Nicomaque*, III, 12).

2. *Et necessariæ.* Les désirs qui apaisent une douleur, comme celui de boire pour apaiser sa soif (XXXe *maxime*).

3. *Alterum.* Ceux qui varient seulement le plaisir, comme la recherche de mets succulents.

4. *Tertium.* Ceux qui ont pour origine une vaine opinion, παρὰ κενὴν δόξαν, comme, par exemple, le désir d'obtenir des couronnes ou des statues. (*Id. ibid.*) Cette distinction, conclut-il ailleurs, nous permet de ramener tous nos désirs et nos aversions à la santé du corps et au calme de l'âme, τὴν τῆς ψυχῆς ἀταραξίαν. (*Lettre à Ménécée*, 128.)

5. *Ne naturales quidem.* Rigoureusement, cette proposition devrait être, comme la précédente, subordonnée à *eu ratio est;* mais il arrive souvent, surtout après *ut*, que les propositions connexes s'isolent, et que la subordination cesse après la première. Madvig a fait une dissertation curieuse sur ces caprices de la syntaxe.

6. *Terminatas.* Ὁ τῆς φύσεως πλοῦτος ὥρισται. (Épicure, XIVe *Maxime.*) — *Parabiles*, εὐπόριστος.(*Id. Lettre à Ménécée*, 130.)

7. *Nec finis....* Ὁ δὲ (πλοῦτος) τῶν κενῶν δοξῶν εἰς ἄπειρον ἐκπίπτει.(*Id. Maximes*, XIV.)

CAPUT XIV.

De même, la tempérance, nous dirige suivant notre intérêt bien entendu, nous met à l'abri des passions malfaisantes; elle ne répudie pas la volupté, elle l'accroît.

46. Quod si vitam omnem perturbari videmus errore et inscientia[1], sapientiamque esse solam, quæ nos a libidinum impetu et a formidinum terrore vindicet, et ipsius fortunæ modice ferre doceat injurias, et omnes monstret vias, quæ ad quietem et tranquillitatem[2] ferant : quid est cur dubitemus dicere, et sapientiam propter voluptatem expetendam, et insipientiam propter molestias esse fugiendam? 47. Eademque ratione ne temperantiam[3] quidem propter se expetendam esse dicemus, sed quia pacem animis afferat et eos quasi concordia quadam placet ac leniat. Temperantia est enim, quæ in rebus aut expetendis aut fugiendis, ut rationem[4] sequamur, monet. Nec enim satis est judicare quid faciendum non faciendumve sit, sed stare etiam oportet in eo, quod sit judicatum[5].

1. *Inscientia.* Socrate disait aussi que l'ignorance est le seul mal : ἓν μόνον κακόν τὴν ἀμαθίαν. (Diogène, II, V, 31.) Épicure détourne le sens des mots.

2. *Tranquillitatem. Quies,* c'est le repos du corps, ἀπονία; *tranquillitas,* c'est celui de l'âme, ἀοχλησία, ou ἀταραξία. (Voir Diogène, 128, 131, 136.)

3. *Temperantiam.* « Nous pensons que la tempérance est un grand bien; non pas qu'on doive toujours se contenter de peu; mais il est bon de vivre à peu de frais, quand on ne peut faire autrement. » (Épicure, *Lettre à Ménécée,* 130.)

4. *Rationem.* C'est cette raison sobre, qui sait trouver, τὰς αἰτίας πάσης αἱρέσεως καὶ φυγῆς. (*Id., ibid.,* 132.)

5. *Stare.... judicatum.* On reconnaît l'ὁμολογία des stoïciens; mais dans un tout autre sens : il ne faut pas se démentir.

Plerique autem, quod tenere atque servare id, quod ipsi statuerunt, non possunt, victi et debilitati, objecta specie voluptatis, tradunt se libidinibus[1] constringendos, nec quid eventurum sit provident, ob eamque causam propter voluptatem et parvam et non necessariam, et quæ vel aliter pararetur, et qua etiam carere possent sine dolore, tum in morbos graves, tum in damna, tum in dedecora incurrunt, sæpe etiam legum judiciorumque pœnis obligantur[2]. 48. Qui autem ita frui volunt voluptatibus, ut nulli propter eas dolores consequantur[3], et qui suum judicium retinent, ne voluptate victi faciant id, quod sentiunt non esse faciendum, ii voluptatem maximam adipiscuntur prætermittenda voluptate. Iidem etiam dolorem sæpe perpetiuntur, ne, si id non faciant, incidant in majorem. Ex quo intelligitur nec intemperantiam propter se esse fugiendam, temperantiamque expetendam, non quia voluptates fugiat, sed quia majores consequatur.

---

1. *Tradunt se libidinibus*, ceux-là cèdent à des désirs qui n'ont pas pour but d'échapper à la souffrance, ὅσαι μὴ ἐπ' ἀλγοῦν ἐπαγάγουσιν, ἐὰν μὴ συμπληρωθῶσι, et qui peuvent causer quelque dommage, βλάϐης ἀπεργαστικαί. (*Maximes*, XXXI.)

2. *Obligantur*. Voilà la seule raison qui doive faire reculer devant une mauvaise action, « car l'injustice n'est pas un mal en soi, mais elle en devient un, parce qu'on risque de se faire soupçonner auprès de ceux qui ont mission de la châtier » (*Id.*, *ibid.*, XXXVI.)

3. *Consequantur*. Conclusion du chapitre : des quatre vertus que les philosophes reconnaissent, la première, la tempérance, ne mérite ce nom que parce qu'elle assure le plaisir et évite la douleur.

CAPUT XV.

Le courage nous délivre de la crainte de la douleur ; la lâcheté,
au contraire, nous condamne à souffrir.

. 49. « Eadem fortitudinis ratio reperietur. Nam neque laborum perfunctio, neque perpessio dolorum[1] per
se ipsa allicit, nec patientia, nec assiduitas[2], nec vigiliæ,
nec ipsa, quæ laudatur, industria, ne fortitudo quidem[3];
sed ista sequimur, ut sine cura metuque vivamus, animumque et corpus[4], quantum efficere possimus, molestia
liberemus. Ut enim mortis metu omnis quietæ vitæ status perturbatur, et ut succumbere doloribus eosque hu-
mili animo imbecilloque ferre miserum est, ob eamque
debilitatem animi multi parentes, multi amicos, nonnulli
patriam, plerique autem seipsos penitus perdiderunt : sic
robustus animus et excelsus omni est liber cura et angore, quum et mortem contemnit[5], qua qui affecti sunt,

1. *Perpessio dolorum*. *Labor* est
ici opposé à *dolor*, comme l'activité, *perfunctio*, à la simple sensation, *perpessio*. « Labor est
functio quædam vel animi vel
corporis gravioris operis et mu-
neris; dolor autem, motus asper
in corpore, alienus a sensibus. »
(*Tusculanes*, II, xv.)

2. *Assiduitas*. Ailleurs, et d'a-
près quelques manuscrits, *assi-
duitates*, la persévérance.

3. *Ne fortitudo quidem*. Il y a là
une sorte de progression; l'auteur
énumère d'abord les actes, puis

les vertus elles-mêmes, *industria*,
et *fortitudo*, qui résume tout
d'un seul mot.

4. *Animumque et corpus*. A
côté de l'ἀταραξία τῆς ψυχῆς, il y a
place pour l'ὑγίεια τοῦ σώματος, ou
plutôt ce dernier état est une
condition de l'autre. (Diogène, X,
123.)

5. *Mortem contemnit*. Le mépris de la mort est vivement re-
commandé dans la *Lettre à Ménécée* : « Accoutume-toi à penser
que la mort n'est rien pour nous,
puisque tout bien et tout mal est

In eadem causa sunt, qua ante quam [1] nati, et ad dolores ita paratus est, ut meminerit maximos morte finiri, parvos multa habere intervalla requietis, mediocrium nos esse dominos; ut, si tolerabiles sint, feramus, sin minus, æquo animo e vita, quum ea non placeat, tanquam e theatro [2] exeamus. Quibus rebus intelligitur nec timiditatem ignaviamque vituperari, nec fortitudinem patientiamque laudari suo nomine; sed illas rejici, quia dolorem pariant; has optari, quia voluptatem [3].

dans la sensation, et que la mort est la privation de toute seusation, στέρησις αἰσθήσεως, etc. » Il est curieux de retrouver dans ce passage quelques-unes des raisons que Cicéron fait valoir dans le même but au livre Ier des *Tusculanes*, et entre autres cette brève maxime : « Quand nous sommes, la mort n'est pas, et quand elle est, nous ne sommes plus. »

1. *Ante quam nati*, « quand on l'a subie on est dans le même état qu'avant de naître; » sens assez fréquent de *causa*. Cicéron a dit : « Regulus.... erat in meliore causâ. » (*De Officiis*, III, 27.) — La maxime, en elle-même, ne se retrouve pas sous cette forme dans les restes des œuvres d'Épicure; mais elle a été répétée par tout le matérialisme ancien. On la lit parmi les admirables vers que cette désolante doctrine a inspirés à Lucrèce (III, 880) : « Nec miserum fieri, qui non est, posse, neque hilum Differre a nullo fuerit jam tempore natus. » Et Sénèque dit, non sans énergie (*Troyennes*, 401) : « Quæris quo jacebis post obitum loco? Quo non nata jacent. »

2. *Tanquam e theatro*. Democrite a dit : Ὁ κόσμος σκηνή, ὁ βίος πάροδος· ἦλθες, εἶδες, ἀπῆλθες. (*Fragments* publiés par Mullach). Épicure, dans les fragments qui nous restent de lui, ne conseille nulle part le suicide. « Le sage ne craint pas de mourir, dit-il, mais la vie ne lui est pas à charge. » Quant à ceux qui prétendent qu'il vaudrait mieux ne pas être né, « s'ils sont sinceres, que ne sortent-ils de la vie ? » (*Lettre à Ménécée*, 126.) Il est bien certain que la mort volontaire ne répugnait pas à un système qui donne pour fin suprême à l'activité d'échapper à la souffrance. La morale du plaisir, plus que toute autre, conduit au dégoût de la vie, et le Cyrénaïque Hégésias était conséquent en conseillant le suicide. Lucrèce est donc un disciple fidèle de l'école, quand il propose ce remède au malheur (III, 951) : « Quur non, ut plenus vitæ conviva, recedis, Æquo animoque capis securam, stulte, quietem ? »

3. *Quia voluptatem*. Ainsi, il en est de la force d'âme comme de la prudence et de la tempérance; elle n'a de prix que parce qu'elle est un moyen de jouir, ou du moins de ne pas souffrir.

CAPUT XVI.

Enfin, la justice est toujours notre intérêt : par elle nous évitons les châtiments, ou tout au moins la peur de les subir ; l'injustice procure plus de peines que de profit : la vertu sans le plaisir n'est donc qu'un vain mot.

50. « Justitia restat, ut de omni virtute sit dictum, sed similia fere dici possunt. Ut enim sapientiam, temperantiam, fortitudinem, copulatas esse docui cum voluptate, ut ab ea nullo modo nec divelli nec distrahi possint : sic de justitia judicandum est, quæ non modo nunquam nocet cuiquam, sed contra semper aliquid[1]…. quum vi sua atque natura, quod tranquillet animos, tum spe nihil earum rerum defuturum, quas natura non depravata[2] desideret. Quemadmodum temeritas et libido et ignavia semper animum excruciant, et semper sollicitant, turbulentæque sunt : sic *improbitas*[3] *si* cujus in mente consedit, hoc ipso, quod adest, turbulenta est[4] : si vero

---

1. *Semper aliquid.* Il y a évidemment une lacune dans le texte des manuscrits, à moins qu'on ne veuille lire, avec Wolf et Orelli, *allicit*, et non pas *aliquid.* L'omission d'un verbe du genre de *affert* est plus vraisemblable. Boeckel propose au lieu de *aliquid : facit fidem*, expression familière à Cicéron et bien placée.

2. *Non depravata*, avant d'être dénaturé par la réflexion, et non pas par la passion, comme l'en-tend Madvig. Le sens est fixé au chapitre ix, 30.

3. *Improbitas si.* Ces deux mots sont une addition, justifiée par la lacune évidente du texte.

4. *Turbulenta est.* L'injustice est odieuse à Épicure, comme les passions, parce qu'avant tout le remuement, ὁ τάραχος, est le fléau de la vie. (V. la *Lettre à Hérodote,* 80, sqq.) L'homme juste est donc heureux : ὁ δίκαιος ἀταρακτότατος, ὁ δὲ ἄδικος πλείστης ταραχῆς γέμων. (Diogène, 146).

molita quidpiam est, quamvis occulte fecerit, nunquam
tamen id confidet fore semper occultum[1]. Plerumque im-
proborum facta primo suspicio insequitur, deinde sermo
atque fama, tum accusator, tum judex; multi etiam, ut
te consule, ipsi se indicaverunt[2]. 51. Quodsi qui satis
sibi contra hominum conscientiam septi esse et muniti
videntur, deorum tamen horrent[3], easque ipsas sollicitu-
dines, quibus eorum animi noctesque diesque exeduntur[4],
a diis immortalibus supplicii causa importari putant. Quæ
autem tanta ex improbis factis ad minuendas vitæ molestias accessio potest fieri, quanta ad augendas, quum
conscientia factorum[5], tum pœna legum odioque civium?
Et tamen in quibusdam neque pecuniæ modus est, neque
honoris, neque imperii[6], nec libidinum, nec epularum,
nec reliquarum cupiditatum, quas nulla præda unquam
improbe parta minuit, potiusque[7] inflammat, ut coercen-

---

1. *Semper occultum.* On pourrait croire que Cicéron calomnie
Épicure, si le texte des Κυριαι
δοξαι n'était encore plus résolûment immoral. La justice n'est
rien par elle-même (35); elle
est un contrat d'utilité qui assure
notre sécurité (36). L'injustice, à
son tour, n'est pas un mal en
soi, mais elle expose à la crainte
du soupçon, à la répression des
magistrats; le coupable ne sait
pas s'il pourra échapper jusqu'au
bout.

2. *Indicaverunt.* On se rappelle
comment Cicéron découvrit la
conjuration de Catilina.

3. *Quodsi.... horrent*, ceux-là
mêmes, s'il en est, qui croient
leur secret bien gardé et à l'abri
des regards de l'homme, redou-
tent ceux des dieux

4. *Exeduntur.* Comparez Juvé-
nal, *Satire* XIII, 198, sqq. : « Nocte
dieque suum gestare in pectore
testem, etc. » Le stoïcien et l'épicurien parlent de même, au nom
de principes tout opposés.

5. *Conscientia factorum.* On a
ainsi, à quelques lignes de distance, les deux sens de *conscientia* : une connaissance qu'on par-
tage avec autrui, et celle qu'on
garde en soi-même.

6. *Neque imperii.* L'auteur a
plutôt dans la pensée l'idée du
désir des honneurs, de l'autorité,
que celle de ces biens eux-mêmes; aussi dira-t-il bientôt : *Reliquarum cupiditatum.*

7. *Potiusque.* Remarquer le
sens de *que.* Souvent, après une
négation, cette particule marque
l'opposition et équivaut à *sed.*

di magis quam dedocendi[1] esse videantur. 52. Invitat igitur vera ratio bene sanos ad justitiam, æquitatem, fidem[2]. Neque homini infanti aut[3] impotenti injusto facta conducunt, qui nec facile efficere possit quod conetur, nec obtinere, si effecerit; et opes vel fortunæ vel ingenii liberalitati magis conveniunt[4], qua qui utuntur, benevolentiam sibi conciliant et, quod aptissimum est ad quiete vivendum, caritatem[5], præsertim quum omnino nulla sit causa peccandi. 53. Quæ enim cupiditates a natura proficiscuntur, facile explentur sine injuria ulla; quæ autem inanes sunt, iis parendum non est[6]; nihil enim desiderabile concupiscunt, plusque in ipsa injuria detrimenti est, quam in iis rebus emolumenti, quæ pariuntur injuria[7].

1. *Quam dedocendi.* « Ce sont leurs actes qu'il faut réprimer, et non leurs idées qu'il faut changer. »

2. *Fidem.* La justice se borne à ne pas faire de mal à autrui; l'équité consiste à traiter son semblable comme soi-même. Aussi Cicéron a-t-il dit ailleurs (*de l'Orateur.* I, 56) : *Pro æquitate contra jus dicere.* Quant à *fides*, Cicéron l'a définie, *fundamentum justitiæ*, c'est-à-dire la véracité dans les paroles et la fidélité dans les contrats. (*Des Devoirs*, I, 17.)

3. *Infanti.... impotenti*, l'homme sans l'éloquence et sans pouvoir ne tire aucun profit de l'injustice.... Le sens du mot *infans*, d'ailleurs fréquent chez Cicéron, est bientôt fixé par celui d'*ingenii*; *opes* rappelle, au contraire, l'idée d'*impotens*, rarement employé pour dire impuissant, sans pouvoir.

4. *Magis conveniunt.* Et quant à la fortune et au talent, il est peu naturel de s'en servir pour le bien des hommes, puisque c'est un moyen de s'assurer leur bienveillance, etc.; *magis conveniunt liberalitati*, conviennent mieux à la bienfaisance qu'à l'injustice.

5. *Caritatem. Benevolentia*, c'est une simple bienveillance qui peut n'avoir pas d'effet; *caritas* implique, avec la vénération, l'activité de l'affection. « C'est le sentiment dû aux dieux, aux parents, à la patrie, aux hommes éminents, par leur sagesse ou leur puissance. » (*Partitions oratoires*, 14.)

6. *Parendum non est.* V. plus haut, XIII, 45, et dans *l'Anthologie* de Stobée, p. 159, ces mots d'Épicure : οὐ γὰρ ἡ τῆς φύσεως ἡδονὴ τὴν ἀδιαίαν κουτ ἰξωθεν, etc.

7. *Plusque.... injuria*, il y a dans l'injustice elle-même plus de dommage que de profit dans ses résultats.

Itaque ne justitiam quidem recte quis dixerit per seipsam
optabilem, sed quia jucunditatis vel plurimum afferat[1].
Nam diligi et carum esse, jucundum est, propterea, quia
tutiorem vitam et pleniorem voluptatem efficit. Itaque non
ob ea solum incommoda, quæ eveniunt improbis, fugiendam improbitatem putamus, sed multo etiam magis, quod,
cujus in animo versatur, nunquam sinit eum respirare,
nunquam acquiescere. 54. Quod si ne ipsarum quidem
virtutum laus, in qua maxime ceterorum philosophorum
exsultat oratio, reperire potest exitum, nisi dirigatur ad
voluptatem, voluptas autem est sola quæ nos vocet ad se
et alliciat suapte natura; non potest esse dubium, quin
id sit summum atque extremum bonorum omnium, beateque vivere nihil aliud sit, nisi cum voluptate vivere[2].

CAPUT XVII.

Le plaisir et la douleur naissent des impressions des organes,
telle est aussi l'origine des sentiments de l'âme qui, pourtant
ont une vivacité particulière, qu'ils tiennent de l'intervention
de la pensée et du souvenir.

55. « Huic certæ stabilique sententiæ quæ sint con-
juncta, explicabo brevi. Nullus in ipsis error est fini-

---

1. *Plurimum afferat.* Épicure
dit simplement, ὑπὲρ τοῦ μὴ βλάπτειν
μηδὲ βλάπτεσθαι (*Maximes*, XXXV).
2. *Cum voluptate vivere.* On
attendait plutôt cette conclusion :
toutes les vertus ont pour but le
plaisir. C'est là le sens de ces quatre derniers chapitres, qui réfu-

tent la proposition stoïcienne :
ἀρετὴν αὐτὴν δι'αὐτὴν εἶναι αἱρετήν. On
remarquera que les moralistes
de l'intérêt n'ont guère inventé
d'arguments nouveaux depuis
Épicure, et qu'on pourrait retrouver les siens dans Hobbes
et les philosophes de la fin du

bus bonorum et malorum, id est, in voluptate aut in dolore, sed in iis rebus peccant, quum e quibus hæc efficiantur, ignorant[1]. Animi[2] autem voluptates et dolores
nasci fatemur e corporis voluptatibus et doloribus[3]. Itaque concedo, quod modo dicebas, cadere causa[4], si qui
e nostris aliter existimant, quos quidem video esse multos, sed imperitos; quanquam autem et lætitiam nobis
voluptas animi et molestiam dolor afferat, eorum tamen
utrumque et ortum esse e corpore, et ad corpus referri,
nec ob eam causam non multo majores esse et voluptates
et dolores animi, quam corporis[5]. Nam corpore nihil nisi
præsens et quod adest[6] sentire possumus, animo autem

dix-huitième siècle. Épicure résume toute cette démonstration :
Συμπεφύκασι γὰρ αἱ ἀρεταὶ τῷ ζῆν ἡδέως,
καὶ τὸ ζῆν ἡδέως τούτων ἐστὶν ἀχώριστον.
(Lettre à Ménécée, 132.)

1. Nullus.... ignorant, il n'y a
guère d'erreur sur la nature du
souverain bien et du plus grand
mal...., c'est-à-dire du plaisir et
de la douleur; mais on se trompe,
parce qu'on en ignore l'origine.
— In iis rebus.... quum, c'est-à-
dire à peu près in eo quod.

2. Animi. L'âme existe, dit
Épicure; mais il est absurde de
la regarder comme immatérielle:
il n'y a d'incorporel que le vide.
L'âme se compose d'atomes ronds
et lisses, très-propres au mouvement. Distincte du corps, elle y
est pourtant comme mêlée, et
s'évanouit quand il se dissout.

3. Et doloribus. En quoi diffèrent les plaisirs de l'âme de ceux
du corps? Ils s'étendent dans le
passé par le souvenir, et jusque
dans l'avenir par l'espérance;
mais cette pensée et cet espoir

ne s'appliquent qu'au plaisir du
corps. V. plus haut (ch. IX, 37)
les maximes brutales d'Épicure
et de Metrodore. On en retrouvera d'autres plus bas, II, 7, 92.

4. Cadere cau*a. Les manuscrits : cedere causæ.

5. Quanquam.... corporis. Le
plaisir de l'âme est pour nous
une joie, et sa douleur une tristesse; mais ces deux sentiments
ont leur origine et leur terme
dans le corps, ce qui n'empêche
pas que les plaisirs et les douleurs de l'âme ne l'emportent
beaucoup en vivacité sur ceux
du corps. Diogène explique pourquoi (X, 137) : τὴν σάρκα τὸ παρὸν
μόνον χειμάζειν, τὴν δὲ ψυχὴν καὶ τὸ
παρεληλὸν, καὶ τὸ παρὸν, καὶ τὸ μέλ-
λον.

6. Quod adest. On est tenté,
avec certains critiques, d'interpréter præsens pour le temps, et
quod adest pour le lieu, et de
dire : Ce qui est présent à telle
heure, en tel lieu, hic et nunc,
cependant il ne s'agit pas ici

et præterita et futura. Ut enim æque doleamus animo, quum corpore dolemus, fieri tamen permagna accessio potest[1], si aliquod æternum et infinitum impendere malum nobis opinemur. Quod idem licet transferre in voluptatem, ut ea major sit, si nihil tale metuamus. 56. Jam illud quidem perspicuum est, maximam animi aut voluptatem aut molestiam plus aut ad beatam aut ad miseram vitam afferre momenti, quàm eorum utrumvis, si æque diu sit in corpore[2].

« Non placet autem detracta voluptate ægritudinem statim consequi, nisi in voluptatis locum dolor forte successerit; at contra gaudere nosmet omittendis doloribus, etiam si voluptas ea, quæ sensum moveat, nulla successerit, eoque intelligi potest quanta voluptas sit non dolere[3]. 57. Sed ut iis bonis erigimur, quæ exspectamus,

d'un objet extérieur qui puisse être loin de nous, mais d'un sentiment. *Adest* ne fait donc sans doute que confirmer l'idée de *præsens*.

1. *Ut enim.... potest*. Madvig, qui comprend mal cette phrase, signale *animo* comme suspect, et Baiter le retranche, en dépit de tous les manuscrits. Cette suppression est inutile et nuisible à la pensée : « Quoique la douleur du corps entraîne pour elle une douleur égale, l'âme n'en est pas moins exposée à un surcroît de souffrance, si, etc.... », c'est-à-dire que l'âme a d'abord à subir toute la douleur du corps et ressent en outre les siennes propres. Madvig soutient qu'on ne peut donner un sens à cette phrase qu'en dénaturant celui de *æque*, qui signifie tout autant, *non minus*, pour y substituer

l'idée de : à peine autant, seulement autant. Nous disons, au contraire : une douleur en tout égale, non moins grande.

2. *Jam illud.... in corpore*. La suite de ces pensées est claire, quoi qu'en dise Madvig. L'âme a ses sensations, et quoique se rapportant toutes au corps, elles sont plus vives que celles du corps : voilà la thèse. En effet, l'âme joint à la sensation du moment, qu'elle reçoit du corps, le souvenir et la prévision : voilà la preuve. Donc, de deux sensations égales en durée, *æque diu*, c'est celle de l'âme qui contribue le plus au bonheur ou au malheur : voilà la conclusion.

3. *Non dolere*. On a déjà vu cette théorie, ch. XI, 38; mais elle se présente ici sous une forme nouvelle, et en somme très à propos, car elle précise l'idée

sic lætamur iis, quæ recordamur. Stulti autem malorum
memoria torquentur, sapientes bona præterita grata recordatione[1] renovata delectant. Est autem situm in nobis[2], ut et adversa quasi perpetua oblivione obruamus
et secunda jucunde ac suaviter[3] meminerimus. Sed quum
ea, quæ præterierunt, acri animo et intento intuemur,
tum fit ut ægritudo sequatur, si illa mala sint; si bona,
lætitia[4].

CAPUT XVIII.

Tableau du bonheur du sage épicurien.

« O præclaram beate vivendi et apertam et simplicem
et directam viam[5] ! Quum enim certe nihil homini

que les épicuriens se font du plaisir : « Nous n'admettons pas que le plaisir évanoui soit suivi aussitôt d'un sentiment d'afflic-tion, à moins toutefois qu'il n'ait été remplacé par une douleur. » Plus haut, Épicure nie qu'il y ait un milieu entre le plaisir et la douleur, comme le veulent les Cyrénaïques. Ici il va plus loin ; il soutient qu'en l'absence des plaisirs du corps, l'âme a ses joies, si la douleur lui est épar-gnée, *omittendis doloribus*.

1. *Recordatione*. *Memoria*, c'est la faculté même ; *recordatio*, c'est l'acte qu'elle produit, non sans une sorte de volonté et de com-plaisance ; *recordari* est ainsi défini par Cicéron (pour *Ligarius*, xii) : *revocata in memoriam con-templari*. Cette différence est particulière à ce passage et sem-ble s'effacer dans d'autres.

2. *Situm in nobis*. C'est une chose qui dépend de nous, τὰ ἐφ' ἡμῖν, comme dit Aristote. *Situm* a le même sens dans les *Acadé-miques*.

3. *Suaviter*. *Jucunde* et *sua-viter* diffèrent à peu près comme le plaisir de l'âme et celui du corps. Les traités des synonymes le disent ; Madvig le conteste, et Cicéron, en supposant qu'il ait eu en vue cette distinction, ne l'ob-serve pas souvent.

4. *Lætitia*. Analyse très-su-perficielle. Le souvenir d'un mal peut être une joie, et celui d'un bien une douleur. Mais le sage d'Épicure répondrait qu'il n'évite pas l'un, et qu'il est loin de re-chercher l'autre.

5. *Directam viam*. Épicure lui-même se laisse aller à l'enthou-siasme, en contemplant le bon-heur du sage : « Connais-tu, de-

possit melius esse, quam vacare omni dolore et molestia, perfruique maximis et animi et corporis voluptatibus, videtisne quam nihil prætermittatur, quod vitam adjuvet, quo facilius id, quod propositum est, summum bonum consequamur? Clamat Epicurus, is, quem vos nimis voluptatibus esse deditum dicitis, non posse jucunde vivi, nisi sapienter, honeste justeque vivatur, nec sapienter, honeste, juste, nisi jucunde [1]. 58. Neque enim civitas in seditione beata esse potest [2], nec in discordia dominorum domus, quo minus [3] animus a se ipse dissidens, secumque discordans, gustare partem ullam liquidæ voluptatis et liberæ potest. Atqui pugnantibus et contrariis studiis consiliisque semper utens, nihil quieti videre, nihil tranquilli potest [4]. 59. Quod si corporis gravioribus morbis vitæ jucunditas impeditur, quanto magis animi morbis impediri necesse est! Animi autem morbi sunt cupiditates immensæ et inanes divitiarum, gloriæ, dominationis, libidinosarum etiam voluptatum. Accedunt ægritudines, molestiæ, mœrores [5], qui exedunt animos conficiuntque curis hominum non intelligentium, nihil

mande-t-il à Ménécée, un mortel plus heureux que lui? De saines opinions sur les dieux, un mépris absolu de la mort, un sentiment exact de la nature, du souverain bien, si facile à atteindre, du plus grand mal, si court ou si aisé à supporter, etc. » (Diogène, 133).

1. *Nisi jucunde.* Ces mots sont la traduction exacte du texte grec: Οὐκ ἔστιν ἡδέως ζῆν ἄνευ τοῦ φρονίμως καὶ καλῶς καὶ δικαίως · οὐδὲ φρονίμως καὶ καλῶς καὶ δικαίως ἄνευ τοῦ ἡδέως (*Lettre à Ménécée*, 132).

2. *Beata esse potest.* Comparaisons que Platon emploie pour éclaircir l'idée de la justice.

3. *Quo minus,* équivaut à *et eo minus.*

4. *Atqui.... potest.* Or, avec ces conflits, ces contradictions dans son cœur et dans ses résolutions, il ne peut trouver ni le repos du corps ni le calme de l'esprit. *Quietum* et *tranquillum* correspondent aux mots employés par Épicure ἀτονία et ἀταραξία, ou plutôt εὐθυμία (Voir Sénèque, *de la Tranquillité,* II ; plus bas, ch. XXI, et plus haut, ch. XIV).

5. *Molestiæ, mœrores.* Cicéron a défini ces sentiments: « molestia ægritudo permanens; mœror, ægritudo flebilis. » (*Tusculanes,* I, V, 9.)

dolendum esse animo, quod sit a dolore corporis præsenti futurove sejunctum. Nec vero quisquam stultus non horum morborum aliquo laborat; nemo igitur est non miser. 60. Accedit etiam mors, quæ quasi saxum Tantalo semper impendet; tum superstitio, qua qui est imbutus, quietus esse nunquam potest. Præterea bona præterita non meminerunt, præsentibus non fruuntur, futura modo exspectant, quæ quia certa esse non possunt, conficiuntur et angore et metu; maximeque cruciantur, quum sero sentiunt, frustra se aut pecuniæ studuisse aut imperiis aut operibus aut gloriæ. Nullas enim consequuntur voluptates, quarum potiendi spe[1] inflammati multos labores magnosque susceperant. 61. Ecce autem alii minuti et angusti[2], aut omnia semper desperantes, aut malevoli, invidi, difficiles, lucifugi, maledici, monstrosi; alii autem etiam[3] amatoriis levitatibus dediti, alii petulantes[4], alii audaces, protervi, iidem intemperantes et ignavi, nunquam in sententia permanentes; quas ob causas in eorum vita nulla est intercapedo molestiæ.

1. *Quarum potiendi spe.* On trouve *potiri* avec le génitif. Madvig pense que *quarum* est, comme *potiendi* lui-même, le complément de *spe*, et il cite comme exemple de cette construction : *Eorum adipiscendi causa.* V, 10.

2. *Minuti et angusti.* Ceux qu'on appelle en grec μικροψύχους. Cicéron n'a jamais écrit ailleurs *angusti*, ni *minuti homines.* Il cite même *minutum animum* comme une expression risquée (*de l'Orateur*, III, 169). « Ces esprits étroits sont de deux espèces; les uns, toujours prêts à désespérer de tout; les autres, malveillants, envieux, intraitables, ennemis du jour, médisants et difformes. » *Monstrosi* paraît à peine supportable, et serait utilement remplacé par *morosi.*

3. *Alii autem etiam.* D'autres même se laissent aller aux frivolités de l'amour. La réunion d'*autem* et d'*etiam* n'est pas sans exemples, et on en trouve trois dans le Ve livre, 35, 55, 63.

4. *Alii petulantes.* Les uns effrontés, les autres audacieux et impudiques, et en même temps intempérants et lâches, etc Ces vices sont particuliers aux passions de l'amour.

Igitur[1] neque stultorum quisquam beatus, neque sapientium non beatus, multoque hoc melius nos veriusque quam Stoici. Illi enim negant esse quidquam bonum, nisi nescio quam illam umbram, quod appellant honestum, non tam solido quam splendido nomine[2]; virtutem utem nixam hoc honesto[3], nullam requirere voluptatem, atque ad beate vivendum se ipsa esse contentam.

CAPUT XIX.

Ce sage, comme celui des stoïciens, trouve son bonheur dans la vertu. La connaissance de la nature contri ue à le rendre heureux et bon. Raison de l'importance de la physique dans la philosophie d'Épicure.

62. « Sed possunt hæc quadam ratione dici, non modo non repugnantibus, verum etiam approbantibus nobis[4]. Sic enim ab Epicuro sapiens semper beatus[5] in-

1. *Igitur.* Est rare au commencement d'une phrase; on en trouve pourtant plus d'un exemple dans les ouvrages de Cicéron, malgré l'assertion de Quintilien.

2. *Solido.... nomine.* Ce n'est pas le mot qui n'est pas solide, c'est la chose elle-même.

3. *Virtutem.... honesto.* La vertu, qui a pour fondement ce prétendu bien. Madvig, employant des termes si souvent répétés depuis Kant, dit que la vertu et le bien sont la même chose, considérés, l'une d'une manière subjective, et l'autre objectivement.

4. *Approbantibus nobis.* Il y a en effet une doctrine commune à l'épicurisme et au stoïcisme, c'est celle de l'union de la vertu et du bonheur. Mais les conditions de l'alliance sont bien différentes : d'un côté la vertu est un moyen, et de l'autre un but.

5. *Sapiens semper beatus.* Le bonheur et la vertu sont réunis par toute la philosophie ancienne sous l'unité du souverain bien. Platon, le premier, a déclare l'honnête homme persécuté plus heureux que le méchant dans la prospérité. Aristote va plus loin, puisque, pour lui, le souverain

ducitur : finitas habet cupiditates, negligit mortem, de
diis immortalibus sine ullo metu vera sentit; non dubi-
tat, si ita melius sit, migrare de vita. Ilis rebus instructus semper est in voluptate; neque enim tempus est ullum, quo non plus habeat voluptatum, quàm dolorum[1].
Nam et præterita grate meminit[2] et præsentibus ita
potitur, ut animadvertat quanta sint ea quamque jucunda; neque pendet ex futuris, sed exspectat illa; fruitur præsentibus, ab iisque vitiis, quæ paulo ante collegi,
abest plurimum, et, quum stultorum vitam cum sua comparat, magna afficitur voluptate[3]. Dolores autem, si qui
incurrunt, nunquam vim tantam habent, ut non plus habeat sapiens quod gaudeat, quam quod angatur.

63. « Optime vero Epicurus, quod exiguam dicit[4] fortu-
nam intervenire sapienti, maximasque ab eo et gravissi-

bien ou n'est rien, ou est le bonheur lui-même; mais le bonheur
à son tour, se définit ψυχῆς ἐνέρ-
γειά τις κατ'ἀρετήν. Les stoïciens
et les sceptiques même promettent le bonheur à leurs adeptes.
Épicure soutient que le sage est
heureux, même dans les tortures,
κἂν στρεβλωθῇ; et comme les stoïciens, il le met au niveau des
dieux, ὡς θεὸς ἐν ἀνθρώποις. Il distin-
guait parfois d'une manière assez
confuse deux sortes de bonheur :
la suprême volupté, celle de Dieu
lui-même, qui ne peut s'accroî-
tre, et celle qui comporte l'accroissement ou la diminution du
plaisir (Lettre à Ménécee. Voir
ci-dessus, XVII, 57, et XII, 40;
et la définition de la philosophie,
par Épicure, ch. XIII, 42).

1. Quam dolorum. Le plaisir du
sage n'est pas passager. Épicure
a retenu sur ce point les leçons

d'Aristote. Le bonheur ne peut
être s'il ne dure (Morale à Nicomaque, X): Ἡ σοφία παρασκευά-
ζεται εἰς τὴν τοῦ ὅλου βίου μακαριό-
τητα (Maximes, XXVIII).

2. Prælerita.... meminit. Voir
plus haut, XII, 41; XV, 49.

3. Afficitur voluptate. C'est sû-
rement le plus intellectuel de
tous les plaisirs accordés au sage
par Épicure. On ne voit même
pas comment il le ramène à une
sensation, tout en posant en
maxime qu'il vaut mieux ἐν λογισ-
μοῖς ἀτυχεῖν ἢ ἀλογίστως εὐτυχεῖν
(Lettre à Ménécée, 135).

4. Exiguam dicit. Βραχεῖα σοφῷ
τύχη παρεμπίπτει. Le plus récent
éditeur de Diogène Laërce écrit
tout autrement : Βραχέα σοφῷ τύχη
παρεμπίπτει. La correction peut être
ingénieuse, mais on voit que Cicéron lisait tout autrement (Voir
Maximes, XV).

mas res consilio ipsius et ratione administrari; neque majorem voluptatem ex infinito tempore ætatis percipi posse, quam ex hoc percipiatur, quod videamus esse finitum[1]. In dialectica[2] autem vestra nullam vim existimavit esse, neque ad melius vivendum, neque ad commodius disserendum. In physicis plurimum posuit. Ea scientia, et verborum vis, et natura orationis, et consequentium repugnantiumve ratio potest perspici[3]; omnium autem rerum natura cognita levamur superstitione, liberamur mortis metu[4], non conturbamur ignoratione rerum, e qua ipsa horribiles exsistunt sæpe formidines; denique etiam morati melius erimus, quum didicerimus, quid natura desideret[5]. Tum vero, si stabilem scientiam rerum

1. *Neque.... finitum.* C'est la XIXᵉ *Maxime* d'Épicure : Le temps infini et le temps borné sont égaux sous le rapport du plaisir: Ισην ἔχει τὴν ἡδονήν.

2. *In dialectica.* Voir plus haut, ch. VII, 22. Votre dialectique, c'est-à-dire celle des stoïciens et des académiciens. Carnéade ne le cédait en rien à cet égard à Chrysippe.

3. *Ea scientia.... perspici.* On s'étonne de voir attribuer à la physique l'étude du langage et du raisonnement. On ne peut pourtant pas entendre *ea scientia* comme désignant la dialectique, dont Torquatus ferait ainsi l'éloge. Il faut se rappeler que les épicuriens ne séparaient guère la canonique de la physique, à laquelle elle servait comme d'introduction, ἐφόδους. Aussi beaucoup d'entre eux ne reconnaissaient que deux parties à la philosophie (Voir ch. VII, 22). Mad-

vig n'en accuse pas moins Cicéron d'avoir, par inadvertance, défini plutôt la dialectique des stoïciens que la canonique d'Épicure. Jamais, dans l'école de ce dernier, on n'a étudié, prétend-il, ni le langage, ni le raisonnement. Il nous reste trop peu de débris d'Épicure, pour se prononcer en connaissance de cause, et quelques lignes de la *Lettre à Hérodote* indiquent au moins des recherches sur le langage (Diogène, 37, 38).

4. *Superstitione.... metu.* S'affranchir de la peur, voilà le but de la physique. Épicure n'attache aucun prix à cette science pour elle-même, et n'en fait pas plus de cas que de la dialectique. Si nous n'avions peur des choses d'en haut et de la mort, dit-il, nous n'aurions nul besoin de physique, οὐκ ἂν προσεδεόμεθα φυσιολογίας (Diogène, X, 142).

5. *Desideret,* les besoins naturels

tenebimus, servata illa, quæ quasi delapsa de cœlo est ad cognitionem omnium, regula[1], ad quam omnia judicia rerum dirigentur, nunquam ullius oratione victi sententia desistemus. 64. Nisi autem rerum natura perspecta erit, nullo modo poterimus sensuum judicia defendere. Quidquid porro animo cernimus, id omne oritur a sensibus[2]; qui si omnes veri erunt, ut Epicuri ratio docet, tum denique poterit aliquid cognosci et percipi. Quos qui tollunt[3] et nihil percipi posse dicunt, ii, remotis sensibus, ne id ipsum quidem expedire possunt, quod disserunt. Præterea sublata cognitione et scientia[4], tollitur omnis ratio et vitæ degendæ et rerum gerendarum. Sic e physicis, et fortitudo sumitur contra mortis timorem, et constantia contra metum religionis, et sedatio animi,

---

1. *Regula.* Cette règle descendue du ciel, c'est celle qui érige la sensation en juge unique du vrai et du faux. (Voir ch. VII, 22, p. 27.)

2. *A sensibus.* On reconnaît la preposition de Gassendi : « Omnis idea ortum ducit a sensibus. » *Sensibus*, les sensations, et non pas les sens. Toutes les sensations sont vraies. En effet, dit Épicure, toute sensation exclut le raisonnement et la mémoire. Ni elle, ni rien autre qu'elle, ne peut agir sur elle-même, y ajouter ou y retrancher; et il n'y a pas de juge qui puisse contrarier ses jugements. Qu'est-ce qui la réfuterait? Une sensation semblable? Mais elle vaut juste autant que la première. — Une sensation différente? Mais elle ne juge pas des mêmes objets. — Le raisonnement? Mais tout raisonnement dépend des sensations : Πᾶς λόγος

ἀπὸ τῶν αἰσθήσεων ἤρτηται: (Diogène, X, 31, 32).

3. *Quos qui tollunt.* Les sceptiques et les académiciens, Arcésilas, Carnéade et leurs disciples niaient la certitude des connaissances sensibles, et en général l'existence d'un critérium de la vérité; leur polémique, principalement dirigée contre le stoïcisme, n'en attaquait pas moins les fondements de l'épicurisme. On a vu par la note précédente les considérations très-sérieuses qu'Épicure avait fait valoir en faveur de la véracité des sens. Il les doit à Aristote. On trouvera dans les *Académiques*, II, 12, 37, sqq. une discussion intéressante sur ce sujet.

4. *Cognitione et scientia.* Ces deux mots diffèrent à peu près comme le travail intellectuel et son résultat : l'étude, et le savoir, qui en est le fruit.

omnium rerum occultarum ignoratione sublata, et moderatio, natura cupiditatum generibusque earum explicatis,
et, ut modo docui, cognitionis regula[1], et, judicio ab
eadem illa[2] constituto, veri a falso distinctio traditur.

CAPUT XX.

L'amitié n'est pas incompatible avec ce système. Épicure en a
donné les préceptes et l'exemple. Diverses opinions de ses
disciples.

65. « Restat locus huic disputationi vel maxime ne-
cessarius, de amicitia, quam, si voluptas summum
sit bonum, affirmatis[3] nullam omnino fore; de qua
Epicurus quidem ita dicit, omnium rerum, quas ad beate
vivendum sapientia comparaverit, nihil esse majus amicitia, nihil uberius, nihil jucundius[1]. Neque vero hoc
oratione solum, sed multo magis vita et factis et moribus[5] comprobavit. Quod quam magnum sit fictæ veterum fabulæ declarant, in quibus tam multis tamque

---

1. *Cognitionis regula.* Ces mots
traduisent celui de χριτήριον, si
usité dans le langage des épicuriens.

2. *Ab eadem illa.* Tous les manuscrits écrivent ainsi. Madvig
et Baiter adoptent *ab eodem illo* :
« le même Épicure. » *Regula* nous
paraît au nominatif et sujet de
sumitur ; c'est cette règle qui
sert de fondement au jugement.
Distinctio, le moyen de distinguer, διάγνωσις.

3. *Affirmatis*, vous autres, stoïciens ou académiciens. Torqua-

tus doit cependant prendre à
partie les premiers. Les seconds
n'avaient plus alors sur ce point
d'idées bien opposées à celle de
l'épicurisme.

4. *Nihil jucundius.* C'est la
vingt-huitième des *Maximes ;* Épicure y dit simplement : « De
tous les biens que la sagesse se
ménage pour le bonheur de toute
la vie, le plus grand de beaucoup, πολὺ μέγιστον, c'est l'amitié.»

5. *Vita.... moribus*, sa vie tout
entière, sa conduite et son caractère.

variis, ab ultima antiquitate repetitis, tria vix amicorum paria reperiuntur, ut ad Orestem pervenias profectus a Theseo[1]. At vero Epicurus una in domo[2], et ea quidem angusta, quam magnos quantaque amoris conspiratione consentientes tenuit amicorum greges[3]! quod fit etiam nunc ab Epicureis[4]. Sed ad rem redeamus; de hominibus dici non necesse est. 66. Tribus ergo modis[5] video a nostris esse de amicitia disputatum. Alii, quum eas voluptates, quæ ad amicos pertinerent, negarent esse per se ipsas tam expetendas, quam nostras expeteremus[6], quo loco videtur quibusdam stabilitas amicitiæ vacillare, tuentur tamen eum[7] locum seque facile, ut mihi videtur,

---

1. *A Theseo.* On pense tout naturellement, pour compléter les trois couples, à Damon et Pythias. Mais ils ont vécu après Oreste. Si l'on juge que Cicéron n'a pas pu commettre cette erreur insigniûante, on les remplacera par Achille et Patrocle.

2. *Una in domo*, ses jardins. Ils ne devaient pas être bien spacieux, puisqu'il les avait achetés quatre-vingts mines. Cicéron les appelle souvent *hortuli*. Il raconte, dans une lettre, les efforts que firent de son temps Phèdre et Patron pour les conserver à l'école, à laquelle ils avaient été légués par testament (*Lettres familières*, XIII, 1).

3. *Amicorum greges.* Épicure savait se faire aimer, et ses disciples lui restèrent invinciblement attachés. Ils formaient une sorte d'institut analogue à celui de Pythagore, mais où Épicure ne voulut pas introduire la communauté des biens. Ses amis, dit Diogène, étaient si nombreux que

des villes entières ne pouvaient les contenir (x, 9).

4. *Ab Epicureis.* Au temps même de Pline, les épicuriens, dispersés dans tout l'empire, formaient comme une sorte de société et se rattachaient les uns aux autres par leur culte pour la mémoire du maître, dont ils fêtaient solennellement l'anniversaire.

5. *Tribus.... modis.* Ces trois opinions sont rapportées dans la suite du chapitre; la deuxième § 69, et la troisième, § 70.

6. *Nostras expeteremus.* C'est la doctrine même d'Épicure, et elle est si franchement odieuse que ses disciples en atténuèrent la crudité (V. liv. II, ch. XXVI, 82). « Le principe de l'amitié, dit Épicure, c'est l'intérêt; se lier avec des amis, c'est ensemencer la terre pour récolter. » (Diogène, X, 120.)

7. *Quo loco.... tuentur.... eum.* Gœrenz embrouille cette phrase, en faisant de la proposition quo

expediunt Ut enim virtutes, de quibus ante dictum est[1],
sic amicitiam negant posse a voluptate discedere. Nam
quum solitudo et vita sine amicis insidiarum et metus
plena sit, ratio ipsa monet amicitias comparare, quibus
partis confirmatur animus et a spe pariendarum voluptatum sejungi non potest[2]. 67. Atque ut odia, invidiæ
despicationes adversantur voluptatibus, sic amicitiæ non
modo fautrices fidelissimæ, sed etiam effectrices sunt
voluptatum tam amicis, quam sibi[3]; quibus non solùm
præsentibus fruuntur, sed etiam spe eriguntur conse-
quentis ac posteri temporis. Quod quia nullo modo sine
amicitia firmam et perpetuam jucunditatem vitæ tenere
possumus, neque vero ipsam amicitiam tueri, nisi æquè
amicos et nosmetipsos diligamus, idcirco et hoc ipsum
efficitur in amicitia, et amicitia cum voluptate connecti-
tur. Nam et lætamur amicorum lætitia æque atque nostra,
et pariter dolemus angoribus. 68. Quocirca eodem modo
sapiens erit affectus erga amicum, quo in seipsum,
quosque labores propter suam voluptatem susciperet,
eosdem suscipiet propter amici voluptatem. Quæque de
virtutibus dicta sunt, quemadmodum eæ semper volupta-

---

loco, etc., une sorte de parenthèse. Construire : tuentur eum
locum, quo loco, etc.

1. Ante dictum est. Ci-dessus,
ch. xiii à xvii.

2. Quibus partis.... non potest.
Au premier abord la pensée paraît embarrassée. Une sorte de
confiance, confirmatur, peut bien
être le résultat de l'amitié; mais
l'espérance du plaisir, pariendarum voluptatum, en paraît plutôt
le mobile, et non pas l'effet, ce
qu'indiquent pourtant ces mots
quibus partis. Un critique se ha-

sarde à proposer amicitia comme
sujet de non potest, ce que la
structure de la phrase ne permet pas d'adopter. Il suffit d'ailleurs de se souvenir que la pensée du plaisir à venir est pour
Épicure un des éléments du bonheur. L'un des résultats de l'a-
mitié, c'est d'assurer au sage
cette espérance, qui par elle-
même est un plaisir.

3. Quam sibi, que pour soi-
même ; sibi a le sens indéfini, et
ne représente pas amicitiæ, mais
la personne qui aime.

tibus inhærerent, eadem de amicitia dicenda sunt[1]. Præclare enim Epicurus his pæne verbis[2] : « Eadem, inquit,
« sententia confirmavit animum, ne quod aut sempiter-
« num aut diuturnum timeret malum, quæ perspexit[3] in
« hoc ipso vitæ spatio amicitiæ præsidium esse firmissi-
« mum. » 69. Sunt autem quidam Epicurei timidiores[4]
paulo contra vestra convicia, sed tamen satis acuti, qui
verentur ne, si amicitiam propter nostram voluptatem
expetendam putemus, tota amicitia quasi claudicare videatur. Itaque primos congressus, copulationesque, et con-
suetudinum instituendarum voluntates fieri propter voluptatem; quum autem usus progrediens familiaritatem
effecerit, tum amorem efflorescere tantùm, ut, etiamsi
nulla sit utilitas ex amicitia, tamen ipsi amici propter
seipsos amentur[5]. Etenim si loca, si fana, si urbes, si
gymnasia, si campum, si canes, si equos, si ludicra, si
exercendi[6] aut venandi consuetudines adamare solemus,

---

1. *Dicenda sunt.* Cicéron l'a
déjà dit quelques lignes plus
haut, § 66,

2. *His pæne verbis.* Traduction
très-exacte de la vingt-neuvième
Maxime d'Épicure (Diogène, x,
148).

3. *Perspexit. Sententia* signifie ici la même doctrine, ἡ αὐτὴ
γνώμη, et peut, malgré l'étonne-
ment de quelques critiques, servir de sujet à *perspexit.*

4. *Timidiores.* Ce sont des épicuriens moins résolus ; on peut
même dire qu'ils sont inconsé-
quents. *Vestra convicia,* votre
critique malveillante, vos repro-
ches d'immoralité.

5. *Amentur.* Cette concession
les met en contradiction avec le
principe même de la morale épi-

curienne. Mais les raisonnements
dont ils l'accompagnent en dimi-
nuent l'importance, puisqu'aimer
son ami pour lui-même signifie,
dans leur langage, l'aimer comme un cheval ou un chien. Ils ne
diraient pas avec Malebranche:
« On aime mieux son ami que
son chien. »

6. *Si exercendi,* etc. Ce passage
est très-contesté et on l'a écrit
de dix manières différentes. Madvig le transcrit ainsi : « Si equos,
si ludicra exercendi aut venandi consuetudine adamare solemus ; » ce qui voudrait dire :
« Si nous aimons par habitude
les exercices des jeux et de la
chasse ». Cette leçon est à peu
près conforme à celle des manuscrits, qui portent tantôt *ludicra,*

quanto id in hominum consuetudine facilius fieri potuerit et justius? 70. Sunt autem qui dicant fœdus esse quoddam sapientium, ut ne minus quidem [1] amicos quam seipsos diligant. Quod et fieri posse intelligimus, et sæpe quidem etiam [2] videmus, et perspicuum est nihil ad jucunde vivendum reperiri posse, quod conjunctione tali sit aptius [3]. Quibus ex omnibus judicari potest, non modo non impediri rationem amicitiæ, si summum bonum in voluptate ponatur, sed sinè hoc institutionem amicitiæ omnino non posse reperiri.

---

tantôt *ludicras*, et donnent à la fois *consuetudine* et *consuetudines*; mais elle est peu naturelle; il est difficile d'admettre que *adamare consuetudine* soit correct, et que *ludicra exercendi* signifie le plaisir de l'exercice. La leçon de Baiter est préférable; elle consiste à supprimer *si* devant *ludicra* : « Si nous aimons les chevaux par goût pour les exercices et la chasse ». Mais le sens n'en est pas très-satisfaisant, et de plus tous les manuscrits s'accordent à maintenir le *si* supprimé. On a cru devoir adopter la conjecture de Boeckel, qui change le moins possible le texte des manuscrits, et qui prête à une explication très-simple.

1. *Ne minus quidem*. Gœrenz et Madvig suppriment *quidem*,

en dépit de tous les manuscrits et sans raison sérieuse.

2. *Etiam* est une correction de Davies, autorisée par un manuscrit. Les autres portent *Enim*, conservé par Madvig et Baiter, quoiqu'on ne puisse l'expliquer. Gœrenz écrit *sæpenumero ; Klotz, esse factum*, et Halm, *evenire, Etiam* est suffisant pour le sens, et le signe abrégé par lequel on l'écrit dans les manuscrits ressemble beaucoup à celui d'*enim*; ce qui explique la confusion.

3. *Sit aptius*. On voit en quoi ces derniers diffèrent des précédents : au lieu de l'habitude ils font intervenir un pacte. C'est un contrat, comme celui qui, d'après Épicure, a fondé la justice. Ce pacte, en tout cas, serait le résultat et non l'origine de l'amitié.

CAPUT XXI.

On doit de la reconnaissance au philosophe qui a su entendre
la voix de la nature, et ouvrir au sage la route du bonheur.
Qu'importe qu'il ait négligé les sciences frivoles qui n'apprennent pas à bien vivre?

71. « Quapropter si ea, quæ dixi, sole ipso illustriora et clariora sunt; si omnia dixi[1] hausta e fonte naturæ; si tota oratio nostra omnem sibi fidem sensibus confirmat[2], id est, incorruptis atque integris testibus; si infantes pueri, mutæ etiam bestiæ pæne loquuntur, magistra ac duce natura, nihil esse prosperum[3] nisi voluptatem, nihil asperum nisi dolorem, de quibus neque depravate judicant neque corrupte : nonne ei maximam gratiam habere debemus, qui, hac exaudita quasi voce naturæ, sic eam firme graviterque comprehenderit, ut omnes bene sanos in viam placatæ, tranquillæ, quietæ, beatæ[4] vitæ deduceret? Qui quod tibi parum videtur eruditus, ea causa est, quod nullam eruditionem esse duxit, nisi quæ beatæ vitæ disciplinam juvaret. 72. An ille tempus aut in poetis evolvendis, ut ego et Triarius, te hortatore, facimus, consumeret, in quibus nulla solida utili-

1. *Dixi* est tenu pour suspect par Madvig et supprimé par Baiter, malgré tous les manuscrits. Le texte gagnerait à cette suppression.

2. *Sensibus confirmat.* S'il n'est pas une de mes paroles qui n'ait sa pleine confirmation dans le témoignage des sens.

3. *Prosperum* semble appelé ici par *asperum*, le bonheur, le malheur.

4. *Placatæ... beatæ.* Épicure n'a pas moins de mots pour désigner le calme du sage, ἀοχλησία, ἀταραξία, ἀπονία, εὐδαιμονία. (Comparer Lucrèce, liv. III et V, au début.)

tas omnisque puerilis est delectatio ; aut se, ut Plato, in
musicis, geometria, numeris, astris [1] contereret, quæ et
a falsis initiis profecta vera esse non possunt, et, si essent vera, nihil afferrent quo jucundius, id est, quo melius viveremus ; — eas ergo artes persequeretur, vivendi
artem tantam tamque operosam et perinde fructuosam
relinqueret? Non ergo Epicurus ineruditus, sed ii in-
docti, qui, quæ pueros non didicisse turpe est, ea putant
usque ad senectutem [2] esse discenda. »

Quæ quum dixisset : « Explicavi, inquit, sententiam
meam, et eo quidem consilio, tuum judicium ut cogno-
scerem, quæ mihi facultas, ut id meo arbitratu [3] facerem,
ante hoc tempus nunquam est data. »

---

1. *Numeris, astris*, désignent
ici la sience, et non pas son objet, comme le prouvent les mots
qui suivent : *A falsis initiis profecta*. Les principes en sont faux,
puisque, loin de s'appuyer sur le
témoignage des sens, ces sciences paraissent le contredire.

2. *Usque ad senectutem*. Torquatus se rappelle la conversation de Socrate avec Calliclès,
dans le *Gorgias*, et, comme le
rhéteur, il laisse la science et
la philosophie aux enfants.

3. *Meo arbitratu*, je n'ai pu jusqu'à présent le faire à ma guise
Cicéron, lui, avait dit plus haut :
tuo vero id quidem arbitratu.

ARGUMENT ANALYTIQUE
DU DEUXIÈME LIVRE.

Le deuxième livre du traité des *Principes du bien et du mal* renferme la réfutation de l'épicurisme, en réponse à l'apologie que Torquatus en a faite au premier livre. Cicéron qui, dans les cinq premiers chapitres, y discute avec son adversaire, l'interroge et le presse, est obligé ensuite, sur sa demande, de garder seul la parole et de faire une critique en forme de discours. Tous ses arguments portent sur trois points ; il conteste les principes mêmes du système, son application à la vie morale, et enfin son efficacité à garantir le bonheur.

1° CRITIQUE DES PRINCIPES DE LA MORALE D'ÉPICURE Toute la doctrine morale de l'épicurisme repose sur une certaine idée du plaisir, et sur la confusion de ce plaisir avec le souverain bien. Sur ces deux points Épicure s'est trompé ou s'est contredit. D'abord il a hésité à se prononcer sur la nature du plaisir : tantôt il le fait consister dans la jouissance actuelle, tantôt dans l'absence de douleur. Or ce sont là deux phénomènes très-différents. Ne pas souffrir, ce n'est pas éprouver du plaisir ; c'est se trouver dans un état neutre d'indifférence. La vie sensible ne comporte que deux situations : l'une pénible, l'autre agréable ; entre les deux se trouve l'indifférence, qu'on ne peut confondre avec l'une ni avec l'autre. Épicure doit choisir entre le plaisir et l'absence de douleur ; mais il n'ose pas se prononcer. Tantôt il semble prendre en main la cause de la volupté sensuelle, et excuser tous ceux qui la recherchent, pourvu qu'ils y mettent de

la discrétion et de l'intelligence; tantôt il semble avoir honte
lui-même d'absoudre cette débauche raffinée, et il y substitue
cet état de calme ou d'*apathie*, auquel il donne, en dépit du
langage et de la vérité, le nom de plaisir. Accordons-lui le bénéfice de cette équivoque : son système échappera en partie au reproche d'immoralité, mais il succombera sous une contradiction.
En effet, cet apologiste enthousiaste de la nature prétend que
tous les êtres animés, en poursuivant le bien-être, par un instinct irrésistible, nous indiquent par là même quel est le but
moral de la vie. Mais ce but auquel ils aspirent n'est pas le
calme et l'indifférence; c'est, suivant Épicure même, la satisfaction des besoins naturels, la jouissance, et non l'*indolentia;*
suivant la vérité, ce n'est pas même le plaisir, mais la conservation de leur être et la possession des objets propres à la procurer. Ainsi, le bien que la nature recherche, et celui qu'Épicure assigne comme la fin de l'activité morale, sont différents,
et il y a contradiction entre la fin et le commencement. D'ailleurs, il faut porter le débat plus haut : ce ne sont pas les sens
qui doivent juger du bien et du mal; un être intelligent, et né
pour la vertu, ne peut se proposer le même bien que la brute ;
c'est la raison qui doit prononcer, et elle rejette toutes les doctrines morales qui donnent au plaisir la souveraineté, ou l'appellent même à la partager avec d'autres motifs. La lutte est
entre la vertu et la volupté : les solutions moyennes ne sont
que des compromis qu'il faut rejeter. A ce prétendu bien, que
l'épicurisme nous désigne, il faut substituer la notion d'un bien
qui doit être accompli pour lui-même, et qui tire de lui-même
on caractère obligatoire (ch. ɪ à xɪv).

2º RÉFUTATION DE LA DOCTRINE ÉPICURIENNE DE LA VERTU. Les
quatre formes fondamentales de ce bien sont : la justice, la pru-
ence, le courage et la tempérance, qui ont leurs racines dans
a constitution même de l'homme, et se développent naturellement avec ses facultés. Ces vertus ne dépendent pas, comme
Épicure le soutient, de l'opinion de la foule, et l'on n'est pas
vertueux pour conformer ses actions au jugement de la multitude. La justice, dit-il, nous est commandée par notre intérêt,
et l'injustice nous expose à la crainte des châtiments et du

déshonneur. Mais les criminels habiles savent mettre la loi de leur côté et se concilier la faveur populaire ; les criminels puissants bravent l'une et l'autre. Épicure ne recommande-t-il pas de rechercher, même au prix des plus grands périls, les plus grands plaisirs, et, par suite, la fortune qui sert à les conquérir ? La tempérance et le courage consistent-ils à éviter des actes honteux, à accomplir des devoirs difficiles, ou à calculer son intérêt ? L'homme vertueux est-il Thorius Balbus, dont la vie est un tissu de plaisirs savamment calculés, ou Régulus expiant dans les supplices sa fidélité à sa patrie et à sa parole ? C'est un opprobre pour l'épicurisme que de ne pouvoir invoquer l'histoire, ni trouver des témoins parmi les héros qu'elle honore : il serait réduit à blâmer Lucrèce et Virginius. Cléanthe en a donné l'image exacte dans ce tableau où il montre les vertus devenues les complaisantes de la volupté ; Épicure ne les approuve qu'à ce titre : il a beau dire qu'on ne peut vivre agréablement si on ne vit honnêtement ; l'honnêteté, ainsi subordonnée, n'est plus qu'un vain nom. Aussi ses partisans n'oseraient-ils soutenir publiquement leurs principes. Quel homme de cœur oserait dire, devant le sénat ou le peuple, que dans sa magistrature il fera tout pour goûter du plaisir ou pour éviter de la douleur ? On allègue qu'Épicure a été un honnête homme, qu'il a pratiqué les devoirs de l'amitié. Qu'importe ? Il s'agit de ses doctrines, et non de son caractère : sa vie a été meilleure que ses principes (ch. xv à xxvi).

3° DU PRÉTENDU BONHEUR DE L'ÉPICURIEN. Impuissante à conserver à la vertu sa dignité, à l'amitié son désintéressement, la doctrine d'Épicure ne réussit pas mieux à garantir le bonheur. Le plaisir dépend de mille causes qui ne sont pas en notre pouvoir : qui pourra nous en assurer la possession ? Il est de sa nature fugitif : qui le rendra durable ? On ne peut prendre au sérieux cette assertion, que la durée n'ajoute rien à la félicité. D'ailleurs à supposer qu'il fût toujours facile au sage de se procurer des jouissances et de les prolonger, il ne pourrait s'assurer contre les atteintes de la douleur, c'est-à-dire contre le dernier des maux. La douleur est courte, dit-on, quand elle est violente, et légère quand elle est prolongée. Qu'on aille proposer

cette consolation à Philoctète se lamentant sur son rocher de
Lemnos! C'est ailleurs qu'il faut chercher des remèdes : il faut
les demander au courage et à la raison. Épicure lui-même, sur
le point de mourir, puise à cette source la force de résister à
la douleur, et écrit à Hermarchus une noble lettre qui contredit
son système. Dans son testament, il recommande à ses amis de
célébrer son jour de naissance, comme s'il devait se soucier d'un
avenir qui ne lui appartient pas, comme s'il y avait pour lui
deux jours semblables! Le souvenir des biens passés, dans lequel
se complaît son sage, n'est pas en notre pouvoir, non plus que
l'oubli des malheurs. D'ailleurs, ces prétendus plaisirs de l'âme
ne peuvent être supérieurs à ceux du corps, qui en est la cause
et qui les mesure. Il faut donc conclure que la morale d'Épicure nous ravale au-dessous de la brute, chez laquelle on entrevoit quelques germes d'activité désintéressée; qu'elle a pour
effet l'abaissement des caractères et la corruption des mœurs,
et qu'elle donne pour prix à la vie un bonheur dont un homme
de cœur ne voudrait pas (ch. **xxvi** à **xxxv**).

LIBER II.

CAPUT I.

Cicéron, se proposant de répondre à Torquatus et de faire la critique de l'épicurisme, déclare qu'il préfère, pour la discussion, un simple entretien à des discours de longue haleine.

1. Hic quum uterque me intueretur seseque ad audiendum significarent[1] paratos : « Primum, inquam, deprecor[2] ne me tanquam philosophum putetis scholam vobis aliquam explicaturum, quod ne in ipsis quidem philosophis magnopere unquam probavi[3]. Quando enim Socrates,[4] qui parens philosophiæ jure dici potest, quidquam tale fecit? Eorum erat iste mos, qui tum sophistæ nominabantur, quorum e numero primus est ausus Leontinus Gorgias[5] in conventu poscere quæstionem, id est,

1. *Intueretur.... significarent.* Changement de nombre un peu brusque. On écrirait volontiers *intuerentur*, s'il n'était prouvé que Cicéron n'a jamais employé *uterque* avec le pluriel.

2. *Deprecor* est omis par quelques éditeurs. Madvig fait observer que ce mot est indispensable : « Cicéron, dit-il, ni aucun écrivain de la bonne époque n'a jamais écrit en prose *ne facias*, mais toujours *ne feceris*. »

3. *Scholam.... probavi. Schola*, désigne les exercices de philosophie, importés à Rome par des philosophes à moitié rhéteurs; Quintilien se sert du même mot pour les leçons mêmes d'Aristote *pomeridianæ scholæ*, ce que les

Grecs appelaient κεριπατος δειλινός. Le mot ne paraît pas se trouver chez les anciens auteurs grecs, et Plutarque est le premier qui l'emploie. Cicéron désapprouve ici ces sortes de conférences; il tient un tout autre langage dans les *Tusculanes*, qu'il appelle *quinque dierum scholas.*

4. *Quando enim Socrates.* Ainsi Socrate ne s'est jamais servi de cette méthode de discussion. Cicéron dit au contraire ailleurs : « C'est une méthode ancienne et socratique.... C'est par elle que Socrate croyait le plus facilement arriver à la plus haute vraisemblance. » (*Tusculanes*, I, 4.)

5. *Leontinus Gorgias.* « Gor-

jubere [1] dicere qua de re quis vellet audire. Audax nego-
tium, dicerem impudens, nisi hoc institutum postea
translatum ad philosophos nostros [2] esset. 2. Sed et illum,
quem nominavi, et ceteros sophistas, ut e Platone intelligi potest, lusos videmus a Socrate. Is enim percontando
atque interrogando elicere [3] solebat eorum opiniones,
quibuscum disserebat, ut ad ea, quæ ii respondissent,
si quid videretur, diceret. Qui mos quum a posterioribus
non esset retentus, Arcesilas [4] eum revocavit, instituit-
que ut ii, qui se audire vellent, non de se quærerent, sed
ipsi dicerent quid sentirent; quod quum dixissent, ille
contra. Sed eum qui audiebant, quoad poterant, defende-
bant sententiam suam; apud ceteros autem philosophos
qui quæsivit aliquid tacet; quod quidem jam fit etiam in
Academia [5]. Ubi enim is, qui audire vult, ita dixit: « Vo-

gias invitait ses auditeurs à lui
faire toutes les questions qu'ils
voudraient, et s'engageait à répondre à toutes. » (Platon, Gorgias I.) Le sophiste Gorgias était
né à Léontium en Sicile, vers
485 avant J. C.

1. *Id est jubere.* C'est l'explication de *poscere quæstionem*, expression encore peu familière
aux Romains.

2. *Philosophos nostros.* Les
philosophes de la nouvelle Académie.

3. *Elicere*, rappelle le mot de
μαιευτική dont Socrate lui-même
se servait pour désigner sa méthode. *Percontari et interrogare*,
questionner et interroger.

4. *Arcesilas*, le fondateur de la
nouvelle Académie, que d'autres
font commencer à son maître
Crantor. Ses auditeurs ne lui
posaient pas une question, *non*
de se quærerent; mais ils énon-
çaient leur opinion. Arcésilas la
réfutait, *ille contra*; ce qui suppose qu'il n'était jamais d'accord avec son interlocuteur, ou
plutôt qu'il jugeait la vérité inac-
cessible à notre esprit. On peut
douter qu'il ait repris, *revocavit*,
les traditions de Platon. Le jugement de Diogène est peut-être ici
plus sûr que celui de Cicéron :
« Arcesilas le premier changea
la forme de discussion, τὸν λόγον,
instituée par Platon, et par des
demandes et des réponses multipliées il en fit plutôt une sorte de
sophistique, ἐριστικώτερον. » IV, 28.

5. *In Academia.* C'est Carnéade
qui reprit la méthode de Gorgias.
Il improvisait des discours de
longue haleine, *perpetua ora-*
tione, sur une question posée par
un des auditeurs. Les rhéteurs
suivaient en foule ses leçons.

luptas mihi videtur esse summum bonum, » perpetua oratione contra disputatur, ut facile intelligi possit eos, qui
aliquid sibi videri dicant, non ipsos in eâ sententia esse,
sed audire velle contraria. 3. Nos commodius[1] agimus.
Non enim solum Torquatus dixit quid sentiret, se·l etiam
cur. Ego autem arbitror, quanquam admodum delectatus
sum ejus oratione perpetua, tamen commodius, quum in
rebus singulis insistas et intelligas, quid quisque conce-
dat, quid abnuat, ex rebus concessis concludi, quod velis,
et ad exitum perveniri[2]. Quum enim fertur quasi torrens
oratio, quamvis multa cujusque modi rapiat, nihil tamen
teneas, nihil reprehendas, nusquam orationem rapidam
coerceas[3].

« Omnis autem in quærendo, quæ via quadam et ratione
habetur, oratio præscribere primum debet, ut quibusdam
in formulis : EA RES AGETUR, ut, inter quos disseritur,
conveniat quid sit id, de quo disseratur[4].

---

1. *Commodius.* Cicéron a cependant suivi cette méthode, qu'il
condamne, dans les *Tusculanes* ;
et dans ce livre même il va
bientôt y revenir.

2. *Perveniri.* « Il vaut mieux
insister séparément sur chaque
point de la discussion, discerner
ce que l'adversaire accorde, ce
qu'il refuse, s'appuyer sur ses
propres aveux, pour en tirer la
conclusion qu'on a en vue, et
résoudre la question. »

3. *Quum enim.... coerceas.* Sénèque s'est souvenu de cette
pensée; il l'a longuement déve-
·oppée dans une de ses lettres.

(XL): *Inobservatus ille cursus fe-
ret quæ reprehendere velis, etc.* »

4. *Omnis autem.... dissera-*
tur. « Toute discussion (*quærere*
faire une recherche, comme plus
haut, VII, 22, *philosophiæ pars*
quæ est quærendi, pour définir la
logique), pour peu qu'elle soit
méthodique et régulière (*via et*
ratio sont souvent employés dans
ce sens par Cicéron; *Tusculanes*
II, 2, 6; *Orateur*, 1, 23, 113, etc.),
doit commencer, comme certains
actes judiciaires, par ces mots :
objet du débat; afin que ceux
qui y prennent part soient d'accord sur la question. »

CAPUT II.

**Nécessité de fixer l'objet du débat. Épicure n'a jamais nette-
ment défini le plaisir, dont il parle si souvent; il le fait consister tantôt dans les impressions agréables, tantôt dans
l'absence de douleur.**

4. « Hoc positum in Phædro[1] a Platone probavit Epicurus, sensitque in omni disputatione id fieri oportere. Sed
quod proximum fuit, non vidit. Negat enim[2] definiri rem
placere, sine quo fieri interdum non potest ut inter eos,
qui ambigunt, conveniat quid sit id, de quo agatur, velut
in hoc ipso, de quo nunc disputamus. Quærimus enim finem bonorum; possumusne hoc scire quale sit, nisi con-
tulerimus inter nos, quem finem bonorum dixerimus, quid
finis, quid etiam sit ipsum bonum[3]? 5. Atqui hæc pate-
factio quasi rerum opertarum, quum quid quidque sit[4]
aperitur, definitio est; qua tu etiam imprudens utebare

1. *In Phædro* « Jeune homme,
dit Socrate, il n'y a qu'une manière de commencer une bonne
discussion, καλῶς βουλεύεσθαι; c'est
de savoir quel en est le sujet;
sinon on n'aboutit à rien. » Épicure répète en effet cette maxime
au commencement de la *lettre à
Hérodote.*

2. *Negas enim*, etc. Épicure
s'en remet au sentiment naturel;
il remonte, pour trouver son prétendu principe, au jugement ir-
réfléchi, spontané, *non depravatum;* il repousse les définitions,
qui sont l'œuvre d'une intelligence déjà corrompue. Pourtant
il admet des conceptions géné-
rales, anticipations, qui sont à
peu près des définitions.

3. *Ipsum bonum.* Madvig reproche à Cicéron de n'avoir défini le bien dans aucun de ses
ouvrages; il a tort d'ajouter que
les stoïciens eux-mêmes n'ont
pas su distinguer les idées diverses qui sont enveloppées dans
ce mot; s'ils ont péché, ce n'est
pas par ignorance.

4. *Quid quidque sit.* Ὁρισμὸς λέ-
γεται λόγος τοῦ τί ἐστι. Aristote, *Ana-
lytiques,* II, 2, 10.

nonnunquam. Nam hunc ipsum sive finem sive extremum sive ultimum definiebas id esse, quo omnia quæ recte fierent, referrentur, neque id ipsum usquam referretur. Præclare hoc quidem. Bonum ipsum etiam quid esset fortasse, si opus fuisset, definisses, aut, quod esset naturâ appetendum, aut quod prodesset, aut quod juvaret, aut quod liberet modo. Nunc idem, nisi molestum est, quoniam tibi non omnino displicet definire, et id facis, quum vis, velim definias quid sit voluptas, de quo omnis hæc quæstio est.— 6. Quis, quæso [1], inquit, est qui quid sit voluptas nesciat, aut qui, quo magis id intelligat, definitionem aliquam desideret? — Me ipsum esse dicerem, inquam, nisi mihi viderer habere bene cognitam voluptatem et satis firme conceptam animo atque comprehensam. Nunc autem dico ipsum Epicurum nescire et in eo nutare [2], eumque, qui crebro dicat, diligenter oportere exprimi quæ vis subjecta sit vocibus, non intelligere interdum, quid sonet hæc vox voluptatis, id est, quæ res huic voci subjiciatur [3].»

CAPUT III.

Le plaisir ne peut être confondu avec l'absence de douleur; il comporte des degrés et des différences que l'on ne retrouve pas dans l'apathie.

Tum ille ridens : « Hoc vero, inquit, optimum, ut [4] is, qui finem rerum expetendarum voluptatem esse dicat, id

---

1. *Quis, quæso.* Les manuscrits : *quasi.*

2. *Nutare,* « son opinion est chancelante. »

3. *Subjiciatur.* On s'est étonné de cette répétition; elle n'est pas

inutile. Cicéron explique *quid sonet,* et marque que dans la langue d'Épicure ces mots signifient *quæ res huic voci subjiciatur,* τὸ ὑποτεταγμένον τῷ φθόγγῳ.

4. *Optimum, ut.* La conjonction

extremum, id ultimum[1] bonorum, id ipsum quid et quale
sit nesciat!—Atqui, inquam, aut Epicurus quid sit voluptas, aut omnes mortales, qui ubique sunt, nesciunt.—Quo-
nam, inquit, modo?—Quia voluptatem hanc esse sentiunt
omnes, quam sensus accipiens movetur et jucunditate
quâdam perfunditur.— 7. Quid ergo? istam voluptatem,
inquit, Epicurus ignorat? — Non semper, inquam. Nam
interdum nimis etiam novit, quippe qui testificetur, ne
intelligere quidem se posse, ubi sit aut quod sit ullum
bonum, præter illud, quod cibo et potione et aurium de-
lectatione et obscœna voluptate capiatur[2]. An hæc ab eo
non dicuntur? — Quasi vero me pudeat, inquit, istorum,
aut non possim quemadmodum ea dicantur ostendere !—
Ego vero non dubito, inquam, quin facile possis, nec est
quod te pudeat sapienti assentiri, qui se unus, quod
sciam, sapientem profiteri sit ausus[3]. Nam Metrodorum[4]

a ici le sens de *quomodo*, αιτ οιιο; elle conserve, prétend avec plus de raison Madvig, son acception générale, telle qu'on la trouve dans ces expressions : *efficitur, sequitur ut.*

1. *Extremum, ultimum.* Voir livre I, ch. 9.

2. *Voluptate capiatur.* Quel-ques mots cités plus haut ont déjà laissé soupçonner qu'Épi-cure substituait parfois à la joie sereine du sage, des jouis-sances plus sensuelles. La maxi-me que lui impute Cicéron, et qu'il reproduit avec plus de force encore dans les *Tusculanes*, III, 41, se lit dans Diogène, qui l'extrait du traité Περὶ τέλους. Οὐ γὰρ ἔγωγε δύναμαι νοῆσαι τἀγαθόν, ἀφαι-ρῶν μὲν τὰς διὰ χυλῶν ἡδονάς, ἀφαιρῶν δὲ τὰς δι' ἀφροδισίων, ἀφαιρῶν δὲ τὰς δι' ἀκροαμάτων, ἀφαιρῶν δὲ τὰς διὰ μορ-φῆς κατ' ὄψιν ἡδείας κινήσεις. (Livre X,

5. Voir Athénée, le *Banquet*, VII, 11).

3. *Profiteri sit ausus.* Diogène ne rapporte pas expressément ce mot; mais il se trouve dans Plu-tarque, *Qu'on ne peut vivre heu-reux*, etc. C. 18, σοφὸν μηδένα πλὴν αὑτοῦ γεγονέναι. Voir Cicéron, *De la vieillesse*, 43.

4. *Metrodorum.* Métrodore, l'ami d'Épicure, mourut sept ans avant son maître, qui dans son testa-ment témoigne sa sollicitude pour les enfants de son disciple. Il avait beaucoup écrit, au dire de Diogène Laërce. Comme son maître, il affectait une grande frugalité, et se plaignait de dé-penser un as par jour, quand Épicure vivait à moins de frais. Diogène raconte qu'un Métro-dore de Stratonice fut le seul disciple infidèle dans la secte, qu'il abandonna pour Carnéade.

non puto ipsum professum , sed , quum appellaretur ab
Epicuro, repudiare tantum beneficium noluisse ; septem
autem illi non suo, sed populorum suffragio omnium
nominati sunt. 8. Verum hoc loco sumo, verbis his eamdem certe vim voluptatis Epicurum nosse quam ceteros [1].
Omnes enim jucundum motum, quo sensus hilaretur [2],
græce ήδονήν, latine *voluptatem* vocant.— Quid est igitur,
inquit, quod requiras? — Dicam, inquam, et quidem dis-
cendi causa magis, quam quo te aut Epicurum reprehen-
sum velim.—Ego quoque, inquit, didicerim libentius, si
quid attuleris, quam te reprehenderim.

« —Tenesne igitur, inquam, Hieronymus [3] Rhodius quid
dicat esse summum bonum, quo putet omnia referri [4]
oportere? — Teneo, inquit, finem illi videri nihil dolere.
— Quid? idem iste, inquam, de voluptate quid sentit ? —
9. Negat esse eam, inquit, propter se expetendam.—Aliud
igitur esse censet gaudere, aliud non dolere [5].— Et quidem, inquit, vehementer errat; nam, ut paulo ante docui,
augendæ voluptatis finis est doloris omnis amotio.— Non

Il est inutile de dire que ce personnage n'a rien de commun
avec l'ami d'Épicure, qui était de
Chio, et qui mourut avant la naissance de Carnéade.

1. *Quam ceteros.* « De ce passage je conclus qu'Épicure, quand
il parlait ainsi, *his verbis*, se faisait de la volupté la même idée
que tout le monde. »

2. *Hilaretur.* Les manuscrits
portent *hiaretur.* Mais Nonius
cite le passage et écrit *hilaretur.*
Bake propose *titillaretur.*

3. *Hieronymus.* Diogène l'appelle toujours le péripatéticien ;
il fut le contemporain et l'adversaire d'Arcésilas (IV, 6, 41,

42), et paraît avoir combattu
aussi vivement les doctrine: de
quelques péripatéticiens, comme
Straton et Lycon. (V, 4, 68.) On
ne connaît guère ses doctrines
que par Cicéron. Voir plus bas
IV, 3 et V, 5; les *Académiques,*
II, 42; et les *Tusculanes,* II, 6, et
V, 30.

4. *Omnia referri.* C'est la définition du mot *finis.*

5. *Non dolere.* Cicéron prouve
par un exemple la différence
qu'il y a entre le plaisir et l'absence de douleur : Hiéronyme
condamne l'un, et érige l'autre
en souverain bien. Ce sont donc
deux choses distinctes

dolere, inquam, istud quam vim habeat postea videro :
aliam vero vim voluptatis esse, aliam nihil dolendi, nisi
valde pertinax fueris, concedas necesse est. — Atqui re-
peries, inquit, in hoc quidem pertinacem : dici enim nihil
potest verius. — Estne, quæso, inquam, sitienti in bi-
bendo voluptas ? — Quis istud, inquit, possit negare ? —
Eademne, quæ restincta siti ? — Imo alio genere; restincta enim sitis stabilitatem voluptatis habet, illa autem
voluptas ipsius restinctionis in motu est [1].— Cur igitur,
inquam, res tam dissimiles eodem nomine appellas ? —
10. Quid paulo ante, inquit, dixerim nonne meministi,
quum omnis dolor detractus esset, variari, non augeri
voluptatem [2]? — Memini vero, inquam. Sed tu istuc dixti [3]
bene latine, parum plane. *Varietas* enim latinum verbum
est, idque proprie quidem in disparibus coloribus dicitur,
sed transfertur in multa disparia : *varium* poema, *varia*
oratio, *varii* mores, *varia* fortuna; voluptas etiam *varia*
dici solet, quum percipitur e multis dissimilibus rebus
dissimiles efficientibus voluptates. Eam si varietatem diceres, intelligerem, ut etiam non dicente te intelligo.
Ista varietas quæ sit non satis perspicio, quod ais, quum
dolore careamus, tum in summâ voluptate nos esse

---

1. *In motu est.* On reconnaît ici la distinction entre le plaisir ἐν στάσει, et ἐν κινήσει. Remarquer en passant qu'Épicure en a pris évidemment la première idée dans la morale d'Aristote. Non-seulement ce grand moraliste distingue deux sortes de plaisirs, suivant qu'ils accompagnent en nous la satisfaction de nos besoins, καθισταμένης τῆς φύσεως, ou qu'ils naissent après que ces besoins sont satisfaits, καὶ καθεστη-κυίας; mais il a donné à Épicure les mots en même temps que l'idée : ἡδονή, dit-il, μᾶλλον ἐν ἠρεμίᾳ ἐστίν, ἢ ἐν κινήσει. *Morale à Nicomaque*, VII, 14. Épicure fait preuve d'ingratitude quand il dit d'Aristote : « C'est un prodigue qui après avoir mangé son patri-moine fait le métier de soldat et de charlatan. »

2. *Voluptatem.* Voir livre I, 11, 38.

3. *Istuc dixti. Istuc* pour *istud*, forme archaïque, mais fréquente. La syncope *dixti*, paraît suspecte à Madvig. Le sens est évident : « Ton expression est très-latine, mais elle n'est pas claire. »

quum autem vescamur iis rebus, quæ dulcem motum afferant sensibus, tum esse in motu voluptatem, qui faciat[1] varietatem voluptatum, sed non augeri illam non dolendi voluptatem[2]; quam cur voluptatem appelles nescio. »

CAPUT IV.

L'indifférence, ce qu'on peut appeler en latin *indolentia*, est un état intermédiaire entre le plaisir et la douleur, et Épicure n'a pas le droit de l'appeler le plaisir suprême.

11. « — An potest, ille inquit, quidquam esse suavius quam nihil dolere? — Imo sit sane nihil melius, inquam, nondum enim id quæro, num propterea idem voluptas est quod, ut ita dicam, indolentia[3]? — Plane idem, inquit, et maxima quidem, quâ fieri nulla major potest. — Quid dubitas igitur, inquam, summo bono a te ita constituto, ut id totum in non dolendo sit, id tenere unum, id tueri, id defendere[4]? 12. Quid enim necesse est tanquam meretricem in matronarum cœtum, sic voluptatem in virtu-

---

1. *Qui faciat.* Ailleurs *quæ.* Le signe abréviatif des manuscrits est incertain; l'un d'eux porte cependant *quæ.*

2. *Non dolendi voluptatem.* La pensée est embarrassée, et l'on peut à peine démêler le reproche que Cicéron oppose à son adversaire: si l'absence de douleur est le plaisir à son plus haut degré, veut-il dire, comment soutenir que ce plaisir peut varier, sans augmenter? Il semble que la variété ne puisse être attribuée

qu'au plaisir proprement dit, *in motu voluptas*, parce qu'il peut provenir de causes diverses. Quant à cet état d'apathie, pourquoi l'appeler plaisir?

3. *Indolentia.* Ce mot est forgé par Cicéron, à l'imitation du grec ἀναλγησία. Un commentateur prétend avoir trouvé dans un vieux manuscrit *indoloria*, barbarisme que Sidoine Apollinaire attribue à Cicéron.

4. *Defendere.* C'est le parti qu'avait pris Hiéronyme.

tum concilium adducere? Invidiosum nomen est, infame, suspectum[1]. Itaque hoc frequenter dici solet a vobis, non intelligere nos quam dicat Epicurus voluptatem[2]. Quod quidem mihi si quando dictum est (est autem dictum non parum sæpe), etsi satis clemens sum in disputando, tamen interdum soleo subirasci. Egone non intelligo quid sit ἡδονὴ græce, latine *voluptas?* utram tandem linguam nescio? deinde qui fit ut ego nesciam, sciant omnes, quicumque Epicurei esse voluerunt[3]? Quod vestri[4] quidem vel optime disputant, nihil opus esse eum, philosophus qui futurus sit, scire litteras. Itaque ut majores nostri ab aratro adduxerunt Cincinnatum illum, ut dictator esset, sic vos de pagis[5] omnibus colligitis bonos illos quidem viros, sed certe non pereruditos. 13. Ergo illi intelligunt quid Epicurus dicat, ego non intelligo? Ut scias me intelligere, primum idem esse dico[6] *voluptatem*, quod ille ἡδονήν. Et quidem sæpe quærimus verbum latinum par græco et quod idem valeat; hic nihil fuit quod quæreremus. Nullum inveniri potest verbum quod magis idem declaret latine, quod græce[7], quàm declarat *voluptas*.

1. *Infame, suspectum.* Le dernier de ces mots semble moins fort que le précédent : on a parfois lu *infamiæ subjectum.* « Ce nom est décrié, et en outre les hommes qui le prennent pour devise sont suspects. »

2. *Voluptatem.* Voir livre I, 13, 43.

3. *Voluerunt.* Ailleurs *voluerint.* Les manuscrits donnent les deux leçons.

4. *Quod vestri. Quod* désigne l'idée vague de la proposition précédente, et la pensée est précisée par *nihil opus esse. Disputant* a ainsi deux compléments.

5. *De pagis.* Correction de Tur-

nèbe, justifiée par une note marginale d'un manuscrit. Tous les autres portent *plagis*, dont on a fait ensuite *Pelagis*, et *Pelasgis*.

6. *Idem esse dico.* Si l'on traduit littéralement : « Je dis que la volupté est la même chose qu'il appelle ἡδονήν », la pensée n'a pas toute la précision désirable. Le sens est évidemment : « J'appelle volupté ce qu'il nomme ἡδονήν. » Madvig en conclut que *esse* doit être tenu pour suspect, et propose de le remplacer par *ego*, qui s'écrit de même dans les abréviations.

7. *Quod græce*, ellipse bien facile à suppléer. Cicéron ne veut

Huic verbo omnes, qui ubique sunt, qui latine sciunt, duas res subjiciunt, lætitiam in animo, commotionem jucunditatis suavem in corpore[1]. Nam et ille apud Trabeam[2] « voluptatem animi nimiam » lætitiam dicit, eamdem quam ille Cæcilianus[3], qui « omnibus lætitiis lætum » esse se narrat. Sed hoc interest, quod voluptas dicitur etiam in animo[4] (vitiosa res, ut Stoici putant, qui eam sic definiunt, sublationem animi[5] sine ratione opinantis se magno bono frui), non dicitur lætitia nec gaudium in corpore[6]. 14. In eo[7] autem voluptas omnium latine lo-

pas évidemment dire : « Il n'y a pas de mot qui ait plus exactement en latin la même signification qu'en grec; » mais : « que le terme grec correspondant. » Orelli écrit ἡδονή après *græce*. Gœrenz prétend même avoir lu ce mot dans deux manuscrits; à quoi Madvig répond : « pæne dixi mentitur. » Il est sûr que l'insertion de ce mot détruit le sens. Cicéron dirait alors : « De tous les mots qui traduisent le grec ἡδονήν, il n'en est pas de plus exact que *voluptas*. »

1. *Suavem in corpore.* « De la joie dans l'âme, et une impression de plaisir dans le corps. » C'est à peu près la distinction du sentiment et de la sensation, qui toutefois sont tous deux des affections de l'âme.

2. *Apud Trabeam.* Ce même passage est cité dans les *Tusculanes*, IV, 35, et dans les *Lettres familières*, 11, 9. Trabéa est un vieux poëte comique de la seconde moitié du second siècle avant J. C.

3. *Ille Cæcilianus.* Un personnage de Cécilius Statius.

4. *Etiam in animo. Voluptas* est le nom du genre; il s'applique à la fois à la sensation et au sentiment; c'est le plaisir. *Lætitia* est une espèce et ne s'applique qu'à l'âme; c'est un sentiment.

5. *Sublationem animi.* C'est le mot grec ἔπαρσις; que Cicéron dans les *Tusculanes* traduit par *elatio*. Il est à remarquer qu'il traduit ici ἡδονή par *voluptas*, et ailleurs par *lætitia gestiens*. Au surplus cette parenthèse sur les stoïciens est assez imprévue, et on serait presque tenté d'y voir une interpolation.

6. *Gaudium.* En grec χαρά. Ἡδονή, ἄλογος ἔπαρσις· χαρά, εὔλογος ἔπαρσις. *Traité des passions*, attribué à Andronicus de Rhodes. Comparez Diogène, VII, 114, 116.

7. *In eo.* On est exposé à perdre de vue l'ordre des pensées : le mot *voluptas* signifie la joie de l'âme, et la jouissance du corps. L'auteur explique d'abord ce premier sens; puis il arrive au second : « D'après l'usage général de la langue latine, dit-il, on emploie le mot de *voluptas* à propos du corps, *ponitur in eo*, lorsque le plaisir ressenti est de

quentium more ponitur, quum percipitur ea, quæ sensum aliquem moveat, jucunditas. Hanc quoque jucunditatem, si vis, transfer in animum[1]; *juvare* enim in utroque dicitur ex eoque *jucundum*, modò intelligas inter illum, qui dicat,

Tanta lætitia auctus sum, ut nihil constet[2],

et eum, qui :

Nunc demum mihi animus ardet[3],

quorum alter lætitia gestiat, alter dolore crucietur, esse illum medium :

Quanquam hæc[4] inter nos super notitia admodum est, qui nec lætetur nec angatur; itemque inter eum, qui potiatur corporis expetitis voluptatibus, et eum, qui crucietur summis doloribus, esse eum, qui utroque careat[5].

nature à remuer l'un de nos sens. » *Eo*, suivant l'heureuse observation de Madvig, représente *corpore*, qui termine la phrase précédente. *Ponitur* est l'expression consacrée pour désigner l'usage d'un mot.

1. *In animum.* « Cette sensation agréable, fais-la passer jusqu'à l'âme, j'y consens. » C'est une concession provisoire à cette doctrine épicurienne, que toute joie de l'âme a pour cause une impression faite sur les organes, et transmise jusqu'à elle.

2. *Nihil constet.* « Ma joie est si grande que j'en suis tout bouleversé. » On ne connaît pas l'origine de ce vers.

3. *Animus ardet.* Citation de Cécilius Statius, comme on le voit dans le *Discours pour Célius*, 37.

4. *Quanquam hæc*, etc. C'est le premier vers du *Bourreau de*

soi-même, comédie de Térence.

5. *Utroque careat.* Cicéron soutient qu'entre tous les plaisirs et toutes les douleurs de l'âme et du corps, il y a un état intermédiaire, où la sensibilité est comme engourdie dans l'indifférence. Il reproche à Épicure d'avoir fait consister le plaisir suprême dans cette situation neutre, qui n'est ni agréable ni pénible. Sa critique aurait été plus profonde et plus juste, s'il avait nié résolûment cette suspension de la vie sensible, qui n'a jamais été observée. Nous ne cessons pas de souffrir ni de jouir, pas plus que de vivre ou d'agir. L'absence de douleur, incompatible avec notre condition actuelle, impliquerait la satisfaction de toute notre activité; l'absence de tout plaisir, notre impuissance absolue, c'est-à-dire notre anéantissement.

CAPUT V.

e langage d'Épicure sur ce point est volontairement obscur. Il
y a trois choses à distinguer dans notre vie : le plaisir, la
douleur, et l'absence de tout plaisir et de toute douleur.

15. « Satisne igitur videor vim verborum tenere, an sum
etiam nunc vel græce loqui vel latine docendus? Et tamen
vide ne, si ego non intelligam quid Epicurus loquatur,
quum græce[1], ut videor, luculenter sciam, sit aliqua
culpa ejus, qui ita loquatur, ut non intelligatur. Quod
duobus modis sine reprehensione fit, si aut de industria
facias, ut Heraclitus[2], « cognomento qui σκοτεινὸς perhi-
betur, quia de natura nimis obscure memoravit[3], » aut
quum rerum obscuritas, non verborum, facit ut non intelligatur oratio, qualis est in Timæo Platonis[4]. Epicu-

1. *Quum græce.* « Quoique je
sache parfaitement le grec. »
2. *Heraclitus.* Héraclite, qui vivait vers 504 avant J. C., est un
des plus grands génies de cette
école d'Ionie, dont les travaux
sont imparfaitement connus.
Quelques-unes de ses doctrines
ont été recueillies par les so-
phistes. Platon croit devoir les
réfuter dans le *Theetete*, et elles
ont été défendues récemment
par son savant éditeur, M. Grote.
Les stoïciens lui durent quelques-unes de leurs idées. Il avait
écrit, en prose ionienne, un
traité Περὶ φύσεως, publié après sa
mort par Cratès, et dont l'obscurité lui valut le surnom de Σκο-

τεινός. Il en reste peu de fragments.
(Voir *Fragments des philosophes grecs*, édition Didot.) On a
sous son nom plusieurs lettres,
dont une, recueillie par Diogène
Laërce, est peut-être authentique.
Voir *Tusculanes*, V, 36.
3. *Cognomento.... memoravit.*
Ces paroles, comme on peut le
conjecturer par la construction
et la nature même des mots,
doivent être empruntées à quelque vieux poëte, peut-être à Lucilius. On y trouve même un
hexamètre complet, à partir de
quia, employé comme monosyl-
labe.
4. *In Timæo Platonis.* Cette
obscurité devait être bien connue

rus autem, ut opinor, nec non vult[1], si possit, plane et
aperte loqui, nec de re obscura, ut physici, aut artificiosa[2], ut mathematici, sed de illustri et facili et jam[3] in
vulgus pervagata loquitur. Quanquam non negatis nos
intelligere quid sit voluptas, sed quid ille dicat; e quo
efficitur, non ut nos non[4] intelligamus, quæ vis sit istius
verbi, sed ut ille suo more loquatur, nostrum negligat.
16. Si enim idem dicit quod Hieronymus, qui censet
summum bonum esse sine ulla molestia vivere, cur ma-
vult dicere voluptatem quam vacuitatem doloris, ut ille
facit, qui, quid dicat, intelligit? sin autem voluptatem
putat adjungendam eam, quæ sit in motu (sic enim appellat hanc dulcem, in motu; illam nihil dolentis, in stabilitate[5]), quid tendit[6]? quum efficere non possit, ut cuiquam, qui ipse sibi notus sit, hoc est, qui suam naturam
sensumque[7] perspexerit, vacuitas doloris et voluptas idem
esse videatur? Hoc est vim afferre, Torquate, sensibus[8],

de Cicéron, qui avait, dès sa jeu-
nesse, imité, sinon traduit, l'œuvre de Platon. Il reste de son
essai des fragments assez considérables.

1. *Nec non.* Cicéron n'emploie
jamais cette forme, que dans le
cas où la négation se divise en
deux propositions, commençant
toutes deux par *nec.*

2. *Artificiosa.* « Ce ne sont pas
des sujets obscurs, comme ceux
dont traite la physique, ou qui
demandent de profondes connaissances, comme dans les mathématiques...» *Artificiosa* semble
répondre au mot grec ἔντεχνα,
souvent employé par Aristote.

3. *Et jam.* Correction heureuse
de Gœrenz. Les manuscrits : *E-
tiam.*

4. *Non ut nos non* : « D'où il

résulte que ce n'est pas nous qui
ne comprenons pas le sens de ce
terme. C'est Épicure qui viole les
habitudes du langage pour parler
celui qui lui est propre. »

5. *In stabilitate.* Voir plus
haut, ch. III.

6. *Quid tendit.* Construction
dont on ne trouve guère d'autre
exemple dans Cicéron, mais assez
fréquente chez Tite-Live. *Tendit*
équivaut sans doute à *contendit.*

7. *Sensumque perspexerit.* Cicéron parle le langage de Torquatus; il explique l'idée de *natura* par celle de *sensus.* Voir
plus haut, liv. I, c. IX, 30.

8. *Sensibus.* Quelques traducteurs entendent : faire violence
au sens des mots. *Sensus* désigne
plutôt ici notre manière de
sentir.

xtorquere ex animis cognitiones verborum[1], quibus im-
buti sumus. Quis est enim qui non videat hæc esse in
natura rerum tria? unum, quum in voluptate sumus, al-
erum, quum in dolore, tertium hoc, in quo nunc quidem
sumus, credo idem vos[2], nec in dolore nec in voluptate;
ut in voluptate[3] sit qui epuletur, in dolore qui torqueatur.
Tu autem inter hæc[4] tantam multitudinem hominum in-
erjectam non vides nec lætantium nec dolentium[5]? — 17.
Non prorsus, inquit, omnesque[6], qui sine dolore sint, in
voluptate et ea quidem summa esse dico. — Ergo in eadem
voluptate eum, qui alteri misceat mulsum ipse non si-
iens, et eum, qui illud sitiens bibat? »

CAPUT VI.

Épicure aurait dû reconnaître, comme d'autres philosophes, deux
souverains biens: le plaisir, d'une part, et de l'autre, l'absence
de douleur.

Tum ille : « Finem[7], inquit, interrogandi, si videtur,

1. *Cognitiones.* Ailleurs *cogitationes,* leçon d'un manuscrit. *Cognitiones* a ici le sens de *notio-
tes.* Cicéron a dit ailleurs :
*cognitiones Deorum; innatas co-
gnitiones.* C'est-à-dire la notion,
l'idée. *De la nature des Dieux,*
I, 36 et 44.

2. *Credo idem vos.* Leçon des
manuscrits. Ernesti a changé *idem*
en *item;* Madvig a mis *equidem*
au lieu de *quidem,* et *sum* au lieu
de *sumus.* Le texte n'est pourtant pas inintelligible : « Cet état
dans lequel nous sommes, vous
comme moi, je pense. »

3. *Ut in voluptate. Ut* annonce

souvent un exemple : « Ainsi
c'est un plaisir d'être à table,
une douleur d'être mis à la tor-
ture. »

4. *Inter hæc.* Entre ces deux
extrêmes.

5. *Nec dolentium.* Voir ci-dessus, c. IV, 14.

6. *Omnesque.* On a déjà vu cet
emploi de *que* après une proposition négative : « Et tout au
contraire. »

7. *Finem.* L'ellipse du verbe
ne laisse aucune obscurité, mais
elle est un peu dure. Cicéron en a
déjà donné l'exemple ailleurs. *De
la nature des Dieux,* III, 40, 94.

quod quidem ego a principio ita me malle dixeram, hoc
ipsum providens, dialecticas captiones. – Rhetorice igitur
inquam, nos mavis quam dialectice disputare? — Quas
vero, inquit, perpetua oratio rhetorum solum, non etiam
philosophorum sit.—Zenonis est, inquam, hoc Stoici: omnem vim loquendi, ut jam ante Aristoteles [1], in duas tri-
butam esse partes : rhetoricam, palmæ, dialecticam pugn
similem esse dicebat, quod latius loquerentur rhetores
dialectici autem compressius [2]. Obsequar igitur voluntat
tuæ dicamque, si potero, rhetorice, sed hac rhetorica philosophorum, non nostra illa forensi, quam necesse est
quum populariter loquatur, esse interdum paulo hebetiorem [3]. 18. Sed dum dialecticam, Torquate, contemni
Epicurus, quæ una continet omnem et perspiciendi quid
in quaque re [4] sit scientiam, et judicandi quale quidque sit
et ratione ac via disputandi, ruit in dicendo, ut mih
quidem videtur, nec ea, quæ docere vult, ulla arte distin-
guit, ut hæc ipsa, quæ modo loquebamur. Summum a
vobis bonum voluptas dicitur. Aperiendum est igitur quid
sit voluptas, aliter enim explicari quod quæritur non potest. Quam si explicavisset, non tam hæsitaret; aut enim
eam voluptatem tueretur, quam Aristippus, id est, qua

1. *Aristoteles.* Aristote a traite
ce sujet, au début même de la
Rhétorique.

2. *Compressius.* « Comme on
demandait à Zénon de Citium
quelle est la différence entre la
rhétorique et la dialectique, il
ferma la main et l'ouvrit : « La
« voici, dit il.» Sextus Empiricus,
Contre les mathématiciens, II, 7.
Cette comparaison ne devait pas
être dans son esprit à l'avantage
de la rhétorique : par la main
ouverte il désignait aussi le plus
bas degré de la connaissance, τὰς
φαντασίας ; la main fermée étai
au contraire le symbole du juge
ment compréhensif, κατάληψις.

3. *Paulo hebetiorem.* Elle n
va pas au fond des choses.

4. *Quid in quaque re.* « La dia
lectique, qui seule nous appren
à poser les questions, à défini
les choses, à mettre de la ri
gueur et de la méthode dans le
discussions. » Le sens de ce
mots, *quid in quaque re sit,* nou
paraît fixé par Cicéron lui-même
c. I, 3 : « quid sit id de quo quæ
ratur. »

nsus dulciter ac jucundè movetur, quam etiam pecudes,
loqui possent, appellarent voluptatem; aut, si magis
aceret suo more loqui quam ut

> Omnes Danai[1] atque Mycenenses,
> Attica pubes,

liquique Græci, qui hoc anapæsto[2] citantur, hoc non dore solum voluptatis nomine appellaret, illud Aristip-
um contemneret, aut, si utrumque probaret, ut probat,
njungeret doloris vacuitatem cum voluptate et duobus
timis uteretur[3]. 19. Multi enim et magni philoso-
i hæc ultima bonorum[4] juncta fecerunt; ut Aristote-
s[5] virtutis usum cum vitæ perfectæ prosperitate con-
nxit; Callipho[6] adjunxit ad honestatem voluptatem;

---

1. *Omnes Danai.* Citation d'une
igine inconnue.

2. *Hoc anapæsto.* « Ce fragment
rit en anapestes ».

3. *Duobus ultimis.* « Il y aurait
ur lui deux souverains biens.»

4. *Hæc ultima bonorum.* Ce ne
nt pas les deux biens dont on
ent de parler, mais ceux qu'on
citer. Ces exemples prouvent
ulement que plus d'un philo-
phe a reconnu un double prin-
pe à la morale; mais non pas
e ces deux principes fussent
plaisir et l'absence de dou-
ur.

5. *Ut Aristoteles.* Il n'est pas
goureusement vrai de dire
'Aristote a marqué un double
t, une double fin à nos actes.
e bonheur seul est pour lui le
uverain bien, le bonheur d'une
e entière, *perfectæ vitæ*, ἐν βίῳ
ίῳ; « car, ajoute-t-il, une seule
rondelle ue fait pas le prin-
mps; ni un seul jour l'homme
ureux. » Mais quel est ce bonheur ? Puisqu'il est la fin de toute
notre activité, il faut pour le déterminer savoir quel est l'acte
propre à l'homme, τὸ ἔργον τοῦ ἀν-
θρώπου. C'est l'activité raisonnable, πρᾶξις μετὰ λόγου. L'acte propre d'un être, si on le considère
dans sa perfection, c'est la vertu
Donc le bien pour l'homme consiste dans une activité conforme
à la vertu : τὸ ἀνθρώπινον ἀγαθὸν
ψυχῆς ἐνέργεια γίνεται κατ' ἀρετήν. *Morale à Nicomaque*, I, 7. Il n'y a
donc pas là deux principes : la
vertu et le bonheur; mais une
seule fin, le bonheur, et un seul
moyen, la vertu.

6. *Callipho.* Le nom de ce philosophe n'est guère connu que
par le témoignage de Cicéron,
qui le réunit le plus souvent à
celui de Dinomaque. (Voir plus
bas, V, 8, 21; *Académiques*, II,
13 et 139.) On voit que Calliphon
avait essayé de concilier la morale du plaisir avec celle du devoir, tentative qu'on ne peut

Diodorus[1] ad eamdem honestatem addidit vacuitatem d
loris. Idem fecisset Epicurus, si sententiam hanc, qu
nunc Hieronymi est[2], conjunxisset cum Aristippi vete
sententia. Illi enim inter se dissentiunt; propterea sing
lis finibus utuntur et, quum uterque græce egregie l
quatur, nec Aristippus, qui voluptatem summum bonu
dicit, in voluptate ponit non dolere, neque Hieronymu
qui summum bonum statuit non dolere, voluptatis n
mine unquam utitur pro illa indolentia, quippe qui
in expetendis quidem rebus numeret voluptatem.

apprécier sans connaître les conditions de cette alliance. Clément d'Alexandrie nous dit seulement: « Suivant lui, la vertu n'apparaît d'abord qu'en vue du plaisir ; mais avec le temps, elle s'aperçoit de sa propre beauté, et s'égale à son principe, c'est-à-dire au plaisir. » *Stromates*, liv. II. On ne s'étonne donc pas que Cicéron lui reproche ailleurs « d'avoir marié la volupté avec la vertu, comme une bête avec un homme. »

1. *Diodorus.* Diodore de Ty qu'il ne faut pas confondre av le Mégarique du même nom, vait peu d'années avant la nai sance de Cicéron, et succéda Critolaüs comme chef de l'éc péripatéticienne. (Voir plus ba V, 8, 21; *Tusculanes*, V, 31; *Ac démiques*, II, 131.)

2. *Quæ nunc Hieronymi, e* Hiéronyme le péripatéticien éta contemporain d'Arcésilas; il faut donc pas mal entendre sens de *nunc*.

CAPUT VII.

Il a toujours hésité entre ces deux termes; il a condamné le libertinage, seulement parce qu'il n'exempte pas les hommes de la crainte des dieux, de la mort et de la douleur.

20. « Duæ sunt enim[1] res quoque, ne tu verba solum putes : unum est sine dolore esse, alterum cum voluptate. Vos ex his tam dissimilibus rebus non modo nomen unum, nam id facilius paterer, sed etiam rem unam ex duabus facere conamini, quod fieri nullo modo potest. Hic, qui utrumque probat, ambobus debuit uti, sicut facit re, neque tamen dividit verbis. Quum enim[2] eam ipsam voluptatem, quam eodem nomine omnes appellamus, laudat locis plurimis, audet dicere ne suspicari quidem se ullum bonum sejunctum ab illo Aristippeo genere voluptatis; atque ibi hoc dicit, ubi omnis oratio ejus est de summo bono[3]. In alio vero libro, in quo breviter comprehensis gravissimis sententiis, quasi oracula edidisse sapientiæ dicitur, scribit his verbis, quæ nota tibi profecto, Tor-

1. *Duæ sunt enim.* « Il y a là deux choses, et non pas seulement deux mots, comme tu pourrais le penser. » Cicéron doit donc démontrer qu'on ne peut confondre le plaisir avec l'absence de douleur, et qu'Épicure lui-même les distingue, en dépit de son système.

2. *Quum enim.* Madvig reproche ici à Cicéron l'incohérence de ses idées : il aurait dû, dit-il, montrer qu'Épicure a confondu deux choses distinctes; et il s'ar-

rête à déclamer contre le plaisir entendu à la façon d'Aristippe. Cette critique n'est pas juste. Cicéron veut d'abord établir que cette distinction est faite involontairement par Épicure lui-même, *sicut facit re;* puis que, tantôt il parle comme Aristippe, et tantôt le contredit.

3. *De summo bono.* Voir plus haut, c. III, 7. Ce livre est le traité Περὶ τέλους. L'autre ouvrage est un recueil de sentences, Κύριαι δόξαι.

quate, sunt. (Quis enim vestrûm non edidicit Epicur
χυρίας δόξας, id est, quasi maximè ratas [1], quia gravissima
sint ad beate vivendum breviter enuntiatæ sententiæ?
Animadverte igitur rectene hanc sententiam interpreter [2]
21. « Si ea, quæ sunt luxuriosis efficientia voluptatum
« liberarent eos deorum et mortis et doloris metu, doce
« rentque qui essent fines cupiditatum, nihil haberemus
« *quod reprehenderemus* [3], quum undique complerentur vo
« luptatibus, nec haberent ulla ex parte aliquid aut dolen
« aut ægrum, id est autem malum [4]. »

Hoc loco tenere se Triarius non potuit. « Obsecro, in
quit, Torquate, hæc dicit Epicurus? » Quod mihi quiden
visus est, quum sciret, velle tamen confitentem audir
Torquatum. At ille non pertimuit, saneque fidenter: « Is
tis quidem ipsis verbis, inquit, sed quid sentiat non vide
tis.— Si alia sentit, inquam, alia loquitur, nunquam in
telligam quid sentiat; sed plane dicit quod intelligit. Idqu
si ita dicit, non esse reprehendendos luxuriosos, si sa
pientes sint, dicit absurde; similiter et si [5] dicat non
reprehendendos parricidas, si nec cupidi sint, nec deo

---

1. *Maxime ratas.* Cicéron cherche un équivalent au mot grec,
qui n'en a guère en latin plus
qu'en français. *Ratus* réveille
l'idée de quelque chose de fixe, de
définitif, *ratæ leges*; χύριος, celle
d'une autorité. Les maximes d'É-
picure sont de vrais *commande-
ments.* Quelques critiques tiennent pour suspect tout ce passage
depuis *id est,* jusqu'à *sententiæ.*

2. *Interpreter.* C'est en effet la
traduction exacte de la neuvième
maxime. (Diogène, X, 142.) Parmi
les craintes Cicéron omet celles
qu'Épicure appelle τοὺς φόβους τῆς
διανοίας. Il traduit bien μετεώρων

par les dieux, et avec moins d
précision, τὸ ἀλγοῦν οὔτε τὸ λυπούμε
νον, par *dolens aut ægrum.*

3. *Quod reprehenderemus.* Con
jecture de Davies, justifiée pa
le sens et par le texte grec : οὐ
ἄν ποτε εἴχομεν ὅ τι μεμψαίμεθα αὐτοῖς
Ces deux mots sont omis pa
tous les manuscrits.

4. *Id est autem malum,* ἔπι
λαι τὸ κακόν · et c'est en cela que
consiste le mal. •

5. *Similiter et si.* Cet emploi d
et, au lieu de *ac,* est rare chez Ci
céron. Il a dit pourtant: *similem
habeat vultum et si,* etc. Voir plu
bas, IV, 12, 31.

metuant nec mortem nec dolorem [1]. Et tamen quid attinet luxuriosis ullam exceptionem dari aut fingere [2] aliquos, qui, quum luxuriose viverent, a summo philosopho non reprehenderentur eo nomine, duntaxat cetera caverent [3]?
22. Sed tamen nonne reprehenderes, Epicure, luxuriosos ob eam ipsam causam, quod ita viverent, ut persequerentur cujusque modi voluptates, quum esset præsertim, ut ais tu, summa voluptas nihil dolere [4]? Atqui reperiemus asotos [5] primum ita non religiosos, ut edint de pa-

1. *Nec dolorem.* « Dire que la sensualité ne mérite pas le blâme, si elle est unie à la sagesse, c'est aussi déraisonnable que d'excuser les parricides, à condition qu'ils n'aient pas de désirs, qu'ils ne craignent ni les dieux, ni la mort, ni la douleur. » Cicéron veut-il dire que supposer un homme à la fois *luxuriosum* et *sapientem*, est aussi absurde que d'imaginer un parricide sans désir et sans crainte? La comparaison est bien mal choisie; car on comprend que le parricide ne redoute ni les dieux, ni la mort, ni la douleur. Tout au plus est-il vrai qu'il ne puisse être sans désirs. Aussi d'autres ont entendu que la sagesse n'est pas pour les débauchés une excuse, pas plus que l'absence de désirs ou de craintes n'en serait une pour des parricides; mais il y a contradiction évidente entre ces deux mots: *luxuriosi* et *sapientes.*

2. *Dari aut fingere.* Quelques éditeurs : *dare.* Mais ce passage d'une voix à l'autre est assez fréquent : « Proponi opor etel.... ostendere. » (*De l'Orateur,* II, 177.) « Disceptari oportet...non petere. » (*Du Destin,* 46.) « Id fuit defendi meliùs quàm introducere.... » (*Ibidem,* 23.)

3. *Cetera caverent.* Passage tourmenté par les traducteurs et par les critiques qui ajoutent ou retranchent au texte. A quoi bon, dit Cicéron, faire de telles suppositions : on aurait ainsi des hommes dont les mœurs seraient dissolues, et qui pourtant seraient excusés aux yeux du plus grand des philosophes, à la seule condition de se défendre contre les autres défauts, ceux qu'il condamne ?

4. *Nihil dolere.* Contradiction reprochée à Epicure : les débauchés, quand même ils n'auraient pas d'autres vices, n'en devraient pas moins encourir son blâme, puisqu'ils substituent la recherche du plaisir réel à celle de l'apathie.

5. *Asotos.* Cicéron latinise le mot grec ἄσωτος, voluptueux, libertins, qui se trouve dans la maxime d'Epicure, et qu'il traduit ailleurs par *luxuriosi.*

tella[1], deinde ita mortem non timentes, ut illud in ore
habeant ex Hymnide[2] :

Mihi sex menses sati' sunt vitæ, septimum Orco spondeo.

Jam doloris medicamenta illa epicurea tanquam de
narthecio[3] proment : « Si gravis, brevis : si longus, levis. » Unum nescio : quomodo possit, si luxuriosus sit[4],
finitas cupiditates habere[5].

CAPUT VIII.

Sa doctrine excuse les voluptueux qui savent éviter les excès et garder quelque mesure dans leurs plaisirs.

23. « Quid ergo attinet dicere : « Nihil haberem quod
reprehenderem, si finitas cupiditates haberent? » Hoc est

1. *Edint de patella.* Ailleurs
edant. On appelait *patella*, un
plat où l'on offrait des viandes
aux dieux. C'était un sacrilége de
toucher à ces mets consacrés.
D'autres entendent qu'il était défendu de se servir de ces plats
pour l'usage de la table. Le mot
patellarii fut même appliqué aux
dieux, avec un peu de raillerie,
parce que leurs images étaient
faites ou ciselées sur cette vais-
selle, dont on se servait sans
scrupule. Suivant d'autres, les
patellæ n'étaient offerts qu'aux
dieux lares, et *patellarii* désigne
ces dieux. (Voy. Plaute, *la Cor-
beille*, II, 1, 46.

2. *Hymnide. Hymnis*, titre
d'une comédie de Ménandre, traduit par Cécilius Statius. No-

nius rapporte un vers de Lucilius
qui a la même origine.

3. *Narthecio*, en grec ναρ-
θήκιον, petit étui à parfums ou à
médicaments.

4. *Si luxuriosus sit*, le singulier se substitue brusquement au
pluriel, parce qu'un seul épicurien peut représenter tout le
genre, dit Madvig. On croirait
plutôt que Cicéron a dans l'esprit
l'idée de *aliquis*. « Il y a une
seule chose que je ne sais pas,
c'est comment on peut être voluptueux, et savoir borner ses
désirs. »

5. *Cupiditates habere.* La discussion s'égare de plus en plus.
Cicéron devait prouver que le
plaisir n'est pas l'absence de
douleur: il rencontre sur son che-

dicere: « Non reprehenderem asotos, si non essent asoti. »
Isto modo ne improbos quidem, si essent boni viri. Hic
homo severus luxuriam ipsam per se reprehendendam
non putat! Et hercule, Torquate, ut verum loquamur, si
summum bonum voluptas est, rectissime non putat [1].
Nolim enim mihi fingere asotos, ut soletis, qui in men-
sam vomant et qui de conviviis auferantur crudique pos-
tridie se rursus ingurgĭtent; qui solem, ut aiunt, nec
occidentem unquam viderint nec orientem, qui consump-
tis patrimoniis egeant. Nemo nostrum istius generis asotos jucunde putat vivere [2]. Mundos, elegantes, optimis
coquis, pistoribus, piscatu, aucupio, venatione, his omnibus exquisitis, vitantes cruditatem :

Quibu' vinum defusum e pleno sit χρυσίδων,

ut ait Lucilius,

Cui nihil dum sit vis et sacculus abstulerit [3];

min une maxime d'Épicure, et il
en fait une critique assez confuse,
et en tout cas hors de propos; il
ne reviendra au sujet que bien
plus loin. (Ch. IX, 28, *Deinde ut
erubuit*, etc.)

1. *Rectissime non putat*. Si le
plaisir est le souverain bien, il a
raison de ne pas croire que la
sensualité soit blâmable. Mais,
ajoute Cicéron, le plaisir n'est
pas le bien ; il ne rend heureux
ni ceux qui en abusent grossière-
ment, ni ceux mêmes qui en font
un art exquis. Il conclura plus
bas : *ex quo efficitur*, etc., etc.
Cette démonstration anticipée
déconcerte le lecteur, et met de
l'incohérence dans la pensée.

2. *Putat vivere*. Je ne ferai pas
comme vous, veut dire Cicéron,
je ne prendrai pas pour exemples
ces débauchés qui sont victimes

de leurs grossiers excès: ceux-là
n'ont pas même de plaisir, *jucundè vivere ;* mais j'imaginerai
des voluptueux raffinés, habiles
à éviter ces excès que vous blâ-
mez; ceux-ci vous ne leur refu-
serez pas le plaisir; moi je leur
refuse le bonheur. Ce passage est
un peu confus, et la pensée en
reste embarrasée.

3. *Abstulerit*. Ce fragment de
Lucilius est ce qu'on appelle un
locus desperatus. Le premier vers
offre un sens clair : χρυσίδων est
une restitution de Boeckel; les
manuscrits portent *hirsiphon,
hirsizon, krysizon*, transcription
corrompue du mot grec, qui signifie un vase d'or. Quant au second, nous le reproduisons sans
pouvoir en tirer un sens plausible; on a proposé de l'écrire
ainsi : *qui nihil, dum sit vis et*

adhibentes ludos[1] et quæ sequuntur, illa, quibus detractis, clamat Epicurus se nescire quid sit bonum; adsint etiam formosi pueri qui ministrent, respondeat his vestis, argentum, Corinthium[2], locus ipse, ædificium—hos ergo asotos bene quidem vivere aut beate nunquam dixerim[3]. 24. Ex quo efficitur non ut voluptas ne sit voluptas, sed ut voluptas non sit summum bonum. Nec illo, qui Diogenem stoicum[4] adolescens, post autem Panætium[5] audierat, Lælius, eo dictus est sapiens, quod non intelligeret quid suavissimum esset (nec enim sequitur ut, cui cor sapiat, ei non sapiat palatus), sed quia parvi id duceret.

sacculus, abstulerint, gens incapables de rien prendre à autrui, pourvu qu'ils aient la force et l'argent. » Mais cette correction, contraire aux textes manuscrits, ne se concilie pas mieux avec le sens des mots et les règles de la grammaire. Les critiques se sont évertués à interpréter ces fragments; leurs suppositions ne méritent pas d'être reproduites.

1. *Adhibentes ludos.* Ces mots sont réunis aux précédents et attribués à Lucilius par Orelli et Nobbe. Ces éditeurs écrivent ensuite : *et quæ sequuntur illa : quibus detractis*, etc.; le sens se trouve changé, mais reste très-plausible.

2. *Corinthium*, le bronze de Corinthe. *Locus, ædificium*, une belle maison dans un beau site.

3. *Nunquam dixerim.* L'idée exprimée au commencement de la phrase par *mundos, elegantes*, se trouve ici résumée par *hos asotos*; il y a eu une légère interruption dans la construction.

4. *Diogenem stoicum.* Ce Dio-

gène fut, avec Carnéade et Critolaüs, envoyé à Rome en ambassade, l'an 155 av. J. C. C'était un stoïcien modéré, pour ne pas dire relâché, qui avait singulièrement adouci la rigueur des principes de l'école. On peut croire qu'il fut le premier à introduire le stoïcisme à Rome; tout au moins il y tint école, et s'y fit d'illustres amitiés. Lélius n'était plus en ce moment un jeune homme, *adolescens*. Cicéron nous apprend ailleurs qu'il était plus agé que Scipion, qui est né en 185 av. J. C. Lélius avait donc alors plus de trente ans.

5. *Panætium.* Panétius avait été le disciple de Diogene de Babylone, et ce fut son maître qui le fit connaître d'abord à Lélius. Il arriva à Rome avant l'année 148, puisqu'à cette date il accompagnait Scipion dans son expédition en Afrique. Plus tard il succéda à Antipater de Tarse, comme chef de l'école stoïcienne. Il ne reste rien de ses nombreux ouvrages.

O lapathe, ut jactare, nec es sati' cognitu' qui sis[1].
In quo Lælius clamores, σοφὸς illo, solebat
Edere[2], compellans gumias[3] ex ordine nostros.

Præclare Lælius, et recte σοφὸς, illudque vero :

O Publi[4], o gurges, Galloni; es homo miser, inquit :
Cœnasti in vita nunquam bene, quum omnia in ista
Consumis squilla atque acıpensere quum decumano[5].

Is hæc loquitur, qui in voluptate nihil ponens negat eum
bene cœnare, qui omnia ponat in voluptate, et tamen non
negat libenter unquam cœnasse Gallonium; mentiretur
enim, sed bene. Ita graviter et severe voluptatem secrevit[6] a bono. Ex quo illud efficitur, qui bene cœnent, omnes libenter cœnare; qui libenter, non continuo[7] bene.
Semper Lælius bene. 25. Quid bene? Dicet Lucilius ;

cocto,

Condito[8],

1. *Nec es sati'*. Les meilleurs manuscrits écrivent : *ne cessatis*, qui est tout à fait inintelligible. Mais il suffit de partager autrement les lettres pour en tirer *nec es satis*. *Lapathus*, herbe commune, la patience :« Corabien, dit Lucilius, on te déprécie, et comme on te connaît mal ! »

2. *In quo edere*. In quo « et à ce propos. » *Clamores*, des cris d'admiration.

3. *Gumias*, nos gourmets, mot d'origine inconnue; Scaliger le fait dériver de γέμος, et Festus de *gula*. C'est sans doute le même que Nonius écrit *gemia*. On le trouve aussi dans Apulée.

4. *O Publi*. Publius Gallonius est nommé par Horace, *Satires*, II, ıı, 46. C'est lui qui, le premier, servit sur sa table ce poisson que les Romains appelaient *acipenserem*, et que l'on croit être l'esturgeon. *Inquit* a pour sujet *Lælius*.

5. *Quum decumano*. C'est la conjonction, et non la préposition *cum*. *Decumanus* signifie ici gros, monstrueux.

6. *Secrevit*. Madvig et Orelli : *secernit*, malgré les manuscrits.

7. *Non continuo* équivaut à *non ideo*.

8. *Cocto, condito*. Cicéron cite ailleurs ce passage (*Lettres à Atticus*, XIII, 52.): *Bene cocto, Condito, sermone bono et, si quæri', libenter*. Il a retranché ici *bene*, parce qu'il prend lui-même cet adverbe dans un sens tout différent. « Un repas bien cuit,

sed cedo caput cœnæ :

       sermone bono;

quid ex eo?

          si quæri', libenter :

veniebat enim ad cœnam, ut animo quieto [1] satiaret desideria naturæ. Recte ergo is negat unquam bene cœnasse Gallonium, recte miserum [2], quum præsertim [3] in eo omne studium consumeret, quem libenter cœnasse nemo negat. Cur igitur non bene ? Quia quod bene, id recte, frugaliter, honeste; ille porro male [4], prave, nequiter, turpiter cœnabat : non igitur *bene* [5]. Nec lapathi suavitatem acipenseri Gallonii Lælius anteponebat, sed suavitatem ipsam negligebat, quod non faceret, si in voluptate summum bonum poneret.

bien assaisonné, une honnête conversation, et, si vous voulez le savoir, du plaisir. » Il commente chacune de ces conditions. Le plat principal, *caput cœnæ*, c'est la conversation. Le résultat, *quid ex eo*, c'est du plaisir. Le plaisir vient donc à la suite du bien. Son repas est agréable, *libenter*, parce qu'il est honnête, *bene*.

1. *Animo quieto.* Il savait satisfaire aux besoins de la nature, sans passion; Gallonius y mettait une sorte d'emportement, *studium*.

2. *Recte miserum. Negat* équivaut à *dicit non...* Il ne reste plus ici que l'idée de l'affirmation : *dicit recte miserum*. Cet emploi du même verbe pour exprimer à la fois l'affirmation et la négation est fréquent : « Nostri græce nesciunt nec Græci latine.»(*Tuscula-*

nes, V, 40, 116.) « Existimabatur bene latine, sed litteras nesciebat.»(*Brutus*, 259.) Comparez dans Tacite:« quæ filio dare imperium, tolerare imperantem nequibat.» (*Annales*, XII, 64.)

3. *Quum præsertim.* Madvig ne veut pas qu'on traduise : « alors surtout que;» mais il établit par un grand nombre d'exemples que ces mots, *quum præsertim*, ont presque toujours le sens de *quamvis*.

4. *Male.* Les manuscrits donnent tous cet adverbe. Beaucoup d'éditeurs le retranchent, sous prétexte qu'il ne peut servir de réponse à cette question : *cur non bene ?*

5. *Non igitur bene.* Le dernier mot manque dans les manuscrits qui écrivent : *Non igitur nec lapathi;* ce qui détruit le sens de la phrase suivante.

CAPUT IX.

La division des désirs, telle qu'Épicure la propose, n'est pas correcte dans la forme. Il confond les passions avec les penchants naturels.

« Semovenda est igitur voluptas, non solum ut recta sequamini, sed etiam ut loqui deceat frugaliter[1]. 26. Possumusne ergo in vita summum bonum dicere, quum id ne in cœna quidem posse videamur? Quo modo autem philosophus loquitur? «Tria genera cupiditatum, naturales et necessarias, naturales et non necessarias, nec naturales nec necessarias? » Primum divisit ineleganter; duo enim genera quæ erant, fecit tria. Hoc est non dividere, sed frangere. Qui hæc didicerunt, quæ ille contemnit, sic solent: Duo genera cupiditatum, naturales et inanes; naturalium duo, necessariæ et non necessariæ[2]. Confecta res esset[3]; vitiosum est enim in dividendo partem in genere numerare[4]. 27. Sed hoc sane concedamus. Con-

1. *Deceat frugaliter.* « Vous devez donc écarter le plaisir, non pas seulement pour rester fidèles à la vérité, mais pour vous conformer au langage des honnêtes gens. »

2. *Necessariæ.* Sur cette division voyez ci-dessus, livre I, XIII, 45. Il y a quelque incohérence dans cette partie de la discussion; on dirait que Cicéron ne sait par où commencer sa critique.

3. *Confecta res esset.* Tout ce passage, depuis *qui hæc didice-*

runt, a été corrompu dans les éditions antérieures à celle de Madvig par des interpolations tout à fait arbitraires. Le texte des manuscrits est parfaitement intelligible.

4. *In genere numerare.* Épicure, dit Cicéron, a donné trois membres à une division qui n'en devait avoir que deux. Ce reproche ne paraît pas fondé. (Voir liv. Ier, XIII, 45.) Épicure a parfois divisé les désirs absolument comme Cicéron voudrait qu'il l'eût fait. On lit en effet dans la lettre à

temnit disserendi elegantiam [1], confuse loquitur ; gerendus est mos, modo recte sentiat. Equidem illud ipsum non nimium probo et tantum patior, philosophum loqui de cupiditatibus finiendis [2]. An potest cupiditas finiri? Tollenda est atque extrahenda radicitus [3]. Quis est enim, in quo sit cupiditas, quin recte cupidus dici possit? Ergo et avarus erit, sed finite ; et adulter, verum habebit modum, et luxuriosus eodem modo. Qualis ista philosophia est, quæ non interitum afferat pravitatis, sed sit contenta mediocritate vitiorum [4]? Quanquam in hac divisione rem ipsam prorsus probo, elegantiam desidero [5]. Appellet hæc desideria naturæ, cupiditatis nomen servet alio, ut eam, quum de avaritia, quum de intemperantiâ, quum de maximis vitiis loquetur, tanquam capitis accu-

Ménecée, 127 : Τῶν ἐπιθυμιῶν αἱ μὲν εἰσὶ φυσικαί· αἱ δὲ κεναί· καὶ τῶν φυσικῶν, αἱ μὲν ἀναγκαῖαι, αἱ δὲ φυσικαὶ μόνον. On ne sait donc pas pourquoi Cicéron insiste tant sur ce défaut de méthode : « s'il avait ainsi parlé, dit-il, il n'y aurait rien à reprendre, *confecta res esset*; mais c'est un défaut dans une division que d'opposer à un genre une espèce qui en fait partie. »

1. *Disserendi elegantiam*. L'art de la dialectique. Voir *Tusculanes*, II, III, 7.

2. *Finiendis*. Le sens de cette phrase est douteux. Ces mots, *illud ipsum*, annoncent-ils la proposition infinitive qui suit, on traduira alors : « je n'approuve pas trop, je supporte seulement qu'un philosophe parle de modérer les passions. » Ces mots désignent-ils le *non nimium* rien de trop, qui serait alors une maxime épicurienne, il faudra

traduire : « j'approuve cette devise, *non nimium*, mais je supporte à peine qu'un philosophe parle de modérer les passions. » Ce dernier sens est peut-être préférable; mais il exige qu'on interprète *et tantum*, comme s'il y avait *sed vix*.

3. *Extrahenda radicitus*. Cicéron emploie le langage des stoïciens, il distingue entre l'inclination naturelle, ὄρεξις, et le désir, ἐπιθυμία. On peut sans doute dire de la première qu'elle doit être modérée; mais le second ne saurait l'être : par nature il est excessif; donc, conclura-t-il plus bas, Épicure aurait dû appeler *desideria naturæ* ce qu'il appelle *cupiditates naturales*. Voir les *Tusculanes*, IV, 5.

4. *Mediocritate vitiorum*. Sénèque dira à son tour : « Mediocris affectus, mediocre malum. »

5. *Elegantiam desidero*. « Cette

set. 28. Sed hæc quidem¹ liberius ab eo dicuntur et
sæpius. Quod equidem non reprehendo; est enim tanti
philosophi tamque nobilis audacter sua decreta defendere;
sed tamen ex eo, quod eam voluptatem, quam omnes
gentes hoc nomine appellant, videtur amplexari sæpe
vehementius, in magnis interdum versatur angustiis,
ut, hominum conscientiâ remota², nihil tam turpe sit,
quod voluptatis causa non videatur esse facturus. Deinde,
ubi erubuit, vis enim est permagna naturæ, confugit illuc,
ut neget accedere quidquam posse ad voluptatem nihil
dolentis. — A! iste³ non dolendi status non vocatur voluptas. — Non laboro, inquit, de nomine. — Quid quod
res⁴ alia tota est? — Reperiam multos vel innumerabiles potius non tam curiosos⁵ nec tam molestos, quam
vos estis, quibus quidquid velim facile persuadeam. —
Quid ergo dubitamus⁶ quin, si non dolere voluptas sit

division, je l'approuve quant au
fond; mais je la voudrais plus
correcte. » On a vu plus haut *disserendi elegantiam*, que Cicéron
emploie encore dans les *Tusculanes*, II, III, 7, pour désigner une
discussion conforme aux règles.

1. *Sed hæc quidem.* « Il le dit sans
réserve, et le répète. » C'est-à-dire
qu'il n'hésite pas à accuser les
passions. « Je ne l'en blâme pas,
continue ironiquement Cicéron,
car il sied bien à un si grand, à
un si noble philosophe, de soutenir hardiment ses principes. »
La réfutation continue à mar-
cher un peu au hasard; elle en
revient à la proposition énoncée
au commencement du ch. VII : le
plaisir et l'absence de douleur
sont choses différentes.

2. *Conscientia remota.* Voir

plus haut, livre I, XVI, 51. Lire la
trente-sixième Maxime d'Épicure : Ἡ ἀδικία οὐ καθ'ἑαυτὴν κακὸν,
ἀλλ' ἐν τῷ κατὰ τὴν ὑποψίαν φόβῳ, εἰ
μὴ λήσει τοὺς... κολαστάς.

3. *At iste.* « Mais, lui dira-t-on,
cette absence de douleur, on ne
l'appelle pas le plaisir. »

4. *Quid, quod res.* « Il ne s'agit
pas du mot; c'est la chose même
qui est très-différente. »

5. *Non tam curiosos*, des gens
moins vétilleux; voir ci-dessus,
livre I, I, 3.

6. *Quid ergo dubitamus.* « Si
l'absence de douleur est le plaisir suprême, peut-on douter que
l'absence de plaisir ne soit la plus
grande douleur? » L'objection est
subtile, sans être solide. Cicéron
ne peut l'opposer à Épicure qu'en
désignant par le même mot, *voluptas*, deux choses que son adver-

summa, non esse in voluptate dolor sit maximus? cur id
non ita fit? — Quia dolori[1] non voluptas contraria est,
sed doloris privatio.

CAPUT X.

Les enfants et les animaux, qu'Épicure prend pour témoins de
la vérité, ne recherchent pas l'absence de douleur, mais le
plaisir actuel, qui cependant, suivant lui, n'est pas le souverain bien.

29. « Hoc vero non videre[2], maximo argumento esse voluptatem illam, qua sublata neget se intelligere omnino
quid sit bonum, (eam autem ita persequitur, quæ palato
percipiatur, quæ auribus; cetera addit, quæ si appelles,
honos præfandus sit[3]): hoc igitur, quod sit solum bonum
severus et gravis philosophus novit, idem non videt ne

saire distingue toujours, le plaisir ἐν κινήσει et le plaisir ἐν
στάσει. L'un exclut l'autre. C'est
le dernier seulement qui est
opposé à la douleur.

1. *Quia dolori.* « C'est que le
contraire de la douleur, ce n'est
pas le plaisir, c'est l'absence de
douleur. » Toujours la même
équivoque. Dans cette réponse
prêtée à Épicure, ce dernier aurait mis, au lieu de *voluptas, voluptas in motu,* et remplacé *doloris privatio,* par *voluptas stans;*
la discussion tourne dans le vide,
puisque les deux parties ne parlent pas la même langue.

2. *Hoc vero non videre.* « Est-il
croyable qu'il n'aperçoive pas...? »

On trouve ce même usage de
l'infinitif plus bas, IV, XXVII, 76. La
construction est interrompue,
comme il arrive souvent à la
suite d'une parenthèse, et *ne expetendum quidem esse,* qui devait
compléter *videre,* etc., se trouve
régi par *videt.* Ces mots *quod eam
voluptatem non desideremus,* développent l'idée de *maximo argumento :* « La meilleure preuve que
le plaisir n'est pas à désirer, c'est
qu'il nous engage lui-même à ne
pas le souhaiter.

3. *Honos præfandus sit.* « Les
autres plaisirs qu'on ne peut pas
nommer sans s'excuser. » Cicéron
les a appelés par leur nom plus
haut, 4, 7, *obscœna voluptas.*

expetendum quidem esse, quod eam voluptatem hoc eodem auctore [1] non desideremus, quum dolore caremus. Quam hæc sunt contraria! 30. Hic si definire, si dividere didicisset [2], si loquendi vim, si denique consuetudinem verborum teneret, nunquam in tantas salebras incidisset. Nunc vides quid faciat. Quam nemo unquam voluptatem appellavit, appellat; quæ duo sunt, unum facit. Hanc in motu voluptatem (sic enim has suaves et quasi dulces voluptates appellat) interdum ita extenuat, ut M. Curium [3] putes loqui; interdum ita laudat, ut quid præterea sit bonum neget se posse ne suspicari quidem [4]. Quæ jam oratio non a philosopho aliquo, sed a censore opprimenda est. Non est enim vitium in oratione solùm, sed etiam in moribus. Luxuriam non reprehendit, modo sit vacua infinita cupiditate et timore. Hoc loco discipulos quærere videtur, ut qui asoti esse velint, philosophi ante fiant. 31. A primo, ut opinor, animantium ortu petitur origo [5] summi boni. Simul atque natum animal est, gaudet voluptate et eam appetit ut bonum, aspernatur dolorem ut malum. De malis autem et bonis ab iis animalibus, quæ nondum depravata sint, ait optime judicari. Hæc et tu ita posuisti [6] et verba vestra sunt. Quam multa vitiosa! Summum enim bonum et malum vagiens puer ultra voluptate dijudicabit, stante an movente? quoniam, si dis

1. *Hoc eodem auctore.* « C'est lui-même qui nous y engage. » En bonne latinité cette expression n'a jamais eu le sens que lui donnent les modernes, *si Epicuro credimus;* il faut comprendre: *quod is nos moneat ne desideremus,* et non pas: *tradat nos non desiderare.* (Madvig.)

2. *Didicisset.* Nonius cite cette phrase et écrit *potuisset.*

3. *M. Curium,* l'adversaire de Pyrrhus. On connaît sa réponse aux ambassadeurs des Samnites.

4. *Ne suspicari quidem.* Οὐκ ἔχω τί νοῆσω τἀγαθόν (Diogène X, 6).

5. *Petitur origo.* « Il va chercher à la naissance des êtres animés l'origine du souverain bien. »

6. *Tu ita posuisti.* Voir plus haut, livre I, IX, 30.

placet, ab Epicuro loqui discimus. Si stante[1], hoc natu
videlicet vult, salvam esse se, quod concedimus; si m
vente, quod tamen dicitis[2], nulla turpis voluptas e
quæ prætermittenda sit, et simul[3] non proficiscitur ar
mal illud modo natum a summa voluptate, quæ est a
posita in non dolendo. 32. Nec tamen[4] argumentum h
Epicurus a parvis petivit aut etiam a bestiis, quæ pu
esse specula naturæ[5], ut diceret[6], ab iis, duce natu
hanc voluptatem expeti nihil dolendi. Neque enim h
movere potest appetitum animi, nec ullum habet ictu
quo pellat animum status hic non dolendi[7]. Itaque in h
eodem peccat Hieronymus[8]. At ille pellit[9], qui permulc
sensum voluptate. Itaque Epicurus semper hoc utitur

1. *Si stante.* « Est-ce le plaisir dans le repos? Mais c'est dire qu'il a l'instinct de sa conservation, ce que nous accordons. »

2. *Quod tamen dicitis.* « Ce que vous ne laissez pas de dire; » *tamen*, malgré les conséquences. Madvig comprend : malgré votre prédilection pour l'autre espèce de plaisir.

3. *Nulla turpis... et simul.* Est-ce le plaisir dans le mouvement? Alors, dit Cicéron, il en résulte deux conséquences qui vous sont également funestes: d'abord vous justifiez tous les plaisirs, et ensuite vous placez à l'origine de la vie un autre bien que l'absence de douleur, et c'est détruire votre système, qui se fonde sur le sentiment naturel, primitif.

4. *Nec tamen.* C'est une correction à l'affirmation qu'on vient de lire. « Mais après tout, ce n'est pas aux enfants ni aux bêtes, etc. » *Nec tamen* équivaut a *sed tamen non.*

5. *Specula naturæ.* C'est une

prétention commune à Aristip à Pyrrhon, et, chez les modern à presque tous les matérialist de prendre pour témoins les a maux et les enfants. Cicéron jugé d'avance Hobbes, en disa « Specimen naturæ capi debet optimâ quâque naturâ. »

6. *Ut diceret,* etc. C'est l'ex cation de *argumentum hoc*: « ce preuve qui consiste à dire, etc

7. *Neque enim.... dolendi.* ne peut remuer les inclinatio et ce n'est pas ce plaisir émou qui percera jusqu'à l'âme p lui donner l'impulsion »

8. *Hieronymus.* Hiéronyme che par le même défaut. L' sence de douleur ne peut être mobile à l'activité.

9. *At ille pellit.* Au contraire chatouillement des sens donne branle à l'âme : *ille status.*

10. *Hoc utitur.* Il prend toujo pour exemple le dernier ge de plaisir et non pas le plai dans le repos, qui n'a pas d'attr pour les enfants, etc.

probet voluptatem natura expeti ; quod ea voluptas,
æ in motu sit, et parvos ad se alliciat et bestias, non
a stabilis, in qua tantum inest nihil dolere. Qui igitur
nvenit ab alia voluptate dicere naturam proficisci, in
ia summum bonum ponere¹ ?

CAPUT XI.

exemple des animaux n'a pas de valeur. D'ailleurs les penchants primitifs de tout être vivant le portent à se conserver
et non pas à poursuivre le plaisir.

33. « Bestiarum vero nullum judicium puto². Quamvis
im depravatæ non sint, pravæ tamen³ esse possunt.
t bacillum aliud est inflexum et incurvatum de indus-
ia, aliud ita natum, sic ferarum natura non est illa qui-
m depravata mala disciplina, sed natura sua⁴. Nec ve-
, ut voluptatem expetat, natura movet infantem, sed
ntum ut se ipse diligat, ut integrum se salvumque⁵ ve-

1. *Bonum ponere.* La critique
rte juste, à condition qu'il soit
ouvé que le premier mobile de
ctivité doit être sa fin su-
ême. Mais Épicure le professe,
  Cicéron n'a pas à l'établir
ntre lui.

2. *Bestiarum judicium.* Le ju-
ment des bêtes. Gœrenz com-
end l'opinion qu'on peut se
rmer, en les observant, sens
i semble démenti par la suite
es pensées.

3. *Pravæ tamen.* Elles ne sont
s corrompues, ἀδιάστροφα, com-
e dit Épicure ; mais elles peu-

vent être mauvaises par nature.

4. *Natura sua.* Négligence ex-
cusable : *natura non depravatur
natura sua.*

5. *Salvumque velit.* « Quant à
l'enfant, la nature ne le porte pas
à désirer le plaisir ; mais à se
conserver tel qu'il est. » Grande
vérité exprimée trop brièvement,
et sans démonstration. « Magna
quæstio est, » dira-t-il plus bas.
En réalité, les inclinations n'ont
pas le plaisir pour but ; elles se
développent avant de le connaître,
puisqu'elles doivent agir pour l'é-
prouver.

lit. Omne enim animal [1], simul et ortum est, et
ipsum et omnes partes suas diligit, duasque, quæ ma-
mæ sunt, in primis amplectitur, animum et corpu
deinde utriusque partes. Nam sunt et in animo præcip
quædam et in corpore, quæ quum leviter agnovit, tu
discernere incipit, ut ea, quæ prima data sint natura
appetat, asperneturque contraria. 34. In his primis nat
ralibus voluptas insit necne, magna quæstio est [3]. Ni
vero putare [4] esse præter voluptatem, non membra, n
sensus, non ingenii motum, non integritatem corpor
non valetudinem, summæ mihi videtur inscitiæ. Atq
ab isto capite [5] fluere necesse est omnem rationem b
norum et malorum. Polemoni [6] et jam ante Aristot

1. *Omne enim animal.* « L'a-
mour de soi est la loi suprême de
la sensibilité, dont la nature est
d'aspirer à son propre bien, et
rien qu'à son propre bien, c'est-à-
dire de s'aimer elle-même, et de
n'aimer qu'elle. » Jouffroy, *Mé-
langes: De l'amour de soi.*

2. *Quæ prima.... natura.* Ce sont
les premiers objets naturels de
nos désirs, ceux que nous recher-
chons avant toute reflexion, et
par un penchant irrésistible. Cicéron les a souvent nommés plus
bas, *prima naturæ, primum secundum naturam, prima natu-
ralia, principia* ou *initia naturæ;*
les inclinations qui nous y pous-
sent s'appelleront dans son langage, *primæ naturæ conciliа-
tiones, prima appetitio naturalis,*
ὁρμή, *prima commendatio.*

3. *Magna quæstio est.* « Le plaisir est-il ou non parmi les objets
de ces premières inclinations de
la nature, c'est une grande question » Les avis étaient partagés;

les stoïciens soutenaient la né-
tive : Le plaisir, disaient-ils, n'
pas le but de ces premiers p
chants; c'est un surcroît ἐπιγίννα
s'il est quelque chose, εἰ ἄρα το
(Diogène Laërce, VII, 86.) Arist
par sa profonde analyse du p
sir avait ouvert la voie aux
ciens : Τελειοῖ δὲ τὴν ἐνέργεια
ἡδονὴ.... ὡς ἐπιγινόμενόν τι τέλος. »
rale à Nicomaque, X, IV, 8.

4. *Nihil vero putare.* « M
croire que parmi ces choses
turellement désirables, il n'y
que le plaisir... » On voit là
exemples de ces choses dési-
bles, le bon état des organes,
sens, l'activité de l'esprit, etc.

5. *Ab isto capite.* « Toute thé
du bien et du mal doit déco
de ce principe, » c'est-à-dire pr
dre son point de départ dans
nalyse des penchants primitif
de leurs objets.

6. *Polemoni,* etc. On ne p
vérifier la justesse de l'assert
en ce qui concerne Polémon,

ea prima visa sunt quæ paulo ante dixi. Ergo nata est sententia veterum Academicorum et Peripateticorum, ut finem bonorum dicerent secundum naturam [1] vivere, id est, virtute adhibita frui primis a natura datis. Callipho [2] ad virtutem nihil adjunxit nisi voluptatem, Diodorus vacuitatem doloris. His omnibus [3], quos dixi,

il ne nous est rien resté de ces ἱκανὰ συγγράμματα, qu'il avait laissés, et dont Diogène ne nous donne même pas le titre. Quant à Aristote, les mots mêmes que Cicéron traduit par *prima naturæ*, τὰ πρῶτα κατὰ φύσιν, lui sont inconnus; ils ne paraissent avoir été introduits dans la philosophie que par les stoïciens de la deuxième époque. On les trouve dans Stobée, Plutarque, Clément d'Alexandrie, Lucien. Cicéron parle d'Aristote d'après son maître Antiochus, et donne de sa doctrine morale une idée peu exacte.

1. *Secundum naturam.* Ces anciens péripatéticiens et académiciens ne sont ni Platon ni Aristote, mais peut-être Polémon, qui avait composé un livre περὶ τοῦ κατὰ φύσιν βίου. L'interprétation que Cicéron donne de cette maxime est toute particulière à Antiochus. Les stoïciens l'auraient répudiée, car pour eux les premiers objets de nos désirs sont dans la classe des choses indifférentes, ἀδιάφορα; c'est la sphère des objets préférables, προηγμένα. Par contre, la vertu n'est pas, à leur avis, au nombre de ces *prima naturæ.* Elle ne s'éveille qu'avec la raison, qui vient tard à tout le monde, et jamais à quelques-uns. On ne voit donc pas comment de la théorie des objets naturellement désirables, on aurait fait sortir cette maxime, que

le souverain bien consiste à vivre conformément à la nature; et encore moins comment cette proposition enfermerait l'idée de vertu, qui ne figurerait pas parmi les *prima naturæ.* Cicéron confond ici le stoïcisme avec le platonisme d'Antiochus; les deux écoles se servent des mêmes mots, mais entendent des choses différentes.

2. *Callipho.... Diodorus.* Voir plus haut, ch. VI, 19. Cicéron rappelle ici le nom de ces philosophes pour montrer qu'ils ont, comme les autres, adopté comme souverain bien un principe qui fût d'accord avec les inclinations primitives de la nature. Épicure, au contraire, indique comme premier objet désiré le plaisir, et comme fin suprême de l'activité, l'absence de douleur.

3. *His omnibus.* Quels sont ces philosophes? Madvig ne peut croire que ce soient ceux dont on vient de parler, et il soupçonne une lacune, sans laquelle, dit-il, il ne peut expliquer le mot *consequens,* qui implique un rapport avec une idée précédente. Cicéron a donc dû, suivant lui, parler déjà d'Aristippe, des stoïciens, peut-être de Carnéade et d'Hiéronyme. Sans se prononcer sur le mérite de cette hypothèse, qui est plausible, on peut expliquer ce passage, en traduisant *consequentes,* comme Madvig lui-même

consequentes sunt fines bonorum; Aristippo simplex voluptas, Stoicis consentire naturæ, quod esse volunt e virtute [1], id est honeste, vivere, quod ita interpretantur, vivere cum intelligentia rerum earum, quæ natura evenirent, eligentem ea, quæ essent secundum naturam, rejicientemque contraria [2]. 35. Ita tres sunt fines expertes honestatis [3]: unus Aristippi vel Epicuri, alter Hieronymi, Carneadi [4] tertius; tres, in quibus honestas cum aliqua accessione [5], Polemonis, Calliphonis, Diodori; una simplex [6], cujus Zeno auctor, posita in decore tota, id est, in honestate; nam Pyrrho, Aristo, Herillus jam diu abjecti [7]. Reliqui sibi constiterunt, ut extrema cum initiis convenirent, ut Aristippo voluptas, Hieronymo doloris vacuitas, Carneadi frui principiis naturalibus [8] esset extremum.

le veut, *consentanei alii rei præcedenti.* Pour tous ces philosophes l'idée du souverain bien dépend de celle qu'ils se font des inclinations primitives, ou plutôt de leurs objets. Gœrenz entend que tous se font une idée uniforme du bien. et traduit *consequentes* par *conformes.*

1. *E virtute.* Vivre d'après la vertu. L'emploi de *e* dans ce sens est rare.

2. *Rejicientem contraria.* On trouve dans Diogène Laërce cette interprétation du principe stoïcien; elle est attribuée à Diogène de Babylone; vivre conformément à la nature, c'est pour lui, εὐλογιστεῖν ἐν τῇ τῶν κατὰ φύσιν ἐκλογῇ. VII, 88.

3. *Expertes honestatis.* La vertu n'est pas pour eux le souverain bien. Pour Aristippe et Épicure, le bien, c'est le plaisir; pour Hiéronyme, l'absence de douleur; pour Carnéade, la satisfaction des besoins naturels.

4. *Carneadi.* Sur cette forme de génitif, voir livre I, v, 4.

5. *Aliqua accessione.* Polémon joint à la vertu les biens extérieurs, Calliphon le plaisir, et Diodore l'absence de douleur.

6. *Una simplex.* A quoi se rapporte *una?* Ce ne peut être à *finis,* qui, dans ce sens particulier, est toujours masculin, mais à l'idée de *sententia.*

7. *Jam diu abjecti.* Sur ces personnages, voir ci-dessous ch. XIII, 43.

8. *Principiis naturalibus.* On a déjà vu plus haut, 33, *quæ prima data sint natura.* Ce sont à la fois les biens propres à chaque inclination naturelle, et ces inclinations elles-mêmes. A ces systèmes conséquents avec leurs principes, Cicéron oppose celui d'Épicure, pour qui le premier bien désiré n'est pas le même que le souverain bien.

Epicurus autem quum in prima commendatione[1] voluptatem dixisset, si eam, quam Aristippus, idem tenere
debuit ultimum bonorum quod ille; sin eam, quam Hieronymus, fecisset idem, ut voluptatem illam [Aristippi]
in prima commendatione poneret[2].

CAPUT XII.

Les sens ne sont pas des juges compétents du bien et du mal;
c'est à la raison de prononcer.

36. « Nam quod ait sensibus ipsis judicari voluptatem
bonum esse, dolorem malum, plus tribuit sensibus quam
nobis leges permittunt, quum privatarum litium judices
sumus. Nihil enim possumus judicare, nisi quod est nostri judicii. In quo frustra[3] judices solent, quum sen-

---

1. *In prima commendatione.*
Pour exprimer nos dispositions
innées à rechercher certains objets, Chrysippe, et après lui toutes
les écoles grecques, se servaient
de ce mot οἰκειούμεθα πρὸς, etc., et
du substantif οἰκείωσις. Cicéron
traduit, comme il le peut, le verbe
οἰκειοῦν par *commendare* ou *con-
ciliare* et le substantif οἰκείωσις
par *commendatio* ou *conciliatio*,
penchant primitif, inclination naturelle.

2. *Poneret.* De deux choses
l'une : Épicure entend-il que ce
plaisir, qu'il donne pour but à
l'inclination primitive, est celui
dont parle Aristippe? Alors il devait, comme Aristippe, l'ériger
en souverain bien; le prend-il, au
contraire, à la façon d'Hiéro-

nyme? C'est alors l'absence de
douleur qu'il aurait dû, pour la
même raison, placer à l'origine
comme le bien poursuivi par les
inclinations naturelles. Cicéron
pose en principe d'abord qu'il doit
y avoir identité entre le bien
poursuivi par l'inclination primitive de la nature, et celui qui doit
être la règle suprême de l'activité,
le bien absolu, *ut extrema cum
initiis convenirent.* Cette proposition est contestable ; mais une
fois admise, on en tire légitimement la condamnation de l'épicurisme. Le mot *Aristippi* paraît
une erreur d'un copiste ignorant;
certains éditeurs ont écrit : *non
Aristippi.*

3. *Frustra* signifie, comme souvent, « sans cause, sans motifs. »

tentiam pronuntiant, addere, SI QUID MEI JUDICII EST
Si enim non fuit eorum judicii, nihilo magis, hoc non
addito, illud est judicatum[1]. Quid judicant sensus? Dulce
amarum, lene asperum, prope longe, stare movere[2], qua
dratum rotundum. 37. Æquam igitur pronuntiabit senten
tiam ratio[3], adhibita primum divinarum humanarumque
rerum scientia, quæ potest appellari rite sapientia, deind
adjunctis virtutibus, quas ratio rerum omnium dominas
tu voluptatum satellites et ministras esse voluisti: qua
rum adeo omnium sententia pronuntiabit primum de vo
luptate, nihil esse ei loci, non modo ut sola ponatur in
summi boni sede, quam quærimus, sed ne illo quiden
modo, ut ad honestatem applicetur[4]. De vacuitate doloris
eadem sententia erit. 38. Rejicietur etiam Carneades
nec ulla de summo bono ratio aut voluptatis non dolen
dive[5] particeps aut honestatis expers probabitur. Ita re
linquet duas[6], de quibus etiam atque etiam consideret
Aut enim statuet nihil esse bonum nisi honestum, nihi
malum nisi turpe, cetera aut omnino nihil habere mo
menti aut tantum, ut nec expetenda nec fugienda, sed eli
genda modo aut rejicienda sint; aut anteponet eam, quam

---

1. *Est judicatum.* « Si l'affaire n'est pas de leur compétence, quand bien même ils n'ajoute-raient pas cette formule, elle n'en serait pas plus jugée pour cela. » De même, veut-il dire, les sens ne peuvent juger de ce qui n'est pas de leur ressort. Beaucoup d'éditeurs retranchent *non* devant *addito*, au grand dommage du sens.

2. *Movere* équivaut à *moveri* que certains éditeurs y substituent.

3 *Æquam..... ratio.* En ma-tière de morale le jugement ap-partient à la raison et non pas aux sens.

4. *Applicetur.* Le plaisir ne sera pas même admis à côté du devoir Cicéron n'accepte pas les com-promis que des philosophes de son école avaient pourtant admis

5. *Non dolendi* équivaut à *in-dolentiæ*, mot forgé par Cicéron

6. *Duas.* Ces deux doctrines sont celles des stoïciens et des nouveaux académiciens, parmi lesquels Cicéron aimait à se pla-cer. Ces derniers s'étaient rap-prochés du péripatétisme.

quum honestate ornatissimam, tum etiam ipsis initiis naturæ[1] et totius perfectione vitæ locupletatam videbit.
Quod eo liquidius faciet, si perspexerit, rerum inter eas
verborumne sit controversia[2].

CAPUT XIII

Il faut donc rejeter les systèmes qui confondent le bien avec la
volupté ou avec l'absence de douleur; ceux qui mêlent à la
vertu des éléments qui la corrompent; ceux qui ne tiennent
aucun compte de nos penchants et de leurs objets.

39. « Hujus[3] ego nunc auctoritatem sequens idem faciam. Quantum enim potero, minuam contentiones, omnesque simplices sententias eorum, in quibus[4] nulla inest virtutis adjunctio, omnino a philosophia semovendas
putabo; primum, Aristippi Cyrenaicorumque omnium,
quos non est veritum[5] in ea voluptate, quæ maxime dul-

---

1. *Initiis naturæ*. Voir ci-dessus, chapitre xɪ, page 110, note 2.

2. *Controversia*. Cicéron se
trompe en réconciliant en morale les stoïciens et les péripatéticiens; il en croyait trop facilement son maître Antiochus
d'Ascalon : « Antiochus, dit-il ailleurs, estimait que les stoïciens
étaient, au fond, d'accord avec
les péripatéticiens, et ne s'en dis-
tinguaient que par le langage. »
(*De la nature des dieux*, I, vɪɪ, 16.)
Ce même Antiochus, quoique de
la nouvelle académie, lui parais-
sait un disciple du Portique :
« Antiochus s'appelait académi-
cien, mais en réalité, il lui aurait
fallu changer bien peu de chose

à ses idées pour devenir stoïcien. » (*Académiques*, II, xLɪɪɪ, 132.)

3. *Hujus* désigne la raison.

4. *In quibus* se rapporte gram-
maticalement à *eorum*, mais l'auteur pense plutôt aux doctrines,
« dans lesquelles il n'y a absolument aucune place pour la
vertu, » qu'aux philosophes qui
les ont professées. Il appelle ces
doctrines *simplices*, parce qu'elles
ne reconnaissent qu'un seul but à
la vie, une seule fin à l'activité.

5. *Non est veritum*, emploi d'une
forme archaïque du verbe *vereri*,
pris impersonnellement, et con-
struit comme *puduit* et les verbes
analogues. Aulu Gelle cite cette
phrase et dit : « *veritum* sicut *pi-*

cedine sensum moveret, summum bonum ponere, contemnentes istam vacuitatem doloris. 40. Hi non viderunt
ut ad cursum equum, ad arandum bovem, ad indagandum
canem, sic hominem ad duas res, ut ait Aristoteles[1], ad
intelligendum et ad agendum esse natum, quasi mortalem
deum, contraque, ut tardam aliquam et languidam pecu-
dem, ad pastum et ad procreandi voluptatem hoc divinum animal ortum esse voluerunt, quo nihil mihi videtur absurdius. 41. Atque hæc contra Aristippum, qui eam
voluptatem non modo summam, sed solam etiam ducit,
quam omnes unam appellamus voluptatem. Aliter autem
vobis placet. Sed ille, ut dixi, vitiose. Nec enim figura
corporis nec ratio excellens ingenii humani significat ad
unam hanc rem natum hominem, ut frueretur voluptatibus. Nec vero audiendus Hieronymus, cui summum bonum est idem, quod vos interdum vel potius nimium
sæpe dicitis, nihil dolere. Non enim, si malum est dolor,
carere eo malo satis est ad bene vivendum. Hoc dixerit
potius Ennius :

> Nimium boni est, cui nihil est.... mali[2].

Nos beatam vitam non depulsione mali, sed adeptione
boni judicemus, nec eam cessando[3], sive gaudentem, ut
Aristippus, sive non dolentem, ut hic, sed agendo aliquid
considerandove quæramus. 42. Quæ possunt eadem contra Carneadeum illud summum bonum dici, quod is non

---

itum et puditum. » (XV, 13.)

1. *Ut ait Aristoteles.* On ne re-
ouve pas précisément cette assertion dans les ouvrages d'A-
ristote qui nous sont parvenus;
mais elle se concilie sans peine
avec sa doctrine morale, puisque pour lui l'acte propre à
l'homme, celui qui est sa fin,

c'est l'action raisonnable, ἐνέργεια
μετὰ λόγου.

2. *Est mali,* traduction d'un
passage de l'Hécube d'Euripide.
vers 622 et 623.

3. *Cessando.* L'inaction est en
effet le dernier mot de l'épicurisme; on a dit avec raison que
c'est une sorte de quiétisme.

tam, ut probaret, protulit, quam ut Stoicis, quibuscum
bellum gerebat, opponeret. Id autem ejus modi est, ut
additum ad virtutem auctoritatem videatur habiturum et
expleturum cumulate vitam beatam, de quo omnis hæc
quæstio est. Nam qui ad virtutem adjungunt vel voluptatem, quam unam virtus minimi facit, vel vacuitatem
doloris, quæ, etiam si malo caret, tamen non est summum bonum, accessione utuntur non ita probabili, nec
tamen cur id tam parce tamque restricte faciant intellige.
Quasi enim emendum eis sit, quod addant ad virtutem,
primum vilissimas res addunt, deinde singulas potius
quam omnia, quæ prima natura approbavisset, ea cum
honestate conjungerent[1]. 43. Quæ quod Aristoni[2] et Pyrrhoni[3] omnino visa sunt pro nihilo, ut inter optime va-

---

1. *Conjungerent.* Construire :
«Potiùs quàm conjungerent ea omnia, etc. » L'imparfait se substitue
à la fin de cette phrase au présent ; ce changement est assez
naturel, puisque Cicéron parle de
doctrines depuis longtemps éta-
blies.

2. *Aristoni.* Ariston de Chios,
disciple de Zénon, vivait au troisième siècle avant J. C. Ses doctrines, quoique stoïciennes, s'éloi-
gnaient cependant de la tradition
de l'école : il proscrivait la logique, comme inutile, la physique
comme impossible, et réduisait
la philosophie à la morale. La
morale, à son tour, était res-
treinte à une sorte de géométrie
de l'idée du bien, sans aucune
application à la vie. Il devait,
par conséquent, regarder comme
indifférentes toutes les autres
choses, intermédiaires entre la
vertu et le vice, que les stoïciens
excluaient, il est vrai, de la notion du bien, mais qu'ils admet-

taient dans la sphère du *préférable.* (Ci-dessus, livre II, XII, 38.)

3. *Pyrrhoni.* Pyrrhon, qui a
donné son nom à la doctrine du
doute, et à ceux qui la professent, vivait vers le milieu du
quatrième siècle avant J. C.
C'est, sans doute, par inadvertance que Cicéron le nomme après
Ariston, beaucoup plus jeune que
lui. On s'étonne aussi de voir en
ce passage, comme en beaucoup d'autres, à côté l'un de l'autre, deux noms qui réveillent des
idées très-différentes. Sans doute,
Cicéron ne confondait pas l'διά-
φορία d'Ariston, avec l'ἀκάθια des
sceptiques. Mais les deux doctrines se ressemblaient à ses yeux,
puisqu'elles ne tenaient aucun
compte de nos penchants ni de
leurs objets : Πύρρων ἔλεγεν μηδὲν
διαφέρειν ζῆν ἢ τεθνάναι. (Stobée, *Anthologie,* 121, 28.) Le scepticisme de Pyrrhon, si l'on en croit
Cicéron, n'excluait pas les convictions morales ; nous savons pour-

lere et gravissime ægrotare nihil prorsus dicerent interesse, recte jampridem contra eos desitum est disputari.
Dum enim in una virtute sic omnia esse voluerunt, ut
eam rerum selectione exspoliarent, nec ei quidquam aut
unde oriretur darent aut ubi niteretur, virtutem ipsam,
quam amplexabantur, sustulerunt. Herillus[1] autem ad
scientiam omnia revocans unum quoddam bonum vidit,
sed nec optimum, nec quo vita gubernari possit. Itaque
hic ipse jampridem est rejectus : post enim Chrysippum
non sane est disputatum.

CAPUT XIV.

Quant à la doctrine d'Épicure, il faut lui opposer une définition
exacte du bien, tirée de la nature raisonnable de l'homme et
des germes de vertu qu'il porte en son âme.

« Restatis igitur vos[2] : nam cum Academicis incerta luc-
tatio est, qui nihil affirmant et, quasi desperata cognitione certi, id sequi volunt, quodcumque veri simile videatur[3]. 44. Cum Epicuro autem hoc plus est negotii,

tant qu'il ne faisait aucune différence entre le juste et l'injuste.
(Diogène Laërce, XI, 81.)

1. *Herillus*, philosophe stoïcien,
né à Carthage au commencement
du troisième siècle avant J. C.
Ses doctrines sont peu connues.
Cicéron lui reproche ici d'avoir
confondu le souverain bien avec
la science et affirme qu'il n'a
reconnu qu'un seul bien, comme
Ariston et Pyrrhon. Ailleurs pourtant, et dans ce même ouvrage,
il écrit : « Facit enim ille duo se-
juncta ultima bonorum. » (Livre IV, xv, 40.) Cette contradiction s'explique peut-être par une
distinction admise par Hérillus
entre la fin absolue τέλος, et une
fin inférieure ὑποτέλις. La première consiste à vivre suivant
la science; le sage seul la pour-
suit. (Diogène Laërce, VII, II:, 165.)

2. *Vos*, à savoir, Torquatus et
les épicuriens.

3. *l'deatur*. C'est pourtant ce
probabilisme qui est la vraie philosophie, suivant Cicéron, qui
dit de lui-même : « magnus opi-
nator sum. »

quod e duplici genere voluptatis conjunctus est[1], quòd-
que et ipse et amici ejus et multi postea defensores ejus
sententiæ fuerunt, et nescio quo modo is, qui auctoritatem minimam habet, maximam vim, populus, cum illis
facit. Quos nisi redarguimus, omnis virtus, omne decus,
omnis vera laus deserenda est. Ita ceterorum sententiis
semotis, relinquitur non mihi cum Torquato, sed virtuti
cum voluptate certatio. Quam quidem certationem homo
et acutus et diligens, Chrysippus, non contemnit totum-
que discrimen summi boni in earum comparatione positum putat[2]. Ego autem existimo, si honestum esse aliquid
ostendero, quod sit ipsum sua vi propter seque expetendum, jacere vestra omnia. Itaque, eo quaio sit breviter,
ut tempus postulat, constituto, accedam ad omnia tua,
Torquate, nisi memoria forte defecerit.

45. « Honestum igitur id intelligimus, quod tale est, ut,
detracta omni utilitate, sine ullis præmiis fructibusque
per se ipsum possit jure laudari[3]. Quod quale sit non tam
definitione, qua sum usus, intelligi potest, quanquam
aliquantum potest, quam communi omnium judicio et
optimi cujusque studiis atque factis, qui permulta ob eam
causam unam faciunt, quia decet, quia rectum, quia honestum es[•]. etsi nullum consecuturum emolumentum vident[4]. Homines enim, etsi aliis multis, tamen hoc uno

---

1. *Conjunctus est.* Le souverain
bien, suivant Épicure, est formé
de la réunion de deux genres de
plaisir. Cicéron a écrit plus brièvement, mais non sans négligence : *Epicurus conjunctus est.*

2. *Putat.* Chrysippe avait écrit
plus d'un ouvrage de polémique
contre les épicuriens.

3. *Laudari.* Cicéron ajoute très-
justement que cette définition ne
fait pas comprendre en quoi con-

siste l'honnêteté : elle est, en effet, toute négative, sauf en un seul
point : L'honnête est ce qu'on peut
légitimement louer. Mais comme
il n'y a de légitime que ce qui
est honnête, la définition est peu
instructive.

4. *Vident.* Cette analyse manque de précision, mais elle suffit pour montrer qu'on agit parfois en vue du bien et que l'honnête n'est pas l'utile.

plurimum a bestiis differunt, quod rationem habent a na
tura datam mentemque acrem et vigentem celerrimequ
multa simul agitantem et, ut ita dicam, sagacem[1], quæ e
causas rerum et consecutiones videat et similitudine
transferat et disjuncta conjungat et cum præsentibus fu
tura copulet omnemque complectatur vitæ consequenti
statum[2]. Eademque ratio fecit hominem hominum appe-
tentem cumque iis natura et sermone et usu congruen
tem, ut, profectus a caritate domesticorum ac suorum, ser
pat longius et se implicet primum civium, deinde omniun
mortalium societate[3], atque, ut ad Archytam scripsit Pla
to[4], non sibi se soli natum meminerit, sed patriæ, se
suis, ut perexigua pars ipsi relinquatur. 46. Et quonian
eadem natura cupiditatem ingenuit homini veri videndi[5]
quod facillime apparet, quum vacui curis etiam quid i
cœlo fiat scire avemus, his initiis[6] inducti omnia vera di
ligimus, id est, fidelia, simplicia, constantia ; tum vana
falsa, fallentia odimus, ut fraudem, perjurium, malitiam

1. *Sagacem.* Cette qualité était
communément attribuée aux sens:
« Sagire enim sentire acutè est,
dit ailleurs Cicéron, ex quo sagæ
anus... et sagaces dicti canes. »
(*De la Divination*, I, XXXI, 65.) Cicéron s'excuse de l'appliquer à
l'intelligence.

2. *Quæ.... statum.* Les attributions de l'intelligence sont assez
vaguement indiquées dans cette
phrase : tout se réduit à la per-
ception des rapports, à une sorte
d'extension de l'expérience.

3. *Societate.* Le sentiment de
la société universelle du genre
humain était inconnu à l'antiquité avant les travaux de l'école
stoïcienne : il ne se montre pas
même dans la lettre de Platon

que Cicéron rappelle.

4. *Plato.* « Nul de nous n'est fai
pour soi seul, mais une part d
notre vie revient à la patrie, un
autre à nos parents, une autr
encore au reste de nos amis.
(Platon, *Lettre* IX.) L'authenticit
de cette lettre n'est pas aussi fa
cilement admise par la critiqu
moderne que par Cicéron.

5. *Veri videndi.* Cicéron es
quisse ici les quatre vertus qu
toute l'antiquité a regardées com
me cardinales : il a parlé vague
ment de la justice jointe à l
bienveillance ; il décrit mainte
nant la prudence.

6. *His initiis.* Ce sont là no
premiers penchants. Voir ch. XI
33, note 2, page 110.

injuriam[1]. Eadem ratio habet in se quiddam amplum atque magnificum, ad imperandum magis quam ad parendum accommodatum, omnia humana non tolerabilia solum, sed etiam levia ducens, altum quiddam et excelsum, nihil timens, nemini cedens, semper invictum[2]. 47. Atque his tribus generibus honestorum notatis, quartum sequitur et in eadem pulchritudine et aptum ex illis tribus, in quo inest ordo et moderatio[3]. Cujus similitudine perspecta[4] in formarum specie ac dignitate, transitum est ad honestatem dictorum atque factorum. Nam ex his tribus laudibus[5], quas ante dixi, et temeritatem reformidat et non audet cuiquam aut dicto protervo aut facto nocere, vereturque quidquam aut facere aut eloqui, quod parum virile videatur.

1. *Injuriam.* Il y a ici une confusion volontaire de l'ordre moral et de l'ordre intellectuel ; la bonne foi, la sincérité, l'empire sur soi-même, sont des formes de la vérité; la fraude, le parjure, la méchanceté et l'injustice, des formes de l'erreur.

2. *Invictum.* On reconnaît à ces traits la troisième vertu, le courage. Voir le traité *des Devoirs*, ch. 1, 4.

3. *Moderatio.* Cette quatrième vertu est la tempérance, *temperantia, modestia*, etc. Elle a la même beauté que les autres, *in eadem pulchritudine;* elle en dépend, *aptum ex illis tribus.*

4. *Cujus similitudine perspecta.*

Cujus a pour antécédent *quartum genus :* il y a dans la beauté et la noblesse des formes quelque chose d'analogue à la beauté morale, qui nous initie à cette vertu de la convenance : « quam similitudinem natura ratioque ab oculis ad animum transferens, etc. » (*Des Devoirs,* 1, 4.)

5. *Tribus laudibus.* Ce sont les trois vertus décrites ci-dessus. La dernière leur emprunte à toutes quelque chose : à la prudence, la crainte d'agir au hasard, à la justice celle de nuire au prochain, au courage, celle de parler ou d'agir comme il ne convient pas à un homme.

CAPUT XV.

Le bien n'est pas ce que la foule approuve. Contradictions d'Épicure.

48. « Habes undique expletam et perfectam, Torquat
formam honestatis, quæ tota his quatuor virtutibus, qu
a te quoque commemoratæ sunt, continetur. Hanc
tuus Epicurus omnino ignorare dicit, quam aut qualer
esse velint ii, qui honestate summum bonum metiantu
Si enim ad honestatem omnia referantur[1], neque in ea v
luptatem dicant inesse, ait eos voce inani sonare — his enir
ipsis verbis utitur — neque intelligere nec videre sub har
vocem[2] honestatis quæ sit subjicienda sententia. Ut enir
consuetudo loquitur, id solum dicitur honestum, qu
est populari fama gloriosum[3]. Quod, inquit, quanqua
voluptatibus quibusdam est sæpe jucundius, tamen exp
titur propter voluptatem. 49. Videsne quam sit magr
dissensio? Philosophus nobilis, a quo non solum Græc
et Italia, sed etiam omnis barbaria[4] commota est, hones
tum quid sit, si id non sit in voluptate, negat se intell

1. *Referantur.* Ailleurs *referant*,
qui n'est pas autorisé par les
manuscrits, mais qui paraît plus
naturel.

2. *Hanc vocem.* Les manuscrits
portent tous *hâc voce.* Wesemberg et Madvig regardent cette
construction comme incorrecte;
on trouve cependant dans Virgile : « laurus Parva sub in-
genti matris se subjicit umbrâ »
(*Géorgiques*, II, 19); mais *subjicit* exclut ici, dit-on, l'idée de
mouvement. L'ablatif se rencon-

tre aussi dans ce même cas
plusieurs passages des œuvres
Cicéron; mais les mêmes crit
ques prétendent que c'est p
une erreur des copistes.

3. *Gloriosum.* Épicure disan
au témoignage d'Arrien, ἢ μη
εἶναι τὸ καλὸν, ἢ ἄρα τὸ ἐνδοξον. (*Di
sertations d'Épictète*, II, 22, 2
4. *Barbaria.* Cette diffusion
la doctrine d'Épicure, même ho
de la Grèce et de l'Italie, sera
un fait très-intéressant s'il éta
avéré.

gere, nisi forte illud, quod multitudinis rumore laudetur.
Ego autem hoc etiam turpe esse sæpe judico[1] et, si
quando turpe non sit, tum esse non turpe, quum id a
multitudine laudetur, quod sit ipsum per se rectum atque
laudabile[2]; non ob eam causam tamen illud dici esse honestum, quia laudetur a multis, sed quia tale sit, ut, vel
si ignorarent id homines vel si obmutuissent, sua tamen
pulchritudine esset specieque laudabile. Itaque idem natura victus, cui ol sisti non potest, dicit alio loco id, quod
a te etiam paulo ante dictum est, non posse jucunde vivi
nisi etiam honeste[4]. 50. Quid nunc *honeste* dicit? idemne
quod *jucunde?* Ergo ita, non posse honeste vivi, nisi honeste vivatur[4]. An nisi populari fama[5]? Sine ea igitur
jucunde negat posse vivere[6]? Quid turpius quam sapientis vitam ex insipientium sermone pendere? Quid ergo
hoc loco intelligit honestum? Certe nihil, nisi quod possit ipsum propter se jure laudari. Nam si propter voluptatem, quæ est ista laus, quæ possit e macello peti? Non is
vir est, ut, quum honestatem eo loco habeat, ut sine ea
jucunde neget posse vivi, illud honestum, quod populare
sit, sentiat et sine eo jucunde neget vivi posse, aut quid-

1. *Turpe judico.* La foule approuve souvent le mal; *turpe* est
opposé à *honestum,* comme αἰσχρὸν
à καλόν.

2. *Laudabile.* Quand les actes
glorifiés par la foule ne sont pas
mauvais, c'est parce qu'ils sont
en eux-mêmes honnêtes et loua-
bles, et non pas parce que la
multitude les approuve.

3. *Honeste.* Voir livre I, XVIII, 57.

4. *Vivatur.* La critique est subtile : Épicure identifie ces deux
termes *honcele* et *jucunde,* ou
plutôt il ramène le premier au

second. Quand il proclame qu'on
ne peut pas vivre *jucunde* sans
vivre *honeste,* il fait une simple
tautologie, puisque l'honnête a
été d'avance réduit à l'agréable
et ne peut s'en séparer.

5. *Populari fama.* Veut-il dire
qu'on ne peut vivre honnêtement
sans l'estime populaire ? Alors il
nie aussi qu'on puisse vivre
agréablement sans elle.

6. *Vivere.* Leçon de tous les
manuscrits. Ailleurs *vivi,* ou *se
vivere,* qui sans doute seraient
préférables.

quam aliud honestum intelligat, nisi quod sit rectum ip-
sumque per se, sua vi, sua natura, suâ sponte laudabile.

CAPUT XVI.

La science n'a pas pour objet de pourvoir au plaisir ; la justice
n'est pas la crainte du châtiment.

51. « Itaque, Torquate, quum diceres clamare Epicurum
non posse jucunde vivi, nisi honeste et sapienter et juste
viveretur, tu ipse mihi gloriari videbare. Tanta vis inerat
in verbis propter earum rerum, quæ significabantur his
verbis, dignitatem, ut altior fieres, ut interdum insiste-
res, ut nos intuens quasi testificarere laudari honestatem
et justitiam aliquando ab Epicuro. Quam te decebat iis
verbis uti, quibus si philosophi non uterentur, philosophia omnino non egeremus. Istorum enim verborum
amore, quæ perraro appellantur ab Epicuro, sapientiæ,
fortitudinis, justitiæ, temperantiæ, præstantissimis ingeniis homines se ad philosophiæ studium contulerunt. 52.
Oculorum, inquit Plato, est in nobis sensus acerrimus,
quibus sapientiam non cernimus ; quam illa ardentes
amores excitaret sui, si videretur[1] ! Cur tandem ? an
quod ita callida est, ut optime possit architectari voluptates ? Cur justitia laudatur ? aut unde est hoc contritum
vetustate proverbium, quicum in tenebris[2] ? Hoc dictum

---

1. *Si videretur.* Traduction d'un
passage du *Phèdre*, ch. LXV. *Videri* est rare dans le sens de
cerni. Plusieurs éditeurs retranchent les deux derniers mots.
Voir *des Devoirs*, I, 5, 15.

2. *Quicum in tenebris.* « On

jouerait à la mourre avec lui
sans y voir clair. » Ce jeu con-
sistait à faire deviner le nombre
des doigts rapidement étendus.
Le verbe *micare* qui désigne
ce jeu est sous-entendu. Voir :
des Devoirs, III, 19, 77

in una re latissime patet, ut in omnibus factis re, non
teste moveamur. 53. Sunt enim levia et perinfirma, quæ
dicebantur a te, animi conscientia improbos excruciari,
tum etiam pœnæ timore, qua aut afficiantur aut semper
sint in metu ne afficiantur aliquando. Non oportet ti-
midum aut imbecillo animo fingi non bonum illum virum [1], qui, quidquid fecerit, ipse se cruciet omniaque
formidet, sed omnia callide referentem ad utilitatem,
acutum, versutum, veteratorem, facile ut excogitet, quomodo occulte, sine teste, sine ullo conscio fallat. 54. An
tu me de Lucio Tubulo [2] putas dicere? qui, quum prætor
quæstionem inter sicarios exercuisset [3], ita aperte cepit
pecunias ob rem judicandam, ut anno proximo P. Scævola [2] tribunus plebis ferret ad plebem vellentne de ea re
quæri. Quo plebiscito decreta a senatu est consuli quæstio Cn. Cæpioni : profectus in exsilium Tubulus statim,
nec respondere ausus; erat enim res aperta [4].

CAPUT XVII.

Sextilius Rufus, qui a retenu un héritage dont il n'aurait pas dû
garder un écu, n'en a pas moins vécu sans remords. Il avait
acquis la fortune que les épicuriens doivent poursuivre à tout
prix.

« Non igitur de improbo, sed de callido improbo quæri-

1. *Non bonum* équivaut à *im-
probum* : il ne faut pas imaginer un malhonnête homme timide
et pusillanime.

2. *L. Tubulo.* Ce Tubulus était
préteur en 142 avant J. C.

3. *Exercuisset.* Il était chargé
d'informer contre les criminels
accusés d'assassinat. Le sens pa-
raîtrait plutôt exiger *exercerel*.

4. *Res aperta.* Il est difficile de
ne pas remarquer quelque incohérence dans cette partie de la réfutation de l'épicurisme. Cicéron
passe brusquement d'un sujet à
l'autre.

mus, qualis Q. Pompeius[1] in fœdere Numantino infitiando
fuit, nec vero omnia timente, sed primum qui animi
conscientiam non curet, quam scilicet comprimere nihil
est negotii[2]. Is enim, qui occultus et tectus dicitur, tantum abest ut se indicet, perficiet etiam ut dolere alterius
improbe facto videatur[3] : quid est enim aliud esse versutum? 55. Memini me adesse P. Sextilio Rufo[4], quum
is rem ad amicos ita deferret, se esse heredem Q. Fadic
Gallo, cujus in testamento scriptum esset se ab eo rogatum, ut omnis hereditas ad filiam perveniret[5]. Id Sextilius factum negabat[6]. Poterat autem impune : quis enim
redargueret? Nemo nostrum credebat, eratque veri simi-
lius hunc mentiri, cujus interesset, quam illum, qui ic
se rogasse scripsisset, quod debuisset rogare. Addeba
etiam se in legem Voconiam juratum contra eam facere
non audere, nisi aliter amicis videretur[7]. Aderamus nos
quidem adolescentes, sed multi amplissimi viri, quorun

---

1. *Q. Pompeius* était consul
en 141 : il nia le traité qu'il avait
été obligé de conclure avec les
Numantins; le sénat décréta qu'il
leur serait livré; mais ce décret
ne fut pas exécuté.

2. *Nihil est negotii.* Il est douteux qu'il soit si facile de comprimer ses remords; mais ils ne
sont pas eux-mêmes ce qu'il y a
de mauvais dans le crime.

3. *Videatur.* L'hypocrisie est
un des caractères de ce scélérat
parfait, dont Cicéron veut former
le type.

4. *P. Sextilio Rufo.* On ne sait
rien de plus de ce personnage,
ni de Fadius.

5. *Perveniret.* Aux termes de
la loi Voconia, Fadius, s'il avait
un cens supérieur à 100 000 ses-
terces, ne pouvait laisser à sa fille

que la moitié de sa fortune. I
eut recours au moyen dont or
se servait pour éluder cette loi
Il institua pour héritier Sextilius
espérant qu'il remettrait à Fadia
sa part d'héritage.

6. *Negabat.* Sextilius ne pou
vait nier ce qui était écrit dans
ce testament; mais il niait avoi
pris aucun engagement envers
Fadius.

7. *Videretur.* On ne sait pas à
quel titre Sextilius avait juré
d'observer la loi Voconia. Son intention était, en consultant se
amis, de les forcer à autoriser son
acte d'improbité, par respect
pour cette loi que Cicéron juge
ailleurs sévèrement; il approuve
ici les moyens dont on se servait
pour l'éluder, comme le marque
le mot *debuisset.*

nemo censuit plus Fadiæ dandum quam posset ad eam lege Voconia pervenire[1]. Tenuit permagnam Sextilius hereditatem, unde, si seculus esset eorum sententiam, qui honesta et recta emolumentis omnibus et commodis anteponerent, nummum nullum attigisset. Num igitur eum postea censes anxio animo aut sollicito fuisse? Nihil minùs, contraque illa hereditate dives ob eamque rem lætus. Magni enim æstimabat pecuniam non modo non contra leges, sed etiam legibus partam, quæ quidem vel cum periculo est quærenda vobis; est enim effectrix multarum et magnarum voluptatum. 56. Ut igitur illis, qui, recta et honesta quæ sunt, ea statuunt per se expetenda, adeunda sunt quævis pericula decoris honestatisque causa, sic vestris, qui omnia voluptate metiuntur, pericula adeunda sunt, ut adipiscantur magnas voluptates. Si magna res, magna hereditas agetur, quum pecunia voluptates parrantur plurimæ, idem erit Epicuro vestro faciendum, si suum finem bonorum sequi volet, quod Scipioni[2], magna gloria proposita, si Hannibalem in Africam retraxisset. Itaque quantum adiit periculum! ad honestatem enim illum omnem conatum suum referebat, non ad voluptatem: sic vester sapiens magno aliquo emolumento commotus cum causa[3], si opus fuerit, dimicabit. 57. Occultum facinus esse potuerit, gaudebit: deprehensus omnem pœnam contemnet. Erit enim instructus ad mor-

---

1. *Pervenire.* Il est probable que le testament de Fadius laissait à sa fille toute la somme que la loi lui permettait de lui léguer; l'autre moitié de la fortune aurait dû lui revenir par fidéicommis.

2. *Scipioni.* Épicure devra faire pour le plaisir tout ce que Scipion a fait pour l'honneur.

3. *Cum causa.* C'est la leçon de tous les manuscrits, et il est impossible d'y trouver un sens plausible. On a proposé de nombreuses conjectures : les uns remplacent *cum* par *animi*, par *lucri* ou par *capitis*; les autres substituent à *causa*, *sica*, *medusa*; *amico* ou *amica*, etc., etc. *Cum sica* est la leçon qui paraît le mieux s'accorder avec le sens général; mais non pas peut-être avec la correction du langage.

tem contemnendam, ad exsilium, ad ipsum etiam dolorem. Quem quidem vos, quum improbis pœnam prop-
nitis, impetibilem facilis: quum sapientem semper bo-
plus habere vultis, tolerabilem.

CAPUT XVIII.

Sans doute les épicuriens eux-mêmes n'imiteraient pas c
exemple, mais ils démentiraient leurs principes et montr
raient que leur caractère vaut mieux que leur système.

« Sed finge non solum callidum eum, qui aliquid improb
faciat, verum etiam præpotentem, ut M. Crassus fu
(qui tamen solebat uti suo bono[1]), ut hodie est noste
Pompeius[2], cui recte facienti gratia est habenda : ess
enim quam vellet[3] iniquus poterat impune. Quam mult
vero injuste fieri possunt, quæ nemo possit reprehendere
58. Si te amicus tuus moriens rogaverit, ut hereditate
reddas filiæ suæ, nec usquam id scripserit, ut scrips
Fadius, nec cuiquam dixerit, quid facies? Tu quider
reddes : ipse Epicurus fortasse redderet, ut Sex. Pedu
cæus[4], Sex. F., is, qui hunc nostrum reliquit, effigiem
humanitatis et probitatis suæ filium, quum doctus tur

---

1. *Qui tamen.... bono.* Crassus
est d'abord cité comme l'exemple
d'un homme habile revêtu d'un
grand pouvoir ; mais Cicéron fait
une légère restriction : « Et lui
pourtant se servait de son bien
propre. » Il comptait sur ses ri
chesses.

2. *Pompeius.* Pompée était mort
déjà depuis trois ans au moment

ou Cicéron lui rendait cet hom
mage, mais il vivait encore à
date où l'entretien est censé avo
eu lieu.

3. *Quam vellet :* « Il pouva
impurément être aussi injust
qu'il le voulait. »

4. *Sex. Peducæus* était préteu
en Sicile l'année même où Cicé
ron y était questeur. (75 av J. C.

omnium vir optimus et justissimus, quum sciret nemo
eum rogatum a C. Plotio, equite Romano splendido, Nursino [1], ultro ad mulierem venit eique nihil opinanti viri
mandatum exposuit hereditatemque reddidit. Sedego ex
te quæro, quoniam idem tu certe fecisses, nonne intelligas eo majorem vim esse naturæ, quod ipsi vos, qui omnia ad vestrum commodum et, ut ipsi dicitis, ad voluptatem referatis, tamen ea faciatis, e quibus appareat non
voluptatem vos, sed officium sequi, plusque rectam naturam quam rationem pravam valere? 59. Si scieris, inquit
Carneades, aspidem occulte latere uspiam et velle aliquem
imprudentem super eam assidere, cujus mors tibi emolumentum futura sit, improbe feceris, nisi monueris ne
assidat. Sed impunite tamen: scisse enim te quis coar-
guere possit? Sed nimis multa. Perspicuum est enim,
nisi æquitas, fides, justitia proficiscantur a natura, et si
omnia hæc ad utilitatem referantur, virum bonum non
posse reperiri, deque his rebus satis multa in nostris de
re publica libris sunt dicta a Lælio [2].

CAPUT XIX.

La tempérance condamne les désordres, même quand ils sont
cachés ; le courage n'a pas pour mobile l'espérance du
plaisir.

60. « Transfer idem ad modestiam vel temperantiam, quæ
est moderatio cupiditatum rationi obediens. Satisne ergo
pudori consulat, si quis sine teste libidini pareat? an est
aliquid per se ipsum flagitiosum, etiam si nulla comitetur

1. *Nursino*, de Nursia, ville du
pays des Sabins.
2. *Lælio*. Nous avons perdu une
grande partie du troisième livre
de *la République* où Lelius défendait la justice et la vertu.

infamia? Quid? fortes viri voluptatumne calculis sub-
ductis prælium ineunt, sanguinem pro patria profundunt
an quodam animi ardore atque impetu concitati [1]? Utrun
tandem censes, Torquate, Imperiosum[2] illum, si nostr
verba audiret, tuamne de se orationem libentius auditu
rum fuisse an meam, quum ego dicerem nihil eun
fecisse sua causa omniaque rei publicæ, tu contra nihi
nisi sua? Si vero id etiam explanare velles apertiusqu
diceres nihil eum fecisse nisi voluptatis causa, quo mod
eum tandem laturum fuisse existimas? 61. Esto: fecerit
si ita vis, Torquatus propter suas utilitates — malo enin
dicere[3] quam voluptates, in tanto præsertim viro —
num etiam collega ejus P. Decius, princeps in ea famili
consulatus, quum se devoveret et equo admisso in me
diam aciem Latinorum irruebat[4], aliquid de voluptatibu
suis cogitabat? Ubi ut eam[5] caperet aut quando, quun
sciret confestim esse moriendum eamque mortem arden
tiore studio peteret, quàm Epicurus voluptatem petendan
putat? Quod quidem ejus factum nisi esset jure lauda
tum, non esset imitatus quarto consulatu suo filius
neque porro ex eo natus cum Pyrrho bellum gerens con
sul cecidisset in prælio seque e continenti genere ter
tiam victimam rei publicæ præbuisset.   62. Contineo m

1. *Concitati.* Cicéron vient de
parler de la tempérance; il passe
sans transition au courage.

2. *Imperiosum.* C'est un surnom héréditaire dans la famille
des Torquatus.

3. *Dicere.* « J'aime mieux prononcer ce mot que celui de plaisir. »

4. *Se devoveret et irruebat :* La
différence de ces deux modes
dans deux verbes gouvernes par
la même conjonction n'est pas à

louer; on pourrait lire *devorera*
si tous les manuscrits ne portaie
pas *devoreret.* Cette irrégulari
n'est, du reste, pas tout à fa
sans exemple. *Equo admisso,*
bride abattue.

5. *Ubi ut eam. Ut* paraît a
moins inutile. Madvig estin
pourtant que cette conjonction s
joint fréquemment aux interr
gatifs; *eam* se rapporte à *volu
tas,* quoique Cicéron ait écrit v
luptatibus.

ab exemplis. Græcis hoc modicum est, Leonidas, Epaminondas, tres aliqui[1] aut quatuor: ego, si nostros colligere cœpero, perficiam illud quidem, ut se virtuti tradat constringendam voluptas: sed dies me deficiet, et, ut A. Varius[2], qui est habitus judex durior, dicere consessori solebat, quum datis testibus alii tamen citarentur: Aut hoc testium satis est aut nescio quid satis sit; sic a me satis datum est testium. ' Quid enim? te ipsum, dignissimum majoribus tuis, voluptasne induxit ut adolescentulus eriperes P. Sullæ consulatum[3]? Quem quum ad patrem tuum retulisses, fortissimum virum, qualis ille vel consul vel civis quum semper, tum post consulatum, fuit! Quo quidem auctore nos ipsi ea gessimus, ut omnibus potiusquam ipsis nobis consuluerimus[4]. 63. At quàm pulchre dicere videbare, quum ex altera parte ponebas cumulatum aliquem plurimis et maximis voluptatibus, nullo nec præsenti nec futuro dolore, ex altera autem, cruciatibus maximis toto corpore, nulla nec adjuncta nec sperata voluptate, et quærebas, quis aut hoc miserior aut superiore illo beatior foret, deinde concludebas summum malum esse dolorem, summum bonum voluptatem!

1. *Tres aliqui. Aliqui* donne à *tres* un sens indéterminé comme *quelques* en français, avec un nom de nombre. Cicéron n'en est pas moins injuste pour les Grecs dont l'héroïsme ne le cède pas à celui des Romains.

2. *A. Varius.* Ce personnage n'est connu que par cette mention.

3. *Eriperes.... consulatum.* Torquatus et son père accusèrent en 63 P. Sulla et le firent condamner comme coupable de brigue; le consulat devint vacant et Torquatus, le père, fut élu.

4. *Consuluerimus.* L'emploi de ce temps est justifié par le sens et par de nombreux exemples, et l'on ne doit pas corriger en écrivant *consuleremus.*

CAPUT XX.

Portrait de l'épicurien Thorius Balbus; il était moins heureux
que Régulus au milieu des supplices. Autres exemples.

« L. Thorius Balbus [1] fuit, Lanuvinus, quem meminisse
tu non potes.   Is ita vivebat, ut nulla tam exquisita posset inveniri voluptas qua non abundaret.   Erat et cupidus voluptatum et ejus generis [2] intelligens et copiosus;
ita non superstitiosus, ut illa plurima in sua patria sacri-
ficia et fana contemneret, ita non timidus ad mortem, ut
in acie sit ob rem publicam interfectus.   64. Cupiditates
non Epicuri divisione [3] finiebat, sed sua satietate. Habe-
bat tamen rationem valetudinis: utebatur iis exercitatio-
nibus, ut ad cœnam et esuriens et sitiens veniret, eo cibo,
qui et suavissimus esset et idem facillimus ad concoquen-
dum, vino et ad voluptatem et ne noceret.   Cetera illa
adhibebat, quibus demptis negat se Epicurus intelligere
quid sit bonum. Aberat omnis dolor, qui si adesset, nec
molliter ferret et tamen [4] medicis plus quam philosophis
uteretur. Color egregius, integra valetudo, summa gratia,
vita denique conferta voluptatum omnium varietate.

1. *L. Thorius Balbus* n'est connu
que par ce portrait : son nom se
trouve, paraît-il, sur une pièce
d'argent avec celui de Junon
Sospita, déesse particulièrement
adorée à Lanuvium (aujourd'hui
Civita Indovina).

2. *Ejus generis.* Les anciennes
éditions donnent : *cujus vis generis ejus,* leçon peu correcte et qui
n'est autorisée par aucun manuscrit. Par *id genus* Cicéron entend
tout ce qui concerne le plaisir.

3. *Epicuri divisione.* On a vu
cette division, liv. Ier, chap. XIII.

4. *Et tamen.* Il était homme à
supporter la douleur sans faiblesse, suivant les préceptes d'É-
picure; et cependant plus porté à
recourir aux médecins qui gué-
rissent le corps, qu'aux philosophes qui raffermissent l'âme.

65. Hunc vos beatum[1]; ratio quidem vestra[2] sic cogit : at ego quem huic anteponam non audeo dicere : dicet pro me ipsa virtus nec dubitabit isti vestro beato M. Regulum anteponere, quem quidem, quum sua voluntate, nulla vi coactus præter fidem, quam dederat, ex patria Carthaginem revertisset, tum ipsum[3], quum vigiliis et fame cruciaretur, clamat virtus beatiorem fuisse quam potantem in rosa[4] Thorium. Bella magna gesserat, bis consul fuerat, triumpharat, nec tamen illa sua superiora tam magna neque tam præclara ducebat quam illum ultimum casum, quem propter fidem constantiamque susceperat, qui nobis miserabilis videtur audientibus, illi perpetienti erat voluptarius[5]. Non enim hilaritate et lascivia nec risu aut joco comite levitatis, sed sæpe etiam tristes firmitate et constantia sunt beati[6]. 66. Stuprata per vim Lucretia a regis filio, testata cives, se ipsa interemit[7]. Hic dolor populi Romani,

---

1. *Beatum.* « Voilà celui que vous, épicuriens, appelez heureux. » C'est une réponse à la comparaison employée par Torquatus. liv. Ier, chap. XII.

2. *Ratio vestra*, « votre système. »

3. *Tum ipsum.* « Alors même, au moment précis où. » Cet emploi de *ipsum* avec un adverbe de temps n'est pas très-rare chez Cicéron qui a écrit plusieurs fois *nunc ipsum.*

4. *In rosa.* Il buvait couronné de roses ; ou bien couché sur des roses. Sénèque a dit : *jacere in rosa.*

5. *Voluptarius* Les manuscrits portent *voluntarius*, qui pourrait peut être se défendre, mais qui s'accorde moins avec le sens.

6. *Beati* paraît le sujet de cette phrase dont la construction est un peu embarrassée : On est heureux non pas par la gaîté, etc.; mais même au sein de la tristesse par la fermeté et la résolution. On peut aussi faire de *tristes* le sujet, et lui donner ce sens : « les hommes graves, sérieux ; » mais à quoi bon affirmer que les gens sérieux ne sont pas heureux par la gaîté, l'enjouement, le rire et les jeux ?

7. *Interemit.* Cet exemple n'a plus de rapport avec le précédent, et il y a là quelque incohérence. En l'opposant aux épicuriens, ainsi que celui de Virginius, Cicéron leur demande s'ils ne sont pas forcés de blâmer ces actes d'héroïsme, ou de renoncer à leurs principes. La première phrase du chapitre XXI, si malheureusement séparée de celui-ci, explique sa pensée.

duce et auctore Bruto, causa civitati libertatis fuit, ob ejusque mulieris memoriam primo anno et vir et pater ejus consul est factus. Tenuis L. Verginius unusque de multis sexagesimo anno post libertatem receptam virginem filiam sua manu occidit potius, quam ea App. Claudii libidini, qui tum erat summo imperio, dederetur

---

CAPUT XXI.

Les épicuriens ne peuvent invoquer de témoins dans le passé; ils ne peuvent, même honnêtement, soutenir leur système; il a des parties honteuses, et le tableau de Cléanthe en offre une image fidèle.

67. « Aut hæc tibi, Torquate, sunt vituperanda aut patrocinium voluptatis repudiandum[1]. Quod autem patrocinium aut quæ ista causa est voluptatis, quæ nec testes ullos e claris viris nec laudatores poterit adhibere? Ut enim nos ex annalium monumentis testes excitamus eos, quorum omnis vita consumpta est in laboribus gloriosis, qui voluptatis nomen audire non possent[2], sic in vestris disputationibus historia muta est. Nunquam audivi in Epicuri scholâ Lycurgum, Solonem, Miltiadem, Themistoclem, Epaminondam nominari, qui in ore sunt ceterorum philosophorum omnium. Nunc vero, quoniam hæc

---

1. *Repudiandum.* Torquatus répondrait à ce dilemme, en soutenant que Lucrèce en se tuant et Virginius en immolant sa fille ont compris et recherché le vrai plaisir, ou du moins évité la douleur. Toute cette partie de la réfutation ressemble un peu trop à une amplification.

2. *Non possent*, n'équivaut pas à *non potuissent.* Ces témoins sont présents, on les a évoqués : ils ne pourraient entendre ce nom de volupté.

nos etiam tractare cœpimus, suppeditabit nobis Atticus noster e,thesauris suis[1] quos et quantos viros! 68. Nonne melius est de his aliquid quam tantis voluminibus de Themista [2] loqui? Sint ista Græcorum, quanquam ab iis philosophiam et omnes ingenuas discipɩinas habemus, sed tamen est aliquid, quod nobis non liceat, liceat illis.. Pugnant Stoici cum Peripateticis. Alteri negant quidquam esse bonum nisi quod honestum sit, alteri plurimum se et longe longeque plurimum tribuere honestati, sed tamen et in corpore et extra esse quædam bona. Et certamen honestum et disputatio splendida! Omnis est enim de virtutis dignitate contentio. At cum tuis quum disseras[3], multa sunt audienda etiam de obscœnis voluptatibus, de quibus ab Epicuro sæpissimè dicitur. 69. Non potes ergo ista tueri, Torquate, mihi crede, si te ipse et tuas cogitationes et studia perspexeris: pudebit te, inquam, illius tabulæ, quam Cleanthes sane commode verbis depingere solebat : jubebat eos, qui audiebant, secum ipsos cogitare pictam in tabula Voluptatem, pulcherrimo vestitu et ornatu regali in solio sedentem, præsto esse virtutes ut ancillulas, quæ nihil aliud agerent, nullum suum officium ducerent nisi ut voluptati ministrarent, et eam tantum ad aurem admonerent, si modo id pictura intelligi posset[4], ut caveret ne quid faceret imprudens, quod offenderet animos

---

1. *E thesauris suis.* Ces trésors où Cicéron a souvent puisé, comme le témoignent ses lettres, ce sont les documents rassemblés par Atticus, pour écrire ses *Annales*, qui ont disparu, ou peut-être ce livre lui-même.

2. *Themista.* C'est le nom d'une épicurienne, femme de Léontée de Lampsaque, à qui Épicure dédia un ouvrage, et écrivit plusieurs lettres. On ne voit pas comment on a pu composer sur elle *tanta volumina.* Voir Diogène-Laërce, X, v, 25.

3. *Disseras.* Ce subjonctif est suspect, ou tout au moins très-remarquable.

4. *Si modo.... posset.* C'est une réserve de Cléanthe, et non pas une critique à lui adressée par Cicéron.

hominum, aut quidquam, e quo oriretur aliquis dolor : « Nos quidem virtutes sic natæ sumus, ut tibi serviremus, aliud negotii nihil habemus. »

CAPUT XXII.

Si le plaisir est le seul but de la vie, il ne reste plus que le nom des vertus. Torquatus lui-même n'oserait pas exprimer en public les principes de cette morale.

70. « At negat Epicurus (hoc enim vestrum lumen est[1]) quemquam qui honeste non vivat, jucunde posse vivere. Quasi ego id curem, quid ille aiat aut neget. Illud quæro, quid ei, qui in voluptate summum bonum ponat, consentaneum sit dicere. Quid affers, cur Thorius, cur † Chius Postumius[2], cur omnium horum magister, Orata[3] non jucundissime vixerit? Ipse negat, ut ante dixi, luxuriosorum vitam reprehendendam, nisi plane fatui sint, id est, nisi aut cupiant aut metuant[4]. Quarum ambarum rerum quum medicinam pollicetur, luxuriæ licentiam pollicetur[5]. Iis enim rebus detractis negat se reperire in asotorum vita quod reprehendat. 71. Non

---

1. *Lumen est.* « Vous êtes glorieux de cette maxime. »

2. *Chius Postumius.* Ce nom propre paraît altéré ; il y en avait vraisemblablement plus d'un, comme on peut le conjecturer par ces mots : « omnium horum magister. »

3. *Orata* est souvent cité par les auteurs anciens; comme Lucullus et tant d'autres, il était célèbre par son luxe et son goût pour le plaisir.

4. *metuant.* Épicure autorise la recherche du plaisir, pourvu qu'on ne se donne pas en proie au désir et à la crainte; c'est comme s'il disait : pourvu qu'on ne soit pas absolument fou.

5. *Pollicetur.* Quand il promet un remède au désir et à la crainte, en réalité, il promet une excuse à la débauche, puisqu'il la condamne seulement quand elle est accompagnée de ces deux passions.

igitur potestis voluptate omnia dirigentes aut tueri aut retinere virtutem. Nam nec vir[1] bonus ac justus haberi debet, qui, ne malum habeat, abstinet se ab injuria: — nôsti credo illud:

Nemo pius est, qui pietatem[2]. . . . .

cave quidquam putes esse verius. Nec enim, dum metuit, justus est, et certe, si metuere destiterit, non erit: non metuet autem, sive celare poterit sive opibus magnis quidquid fecerit obtinere[3], certeque malet existimari vir bonus ut non sit, quam esse, ut non putetur[4]. Ita, quod verissimum est[5], pro vera certaque justitia simulationem nobis justitiæ traditis, præcipitisque quodam modo, ut nostram stabilem conscientiam contemnamus, aliorum errantem opinionem aucupemur. 72. Quæ dici eadem de ceteris virtutibus possunt, quarum omnium fundamenta vos in voluptate tanquam in aqua[6] ponitis. Quid enim ? fortemne possumus dicere eumdem illum Torquatum — delector enim, quanquam te non possum, ut ais,

1. *Nam nec vir.* Cicéron va prouver que pas une des quatre vertus n'est compatible avec la morale du plaisir. Il commence par la justice, et *nec* annonce d'autres propositions négatives à propos des autres vertus ; mais il perd de vue la forme de sa pensée, qui se continue cependant § 72.

2. *Pietatem.* Le sens de ce fragment de vers est assez clair : on n'est pas pieux, si on l'est par crainte, *ne malum habeat.*

3. *Obtinere.* Or, il n'aura rien à craindre, soit qu'il parvienne à cacher ses actes, soit que par sa puissance il réussisse à s'en assurer le bénéfice. Voir liv. Ier, 16, « obtinere si effecerit. »

4. *Putetur.* « Il aimera toujours mieux paraître homme de bien sans l'être, que de l'être et de ne le paraître pas. » (Regnier-Desmarais.) *Ut non* que l'on entend parfois dans le sens de *licet non,* équivaut à *eo modo ut non,* et se traduit bien par « sans que. »

5. *Quod certissimum est,* ne peut s'expliquer. Le passage est, sans doute, altéré, et il est probable que l'on doit lire, *turpissimum,* ou *perversissimum,* ou tel autre superlatif du même sens. Peut-être aussi ces trois mots sont-ils simplement une note marginale.

6. *In aqua.* Fonder les vertus sur la volupté, c'est pour ainsi dire bâtir sur l'eau ; on dit en français « bâtir en l'air. »

corrumpere, delector, inquam, et familia vestra et nomine?
Et hercule mihi vir optimus nostrique amantissimus, A.
Torquatus[1], versatur ante oculos, cujus quantum studium
fuerit et quam insigne erga me temporibus illis, quæ
nota sunt omnibus, scire necesse est utrumque vestrum;
quæ mihi ipsi, qui volo et esse et haberi gratus, grata
non essent, nisi eum perspicerem meâ causa mihi amicum
fuisse, non sua, nisi hoc dicis, sua, quod interest omnium
recte facere. Si id dicis, vicimus. Id enim volumus,
id contendimus, ut officii fructus sit ipsum officium.
73. Hoc ille tuus non vult omnibusque ex rebus voluptatem
quasi mercedem exigit. Sed ad illum redeo. — Si voluptatis causa cum Gallo apud Anienem depugnavit provocatus, et ex ejus spoliis sibi et torquem et cognomen[2] in-
duit ullam aliam ob causam, nisi quod ei talia facta digna
viro videbantur, fortem non puto. Jam si pudor, si modestia, si pudicitia, si uno verbo temperantia pœnæ aut
infamiæ motu coercebuntur, non sanctitate sua se tue-
buntur, quod adulterium, quod stuprum, quæ libido non
se proripiet ac projiciet aut occultatione proposita aut
impunitate aut licentia[3]! 74. Quid? illud, Torquate,
quale tandem videtur, te isto nomine, ingenio, gloria
quæ facis, quæ cogitas, quæ contendis, quo referas, cujus
rei causa perficere quæ conaris velis, quid optimum

---

1. *A. Torquatus*, ami de Cicéron,
préteur en l'an 52 avant J. C.,
était alors en exil; il avait rendu
de grands services à Cicéron dans
ses démêlés avec Clodius. On
n'en sait rien de plus, et on
ignore quel était son degré de
parenté avec l'interlocuteur de
Cicéron.

2. *Torquem et cognomen.* Ce
rapprochement est d'un goût douteux comme celui de *gratus* et

grata qu'on a lu quelques ligne
plus haut. Toute cette discussion
prend un tour trop oratoire.

3. *Impunitate aut licentia.* Mad
vig estime qu'il y a trop peu de
différence entre ces deux mots
pour qu'ils soient séparés par la
particule *aut* qu'il incline à remplacer par *ac*; il y a pourtant à
distinguer entre un acte impun
et un acte permis, autorisé, une
sorte de droit de faire le mal.

denique in vita judices non audere in conventu dicere [1]?
Quid enim mereri velis[2] jam quum[3] magistratum inieris
et in concionem ascenderis — est enim tibi edicendum
quæ sis observaturus in jure dicendo, et fortasse etiam
si tibi erit visum, aliquid de majoribus tuis et de te ipso
dices more majorum — quid merearis igitur, ut dicas te
in eo magistratu omnia voluptatis causa facturum esse
teque nihil fecisse in vita nisi voluptatis causa?—An me,
inquis, tam amentem putas, ut apud imperitos isto modo
loquar?—At tu eadem ista dic in judicio aut, si coronam
times, dic in senatu. Nunquam facies. Cur, nisi quòd
turpis oratio est? Mene ergo et Triarium dignos existimas apud quos turpiter loquare?

CAPUT XXIII.

Oserait-il proclamer, dans une assemblée, qu'il fera tous ses
efforts pour s'épargner la souffrance, ou pour satisfaire ses
intérêts?

75. « Verum esto: verbum ipsum voluptatis non habet
dignitatem, nec nos fortasse intelligimus : hoc enim iden-
tidem dicitis, non intelligere nos quam dicatis voluptatem[4]. Rem videlicet difficilem et obscuram! Individua

---

1. *Te.... dicere.* Construire : « te
non audere dicere quò referas
quæ facis, etc.; cujus rei causa
velis perficere quæ conaris; quid
denique judices, » etc. « Ne pas
oser dire en public quel est le
but de tes actes, de tes pensées,
de tes désirs, le motif pour lequel tu veux réussir dans les efforts, le bien que tu juges le
plus parfait dans la vie. »

2. *Quid mereri.... ut dicas.* Que
faudrait-il te donner pour te
faire dire.... A quel prix consenti-
rais-tu à dire, etc.

3. *Jam quum.* Lorsque prochai-
nement.

4 Voir plus haut, livre I, XI, 37.

quum dicitis et intermundia [1], quæ nec sunt ulla nec possunt esse, intelligimus : voluptas, quæ passeribus nota est omnibus, a nobis intelligi non potest? Quid? si efficio ut fateare me non modo quid sit voluptas scire — est enim jucundus motus in sensu — sed etiam quid velis tu eam esse? Tum enim eam ipsam vis, quam modo ego dixi, et nomen imponis, in motu ut sit et faciat aliquam varietatem, tum aliam quamdam summam voluptatem, cui addi nihil possit; eam tum adesse, quum dolor omnis absit; eam stabilem appellas [2]. 76. Sit sane ista voluptas. Dic in quovis conventu te omnia facere, ne doleas. Si ne hoc quidem satis ample, satis honeste dici putas, dic te omnia et in isto magistratu et in omni vita utilitatis tuæ causa facturum, nihil nisi quod expediat, nihil denique nisi tua causa: quem clamorem concionis aut quam spem consulatus ejus, qui tibi paratissimus est, futuram putas? Eamne rationem igitur sequere, qua tecum ipse et cum tuis utare, profiteri autem et in medium proferre non audeas? At vero illa, quæ Peripatetici, quæ Stoici dicunt, semper tibi in ore sunt, in judiciis, in senatu : « Officium, æquitatem, dignitatem, fidem, recta, honesta, digna imperio, digna populo Romano, omnia pericula pro re publica, mori pro patria. » 77. Hæc quum loqueris, nos barones stupemus, tu videlicet tecum ipse rides. Nam inter ista tam magnifica verba tamque præclara non habet ullum voluptas locum, non modo illa, quam in motu esse dicitis, quam omnes urbani, rustici, omnes, inquam, qui latine loquuntur, voluptatem vocant, sed ne hæc quidem stabilis, quam præter vos nemo appellat voluptatem.

---

1. *Et intermundia.* « Quand vous parlez d'atomes et d'intermondes. » Les intermondes sont les intervalles vides qui séparent les mondes, μεταξὺ κόσμων διάστημα.

(Diogène Laërce, X, 89.)

2. *Stabilem.* Sur la distinction entre ces deux sortes de plaisirs, voir liv. Ier, chap. XI, page 41, note 1.

CAPUT XXIV.

L'amitié est avilie, si on la conçoit comme Épicure.

« Vide igitur ne non debeas verbis nostris uti, sententiis tuis [1]. Quod si vultum tibi, si incessum fingeres, quo gravior viderere, non esses tui similis : verba tu fingas et ea dicas, quæ non sentias? aut etiam, ut vestitum, sic sententiam habeas aliam domesticam, aliam forensem, ut in fronte ostentatio sit, intus veritas occultetur? Vide, quæso, rectumne sit. Mihi quidem eæ veræ videntur opiniones, quæ honestæ, quæ laudabiles, quæ gloriosæ, quæ in senatu, quæ apud populum, quæ omni cœtu concilioque profitendæ sint, ne id non pudeat sentire quod pudeat dicere [2]. 78. Amicitiæ vero locus ubi esse potest aut quis amicus esse cuiquam quem non ipsum amet propter ipsum? Quid autem est amare, e quo nomen ductum amicitiæ est, nisi velle bonis aliquem affici quam maximis, etiam si ad se nihil ex iis redeat? « Et prodest, inquit, mihi eo esse animo. » Imo videri fortasse. Esse enim, nisi eris [3], non potes. Qui autem esse poteris, nisi te

---

1. *Sententiis tuis.* Tu dois, prends-y garde, employer un langage qui est à nous, avec des idées qui sont à toi.

2. *Ne.... dicere.* « Et je ne veux pas qu'il n'ait pas de honte à penser ce qu'il a de la honte à dire. » Cicéron résume les motifs de sa critique; on se tromperait en rattachant ces deux propositions à celle qui les précède immédiatement.

3. *Nisi eris.* Il m'est utile, dira-t-on, d'avoir ces sentiments. — Non, mais peut-être de paraître les avoir. — Car pour les avoir il faut aimer déjà; et comment aimerez-vous si l'amour lui-même ne vous a pris, etc. Ce passage est suspect; l'auteur veut, sans doute, prouver que si l'affection ne précède pas le calcul, elle ne peut pas naître; elle n'est qu'un faux semblant. On a

amor ipse ceperit? quod non suducta utilitatis ratione[1]
effici solet, sed ipsum a se oritur et sua sponte nascitur.
« At enim sequor utilitatem. » Manebit ergo amicitia tam
diu, quam diu sequetur utilitas, et, si utilitas amicitiam
constituet, tollet eadem. 79. Sed quid ages tandem, si utilitas ab amicitia, ut fit sæpe, defecerit? Relinquesne? quæ
amicitia est? Retinebis? qui convenit? quid enim de amicitia statueris utilitatis causa expetenda vides. « Ne in
odium veniam, si amicum destitero tueri. » Primum cur
ista res digna odio est, nisi quod est turpis? Quod si, ne quo
incommodo afficiare, non relinques amicum, tamen, ne
sine fructu alligatus sis, ut moriatur optabis[2]. Quid? si
non modo utilitatem tibi nullam afferet, sed jacturæ rei
familiaris erunt faciundæ, labores suscipiendi, adeundum
vitæ periculum, ne tum quidem te respicies et cogitabis
sibi quemque natum esse et suis voluptatibus? Vadem te
ad mortem tyranno dabis pro amico, ut Pythagoreus ille[3]
Siculo fecit tyranno? aut, Pylades quum sis, dices te esse
Orestem, ut moriare pro amico? aut, si esses Orestes,
Pyladem refelleres, te indicares et, si id non probares[4],
quominus ambo una necaremini non precarere[5]?

proposé diverses corrections à la
leçon des manuscrits; les uns
écrivent : « esse enim, nisi vi-
deris, non prodest. » Il ne sert à
rien d'avoir ces sentiments, si on
ne paraît pas les avoir. D'autres
proposent : « esse enim, etsi vi-
deris, non potes; » car vous ne
pouvez les avoir, même en pa-
raissant les posséder.

1. *Subducta.... ratione*, « en
calculant son intérêt.

2. *Optabis*. « Si vous n'aban-
donnez pas votre ami par crainte
de quelque dommage, vous n'en
souhaiterez pas moins sa mort,

pour ne pas subir un attachement sans profit. »

3. *Pythagoreus ille*. Ce célèbre
pythagoricien est Damon; le tyran
de Sicile est Denys; l'ami pour
lequel Damon se porte caution
est Pythias.

4. *Non probares*. « Si tu ne
réussissais pas à prouver que tu
es Oreste. »

5. *Non precarere*. « Ne te refu-
serais-tu pas à périr avec lui. »
Precor équivaut ici à *deprecor*,
synonymie dont il est difficile de
donner des exemples. Aussi beaucoup d'éditeurs ont-ils corrigé les

CAPUT XXV.

Epicure a eu des amis; on ne conteste pas qu'il ait été homme de bien. On critique ses principes sans diffamer sa conduite.

80. « Faceres tu quidem, Torquate, hæc omnia : nihil enim arbitror magna laude dignum esse quod te prætermissurum credam aut mortis aut doloris metu. Non quæritur autem quid naturæ tuæ consentaneum sit, sed quid disciplinæ. Ratio ista, quam defendis, præcepta, quæ didicisti, quæ probas, funditus evertunt amicitiam, quamvis eam Epicurus, ut facit, in cœlum efferat laudibus. « At coluit ipse amicitias. » Quis, quæso, illum negat et bonum virum et comem et humanum fuisse[1]? De ingenio ejus in his disputationibus, non de moribus quæritur. Sit ista in Græcorum levitate perversitas, qui maledictis insectantur eos, a quibus de veritate dissentiunt[2]. Sed quamvis comis in amicis tuendis fuerit, tamen, si hæc vera sunt — nihil enim affirmo — non satis acutus

manuscrits, et écrit le second verbe au lieu du premier; d'autres ont proposé *recusares*, conjecture très-vraisemblable. L'histoire d'Oreste et de Pylade est bien connue.

1. *Humanum fuisse.* Cet hommage rendu à la personne d'Épicure aurait rencontré plus d'une contradiction dans l'antiquité; mais il doit être tenu pour mérité. Il ne prouve rien en faveur de sa doctrine, et aujourd'hui comme alors, il y a des systèmes faux soutenus par des hommes intelligents, et même des opinions peu recommandables professées par les plus honnêtes gens du monde.

2. *Dissentiunt.* Cet abus de la critique, qui dégénérerait en outrages, ne nous est révélé par aucun des grands monuments de la philosophie grecque. Platon et Aristote n'ont pas calomnié leurs adversaires, et le reproche de Cicéron, s'il n'est pas injuste, n'est pas justifié pour nous.

fuit[1]. « At multis se probavit. » 81. Et quidem jure fortasse, sed tamen non gravissimum est testimonium multitudinis. In omni enim arte vel studio vel quavis scientia
vel in ipsa virtute optimum quidque rarissimum est. Ac
mihi quidem, quod et ipse bonus vir fuit et multi Epicurei
fuerunt et hodie sunt et in amicitiis fideles et in omni
vita constantes et graves, nec voluptate, sed officio consilia moderantes, hoc videtur major vis honestatis et minor voluptatis. Ita enim vivunt quidam, ut eorum vitâ
refellatur oratio[2]. Atque ut ceteri dicere existimantur
melius quam facere, sic hi mihi videntur facere melius
quam dicere.

CAPUT XXVI.

Les épicuriens ont trois façons d'expliquer l'amitié; il n'en est
aucune qui laisse subsister ce sentiment.

82. Sed hæc nihil sane ad rem : illa videamus, quæ a
te de amicitia dicta sunt. E quibus unum mihi videbar ab

1. *Sed quamvis. .. fuit*. Cette
phrase présente des difficultés.
Cicéron veut-il dire qu'il admet le
caractère aimable d'Épicure, *comis*, sans en être sûr, *si hæc vera
sunt*, et qu'en tout cas il lui refuse la finesse de l'esprit, *acutus?* Ou bien se tient-il pour mal
renseigné sur la doctrine d'Épicure à propos de l'amitié? Ou
enfin se souvient-il brusquement
de son rôle de demi-sceptique et
dit-il de ses propres opinions, qui
pourtant paraissent fermes: « Si
elles sont vraies, car je n'affirme

rien? » Ces trois interprétations
ont leurs autorités. La seconde est
évidemment fausse; car Cicéron
sait parfaitement quelle est la
doctrine d'Épicure. La première
n'est pas admise par les critiques
les plus compétents, quoiqu'elle
nous semble la plus soutenable.
On lui préfère la troisième, si
imprévue que soit cette profes-
sion de foi académicienne.

2. *Oratio*. Leur conduite réfute
leurs paroles; il y a contradiction entre leur vie et leur système.

ipso Epicuro dictum cognoscere, amicitiam a voluptate
non posse divelli ob eamque rem colendam esse, quod,
quum [1] sine ea tuto et sine metu vivi non posset, ne jucunde quidem posset. Satis est ad hoc responsum. At-
tulisti aliud humanius horum recentiorum, nunquam
dictum ab illo ipso, quod sciam, primo utilitatis causa
amicum expeti, quum autem usus accessisset, tum ipsum
amari per se, etiam omissa spe voluptatis [2]. Hoc etiamsi
multis modis reprehendi potest, tamen accipio quod dant.
Mihi enim satis est, ipsis non satis; nam aliquando posse
recte fieri dicunt, nulla exspectata nec quæsita voluptate [3].
83. Posuisti etiam dicere alios fœdus quoddam inter se
facere sapientes, ut, quemadmodum sint in se ipsos ani-
mati, eodem modo sint erga amicos : id et fieri posse et
sæpe esse factum et ad voluptates percipiendas maxime
pertinere. Hoc fœdus facere si potuerunt, faciant etiam
illud, ut æquitatem, modestiam, virtutes omnes per se
ipsas gratis diligant. An vero, si fructibus et emolumentis
et utilitatibus amicitias colemus, si nulla caritas erit
quæ faciat amicitiam ipsam sua sponte, vi sua, ex se et
propter se expetendam, dubium est quin fundos et insulas [4] amicis anteponamus? 84. Licet hic rursus ea com-
memores, quæ optimis verbis ab Epicuro de laude amicitiæ
dicta sunt; non quæro quid dicat, sed quid convenienter
possit rationi et sententiæ suæ dicere [5]. « Utilitatis causa
amicitia quæsita est. » Num igitur utiliorem tibi hunc
Triarium putas esse posse, quam si tua sint Puteolis

---

1. *Quum.* Cette conjonction manque dans tous les manuscrits;
elle paraît nécessaire au sens.

2. *Voluptatis.* Voir le premier
livre, chap. **XX.**

3. *Voluptate.* C'est une contradiction, puisqu'ils reconnaissent
que parfois on peut bien agir,
sans attendre ni chercher le plaisir.

4. *Insulas.* Ce sont les propriétés, les maisons de ville, par opposition à *fundos.*

5. *Dicere.* On peut remarquer
ci, comme ailleurs, beaucoup de
redites.

granaria[1]? Collige omnia, quæ soletis. « Præsidium amicorum. » Satis est tibi in te, satis in legibus, satis in mediocribus amicitiis præsidii : jam contemni non poteris : odium autem et invidiam facile vitabis : ad eas enim res ab Epicuro præcepta dantur. Et tamen tantis vectigalibus ad liberalitatem utens, etiam sinè hac Pyladea amicitia, multorum te benevolentia præclaro tuebere et munies. 85. At quicum joca, seria, ut dicitur, quicum arcana, quicum occulta omnia[2]? Tecum optime : deindo etiam cum mediocri amico. Sed fac ista esse non importuna, quid ad utilitatem tantæ pecuniæ[3]? Vides igitur, si amicitiam suâ caritate metiare, nihil esse præstantius : sin emolumento, summas familiaritates prædiorum fructuosorum mercede superari. Me igitur ipsum ames oportet, non mea, si veri amici futuri sumus.

CAPUT XXVII.

Le bonheur du sage épicurien n'a ni certitude, ni durée.

« Sed in rebus apertissimis nimiùm longi sumus. Perfecto enim et concluso neque virtutibus neque amicitiis usquam locum esse, si ad voluptatem omnia referantur,

---

1. *Puteolis granaria.* Penses-tu qu'il y ait plus d'avantage pour toi à avoir Triarius pour ami, qu'à posséder des greniers à Pouzzoles? Cette ville servait d'entrepôt au commerce de grains entre Italie et la Sicile, l'Afrique et l'Égypte.

2. *Occulto omnia.* C'est l'épicurien qui parle. Avec qui, demande-t-il, partager nos tristesses et nos joies? Avant tout avec toi-même, répond Cicéron, et ensuite avec un ami banal.

3. *Sed fac.... pecuniæ.* « Supposez que tous ces avantages aient leur prix, que sont-ils en comparaison d'une si grande fortune? » *Ista* rappelle tous les profits attribués par Épicure à l'a-

nihil præterea est magnopere dicendum. Ac tamen, ne cui loco non videatur esse responsum, pauca etiam nunc dicam ad reliquam orationem tuam [1]. 86. Quoniam igitur summa omnis philosophiæ ad beate vivendum refertur [2], idque unum expetentes homines se ad hoc studium contulerunt, beate autem vivere alii in alio, vos in voluptate ponitis, item contra miseriam omnem in dolore, id primum videamus, beate vivere vestrum quale sit. Atque hoc dabitis, ut opinor, si modo sit aliquid esse beatum, id oportere totum poni in potestate sapientis [3]. Nam si amitti vita beata potest, beata esse non potest. Quis enim confidit sibi semper id stabile et firmum permansurum, quod fragile et caducum sit [4]? Qui autem diffidit perpetuitati bonorum suorum, timeat necesse est ne aliquando amissis illis sit miser; beatus autem esse in maximarum rerum timore nemo potest; 87. nemo igitur beatus esse potest [5]. Neque enim in aliqua parte, sed in perpetuitate temporis vita beata dici solet, neque appellatur omnino

---

mitie : « Præsidium, etc. » Le sens de cette phrase est fixé par la suivante : les liaisons les plus intimes ne valent pas le revenu de propriétés qui rapportent beaucoup : « prædiorum fructuosorum mercede superari. »

1. *Orationem tuam.* Cicéron reprend pêle-mêle celles des assertions de Torquatus auxquelles il n'a pas encore répondu.

2. *Refertur.* La philosophie n'a d'autre but que d'assurer notre bonheur. C'est une idée familière à l'antiquité, mais bien plus aux Romains qu'aux Grecs. Elle est contestable.

3. *Sapientis.* Si en effet la philosophie est une méthode pour arriver à la vie bienheureuse, il

faut admettre que le bonheur est en notre pouvoir: C'est une proposition très-hasardée; il y aurait peut-être quelque avantage à le nier et à éliminer de la morale l'idée du bonheur, qui n'est pas dépendant de notre volonté.

4. *Caducum sit.* Le bien des épicuriens n'est pas en notre pouvoir; aucun acte de volonté n'est capable de nous assurer le plaisir : il est, au contraire de l'essence du bien moral d'être réalisé s'il est voulu.

5. *Esse potest.* Nul ne peut être heureux, si les principes d'Épicure sont vrais, car nul ne peut être à l'abri de la douleur et de la crainte qui sont des maux; il y a là un syllogisme en forme.

vita beata, nisi confecta atque absoluta[1], nec potest quisquam alias beatus esse, alias miser : qui enim existima-
bit posse se miserum esse, beatus non erit. Nam quum
suscepta semel est beata vita, tam permanet quàm ipsa
illa effectrix beatæ vitæ sapientia, neque exspectat ultimum tempus ætatis, quod Crœso scribit Herodotus præ-
ceptum a Solone[2]. At enim, quemadmodum tute dicebas[3],
negat Epicurus ne diuturnitatem quidem temporis ad
beate vivendum aliquid afferre nec minorem voluptatem
percipi in brevitate temporis, quam si illa sit sempiterna.
88. Hæc dicuntur inconstantissime. Quum enim summum
bonum in voluptate ponat, negat infinito tempore ætatis
voluptatem fieri majorem quam finito atque modico. Qui
bonum omne in virtute ponit, is potest dicere perfici beatam vitam perfectione virtutis[4] : negat enim summo bono
afferre incrementum diem : qui autem voluptate vitam effici
beatam putabit, qui sibi conveniet, si negabit voluptatem
crescere longinquitate? Igitur ne dolorem quidem[5]. An
dolor longissimus quisque miserrimus, voluptatem non
optabiliorem diuturnitas facit[6]? Quid est igitur cur ita[7]
semper deum Epicurus beatum appellet et æternum[8]?

---

1. *Absoluta.* Cette idée d'un
bonheur qui doit être définitif est
empruntée par les stoïciens, que
Cicéron interprète, à la morale
d'Aristote. Voir *Éthique à Nicomaque,* livre I, chap. x et suivants.

2. *A Solone.* Solon prétendait
qu'il ne faut jamais juger qu'un
homme est heureux, tant qu'il est
vivant. Voir Hérodote, I, 32, et
Aristote, *Éthique à Nicomaque,*
I, x.

3. *Dicebas.* Voir livre I, xix, 63.

4. *Perfectione virtutis.* C'est la

doctrine stoïcienne : la vertu n'a
pas de degrés, pas plus que le
bonheur.

5. *Ne dolorem quidem.* « Il dira
donc que la douleur ne s'aug-
mente pas non plus en se prolon-
geant. »

6. *An.... facit :* « La douleur
devient-elle donc plus cruelle à
mesure qu'elle est plus longue,
tandis que la durée n'ajoute rien
au charme du plaisir? »

7. *Cur ita.* « Pourquoi donc
alors. »

8. *Beatum et æternum.* Dans la

Dempta enim æternitate, nihilo beatior Juppiter quam Epicurus[1] : uterque enim summo bono fruitur, id est, voluptate. « At enim hic etiam dolore[2]. » At eum nihili facit; ait enim se, si uratur, « Quam hoc suave! » dicturum[3]. 89. Qua igitur re a deo vincitur, si æternitate non vincitur? In qua quid est boni præter summam voluptatem et eam sempiternam[4]? Quid ergo attinet gloriose loqui, nisi constanter loquare? In voluptate corporis (addam, si vis, animi, dum ea ipsa, ut vultis[5], sit e corpore) situm est vivere beate. Quid? istam voluptatem perpetuam quis potest præstare sapienti? Nam quibus rebus efficiuntur voluptates, eæ non sunt in potestate sapientis. Non enim in ipsa sapientia positum est beatum esse[6], sed in iis rebus, quas sapientia comparat ad voluptatem. Totum autem id externum, et quod externum, id in casu est. Ita fit beatæ vitæ domina fortuna, quam Epicurus ait « exiguam intervenire sapienti[7]. »

lettre à Ménecée, dans ses maximes, on trouve en effet cette assertion repetée : τὸν Θεὸν ζῶον ἄφθαρτον καὶ μακάριον.

1. *Quam Epicurus.* Épicure n'aurait peut être pas repudié cette conséquence, pas plus que les stoïciens. « Il disait, nous rapporte Stobée, qu'il était prêt à le disputer de félicité même à Jupiter, pourvu qu'il eût un peu de pain et d'eau. » (*Anthologie*, XVII, 30.) L'argument de Cicéron ne prouverait donc rien, si parfois Épicure n'avait affirmé que le bonheur des dieux dépassait celui des hommes

2. *Etiam dolore.* Cicéron ne dirait pas sans doute *fruitur dolore*; mais on comprend qu'il ait omis un second verbe comme *afficitur. Hic* désigne Épicure.

3. *Dicturum.* Cette apostrophe semble convenir mieux à un stoïcien; il y a cependant des paroles tout à fait analogues dans ce qu'on nous a conservé des écrits d'Épicure.

4. *Sempiternam.* La pensée est profonde : que vaudrait l'éternité sans le bonheur absolu et éternel ?

5. *Ut vultis.* Voir livre I, XVII, 55. Cicéron revient à un ordre d'idées qu'il avait abandonné; il avait parlé d'abord de la sécurité du bonheur, puis de sa durée, et brusquement il reprend le premier sujet. Toute cette discussion va du reste un peu au hasard.

6. *Beatum esse.* Suppléer: « suivant Épicure. »

7. *Sapienti.* Voir livre I, XIX, 63.

CAPUT XXVIII.

La douleur est toujours à craindre, et si elle est le dernier des maux, que devient la félicité promise aux sages?

90 « Age, inquies, ista parva sunt. Sapientem locupletat ipsa natura, cujus divitias Epicurus parabiles esse docuit[1]. » Hæc bene dicuntur, nec ego repugno, sed inter sese ipsa pugnant. Negat enim tenuissimo victu, id est, contemptissimis escis et potionibus, minorem voluptatem percipi quàm rebus exquisitissimis ad epulandum. Huic ego, si negaret quidquam interesse ad beate vivendum quali uteretur victu, concederem, laudarem etiam : verum enim diceret, idque Socratem, qui voluptatem nullo loco numerat, audio dicentem, cibi condimentum esse famem[2], potionis sitim. Sed qui ad voluptatem omnia referens vivit ut Gallonius, loquitur ut Frugi ille Piso[3], non audio, nec eum quod sentiat dicere existimo. 91. Naturales divitias dixit parabiles esse, quod parvo esset natura contenta. Certe, nisi voluptatem tanti æstimaretis. « Non minor, inquit, voluptas percipitur ex vilissimis rebus quam ex pretiosissimis. » Hoc est non modo cor non habere[4], sed ne palatum quidem. Qui enim voluptatem ipsam contemnunt, iis licet dicere se acipen-

---

1. *Docuit.* Voir livre I, XIII, 46. « Le plus simple repas procure autant de plaisir que la table la plus opulente lorsque la douleur de la faim est apaisée.» Épicure, *Lettre à Ménecée*, 130.

2. *Esse famem.* « Socrate disait que l'appétit est l'assaisonnement de la nourriture, ἥδυν τροφῆς.» Porphyre, *De l'abstinence,* III,

26. Xénophon rapporte quelque chose d'analogue, *Mémoires*, I, 3.

3. *Ille Piso.* On a déjà parlé de Gallonius plus haut, ch. VIII, 24. Quant à Calpurnius Piso, surnommé Frugi, il est souvent cité comme le modèle de l'honnêteté.

4. *Cor non habere.* On a vu cette même expression plus haut. ch. VIII, 24.

serem mænœ non anteponere, cui vero in voluptate
summum bonum est, huic omnia sensu, non ratione sunt
judicanda, eaque dicenda optima, quæ sunt suavissima.
92. Verum esto : consequatur summas voluptates non
modo parvo, sed per me nihilo, si potest : sit voluptas
non minor in nasturtio illo, quo vesci Persas esse solitos
scribit Xenophon, quam in Syracusanis mensis, quæ a
Platone graviter vituperantur[1] : sit inquam, tam facilis
quàm vultis comparatio voluptatis, quid de dolore dicemus?
cujus tanta tormenta sunt, ut in iis beata vita, si modo
dolor summum malum est, esse non possit. Ipse enim
Metrodorus, pæne alter Epicurus[2], beatum esse describit
his fere verbis : « Quum corpus bene constitutum sit et
sit exploratum ita futurum[3]. » An id exploratum cuiquam
potest esse, quo modo sese habiturum sit corpus, non
dico ad annum, sed ad vesperum? Dolor igitur, id est,
summum malum, metuetur semper, etiam si non aderit :
jam enim adesse poterit. Qui potest igitur habitare in
beata vita summi mali metus? 93. « Traditur, inquit[4], ab
Epicuro ratio negligendi doloris. » Jam id ipsum[5] absur-
dum, maximum malum negligi. Sed quæ tandem ista ratio est? Maximus dolor, inquit, brevis est. Primum quid
tu dicis breve? deinde dolorem quem maximum? Quid

1. *Vituperantur*. Voir Xénophon, *Cyropédie*, I, II, 8 ; Platon,
Lettre VII. Cicéron traduit dans
les *Tusculanes*, V, XXXV, 100, ce
passage de cette lettre sans doute
apocryphe.
   Pæne alter Epicurus. On
voit au Louvre un buste antique
à deux faces, celle d'Épicure et
celle de Métrodore, cet autre Épicure.
   3. *Ita futurum*. « Quel autre
bien y a-t-il pour l'âme, dit Métrodore, que le bon état du corps, σαρκὸς, avec l'espérance fondée qu'il
persistera? » Paroles citées par
saint Clément d'Alexandrie, *Stromates*, II, XXII, 131.
   4. *Inquit*. On a déjà vu plusieurs exemples de cette forme
indéterminée: « dit-on. »
   5. *Id ipsum*. *Id* ne se trouve
pas dans les manuscrits : la plupart des critiques jugent qu'on
ne peut l'omettre sans incorrec-
tion.

enim? Summus dolor plures dies manere non potest
Vide ne etiam menses! Nisi forte eum dicis, qui, simul
atque arripuit, interficit. Quis istum dolorem timet? Illum mallem levares, quo optimum atque humanissimum
virum, Cn. Octavium, M. F.[1], familiarem meum confci
vidi, nec vero semel nec ad breve tempus, sed et sæpe
et plane diu. Quos ille, di immortales! quum omnes ar-
tus ardere viderentur, cruciatus perferebat! Nec tamen
miser esse, quia summum id malum non erat, tantum-
modo laboriosus videbatur. At miser, si in flagitiosa atque
vitiosa vita afflueret voluptatibus.

CAPUT XXIX.

Cette maxime, que la douleur est courte si elle est violente, et
légère si elle est longue, n'est pas confirmée par les faits.

94. « Quod autem magnum dolorem brevem, longinquum
levem dicitis, id non intelligo quale sit. Video enim et
magnos et eosdem bene longinquos dolores, quorum alia
toleratio est verior, qua uti vos non potestis, qui honestatem ipsam per se non amatis. Fortitudinis quædam
præcepta sunt ac pæne leges, quæ effeminari virum ve-
tant in dolore. Quam ob rem turpe putandum est, non
dico dolere — nam id quidem est interdum necesse—,
sed saxum illud Lemnium clamore Philoctetæo funes-
tare :

Quod ejulatu, questu, gemitu, fremitibus
Resonando mutum flebiles voces refert[2].

1. Cn. Octavium. Salluste parle
aussi de cet Octavius, consul en
76, « homo mitis et captus pedibus. » Histoire. Fragments.
2. Voces refert. Ces deux vers
et les suivants sont probablement

Huic Epicurus præcentet[1], si potest, cui

> E viperino morsu venæ viscerum
> Veneno imbutæ tetros cruciatus cient!

Sic Epicurus : « Philocteta! si gravis dolor, brevis. » At jam decimum annum in spelunca jacet. « Si longus, levis : dat enim intervalla et relaxat. » 95. Primum non sæpe, deinde quæ est ista relaxatio, quum et præteriti doloris memoria recens est et futuri atque impendentis torquet timor? « Moriatur, » inquit. Fortasse id optimum, sed ubi illud : « Plus semper voluptatis[2]? » Si enim ita est, vide ne facinus facias, quum mori suadeas. Potius ergo illa dicantur, turpe esse, viri non esse debilitari dolore, frangi, succumbere. Nam ista vestra : « Si gravis, brevis : si longus, levis, » dictata sunt[3]. Virtutis, magnitudinis animi, patientiæ, fortitudinis fomentis dolor mitigari solet.

CAPUT XXX.

Épicure lui-même se dément dans sa lettre à Hermarchus.

96. « Audi, ne longe abeam, moriens quid dicat Epicurus, ut intelligas facta ejus cum dictis discrepare : « Epi-

---

tirés du *Philoctète* d'Attius, et se retrouvent dans les *Tusculanes* II, XIV, 33. *Mutum*, le rocher jusque-là muet.

1. *Præcentet.* « Qu'Épicure aille donc lui dire ses paroles magiques. »

2. *Plus.... voluptatis.* Que devient ce principe : « il y a toujours plus de plaisir, que de dou-

leurs? » Voir livre I, XIX, 62 : « Neque enim tempus est ullum quo non plus voluptatum habeat (sapiens) quàm dolorum. »

3. *Dictata sunt.* C'est dans le même sens qu'Horace a dit: « Ut puerum sævo credas dictata magistro Reddere. » *Épitres*, I, XVIII, vers 13. Ce sont des banalités d'école, qu'on apprend par cœur.

curus Hermarcho[1] S. Quum ageremus, inquit, vitæ bea
tum et eumdem supremum diem, scribebamus hæc. Tan
autem aderant vesicæ et torminum morbi, ut nihil a
eorum magnitudinem posset accedere. » Miserum hom
nem! Si dolor summum malum est, dici aliter non p
test. Sed audiamus ipsum : « Compensabatur, inqui
tamen cum his omnibus animi lætitia, quam capieba
memoria rationum inventorumque nostrorum[2]. Sed tu, t
dignum est tua erga me et philosophiam voluntate a
adolescentulo suscepta, fac ut Metrodori tueare liberos.
97. Non ego jam Epaminondæ, non Leonidæ morte
hujus morti antepono, quorum alter quum vicisset La
cedæmonios apud Mantineam atque ipse gravi vulner
exanimari se videret, ut primum dispexit[3], quæsivit sa
vusne esset clipeus. Quum salvum esse flentes sui re
pondissent, rogavit essentne fusi hostes? Quumque
quoque ut cupiebat audivisset, evelli jussit eam, qua er
transfixus, hastam. Ita multo sanguine profuso in lætit
et victoria est mortuus. Leonidas autem rex Lacedæm
niorum, se in Thermopylis trecentosque eos, quos eduxe
rat Sparta, quum esset proposita aut fuga turpis aut glo
riosa mors, opposuit hostibus. Præclaræ mortes su
imperatoriæ : philosophi autem in suis lectulis plerumqu
moriuntur. Refert tamen, quo modo. *Beatus*[4] sibi videbat
esse moriens? Magna laus. « Compensabatur, inquit, cu

---

1. *Hermarcho.* Hermarchus de Mitylène fut désigné par Épicure pour être son successeur. La lettre qui suit est rapportée par Diogène-Laërce, XX, 22; mais elle est adressée à Idoménée. On peut conjecturer qu'Épicure l'envoya à plusieurs de ses disciples.

2. *Inventorumque.* Le texte grec porte simplement τῶν διαλογισμῶν

μνήμη. Le reste de la lettre e fidèlement traduit.

3. *Dispexit.* Dès qu'il rouvr les yeux. *Videret* n'est pas he reusement rapproché de ce mo et le récit de la mort d'Épam nondas n'est pas à propos

4. *Beatus.* Ce mot manque da tous les manuscrits; il s'agit d' picure.

summis doloribus lætitia. » 98. Audio equidem philosophi vocem, Epicuro; sed quid tibi dicendum sit oblitus es. Primum enim, si vera sunt ea quorum recordatione te gaudere dicis, hoc est, si vera sunt tua scripta et inventa, gaudere non potes. Nihil enim jam habes quod ad corpus referas[1]: est autem a te semper dictum nec gaudere quemquam nisi propter corpus nec dolere. « Præteritis, inquit, gaudeo. » Quibusnam præteritis? si ad corpus pertinentibus, rationes tuas te video compensare cum istis doloribus, non memoriam corpore perceptarum voluptatum[2]: sin autem ad animum, falsum est, quod negas animi ullum esse gaudium, quod non referatur ad corpus. Cur deinde Metrodori liberos commendas? quid *ex* isto[3] egregio tuo officio et tanta fide (sic enim existimo) ad corpus refers?

CAPUT XXXI.

Dans son testament, il recommande, en dépit de ses doctrines, de célébrer l'anniversaire de sa naissance.

99. « Huc et illuc, Torquate, vos versetis licet; nihil in hac præclara epistola scriptum ab Epicuro congruens et conveniens decretis ejus reperietis. Ita redarguitur ipse a sese vincunturque[4] scripta ejus probitate ipsius ac mo-

1. *Referas.* Épicure malade et torturé ne peut trouver dans l'état de son corps aucune cause de joie.

2. *Si.... voluptatum.* Quelles sont ces joies passées? Diras-tu qu'elles se rapportent au corps? Mais je vois bien que dans ta lettre tu compenses tes douleurs présentes par le souvenir de tes travaux, je ne t'entends pas parler des jouissances du corps.

3. *Ex isto.* Les manuscrits ne donnent aucune préposition. Peut-être devait on préférer *in* à *ex.*

4. *Vincunturque.* C'est la leçon de tous les manuscrits; la plupart des éditeurs croient néces-

ribus. Nam ista commendatio puerorum, memoria
caritas amicitiæ, summorum officiorum in extremo spirit
conservatio indicat innatam esse homini probitatem gr
tuitam, non invitatam voluptatibus nec præmiorum me
cedibus evocatam. Quod enim testimonium majus quæ
rimus, quæ honesta et recta sint, ipsa esse optabilia pe
sese, quum videamus tanta officia morientis? 100. Se
ut epistolam laudandam arbitror eam, quam modo totide
fere verbis interpretatus sum, quanquam ea cum summ
ejus philosophiæ[1] nullo modo congruebat, sic ejusde
testamentum non solum a philosophi gravitate, sed etia
ab ipsius sententia judico discrepare. Scripsit enim
multis sæpe verbis et breviter aperteque[2] in eo libro[3] que
modo nominavi, « mortem nihil ad nos pertinere: quo
enim dissolutum sit, id esse sine sensu, quod autem sir
sensu sit, id nihil ad nos pertinere omnino. » Hoc ipsu
elegantius poni meliusque potuit. Nam quod ita positu
est: « Quod dissolutum sit, id esse sine sensu, » id eju
modi est, ut non satis plane dicat quid sit dissolutúm
101. Sed tamen intelligo quid velit. Quæro autem qui
sit, quod, quum dissolutione, id est, morte sensus omn
exstinguatur et quum reliqui nihil sit omnino quod pe

saire d'y substituer *convincuntur,* qui sans doute serait préférable.

1, *Philosophiæ.* Madvig écrit *philosophia;* les manuscrits ne donnent rien de certain.

2. *Aperteque.* Le manuscrit le meilleur porte *aptèque,* qui semble moins convenir, mais qui peut se défendre. *Aperte* s'écrirait de même, plus un signe d'abréviation qui a pu se trouver omis.

3. *In eo libro.* Quel est ce livre? Sans doute les *Maximes* qui ont été citées ch. VII, 20, et où se retrouve textuellement cette pe sée. Diogène-Laërce, X, 139.

4. *Quid sit dissolutum.* Cicéra reproche à Épicure de ne p dire avec précision quelle cho est dissoute. Cette chose, c'e l'être composé d'un corps et d'u âme; c'est là ce qui devient i sensible; mais l'âme se disso elle? Cette critique, au tém gnage d'Aulu-Gelle, est d'origi grecque, et Cicéron la rappelle passant et supprime les expli tions qui l'auraient fait compre dre.

ineat ad nos, tam accurate tamque diligenter caveat et
anciat, « ut Amynomachus et Timocrates, heredes sui, de
Iermarchi sententia dent quod satis sit ad diem agendum
natalem suum quotannis, mense Gamelione, itemque
omnibus mensibus vicesimo die lunæ dent ad eorum epu-
as, qui una secum philosophati sint, ut et sui et Metro-
lori memoria colatur[1]. » 102. Hæc ego non possum dicere
non esse hominis quamvis et belli et humani, sapientis
vero nullo modo, physici præsertim, quem se ille esse
vult, putare ullum esse cujusquam diem natalem. Quid?
demne potest esse dies sæpius, qui semel fuit? Certè
non potest[2]. An ejusdem modi? Ne id quidem, nisi
multa annorum intercesserint millia, ut omnium siderum
eodem, unde profecta sint, fiat ad unum tempus[3] reversio[4]. Nullus est igitur cujusquam dies natalis. « At ha-
etur! » Et ego scilicet id nesciebam! Sed ut sit, etiamne
post mortem coletur? idque testamento cavebit is, qui
nobis quasi oraculum ediderit nihil post mortem ad nos
pertinere[5]? Hæc non erant ejus, qui innumerabiles
mundos infinitasque regiones, quarum nulla esset ora,
nulla extremitas, mente peragravisset[6]. Num quid tale

1. *Colatur.* Traduction d'un
passage du testament d'Épicure
que Diogène-Laërce a transcrit,
livre X, 8.

2. *Non potest.* Cette critique est
une vraie chicane, si ce n'est pas
une ironie.

3. *Ad unum tempus* équivaut à
eodem tempore.

4. *Reversio.* Ce retour des astres
à la position relative qu'ils occu-
pent à un moment donné sur la
voûte celeste, s'opère, suivant
les anciens, en 12954 années.
C'est la grande année astronomi-
que dont il est question dans le
Timée, dans le *Songe de Sci-*

pion, etc., etc. C'est un grand
appareil scientifique pour une
querelle de mots. On a peine à
croire que Cicéron parle sérieusement.

5. *Ad nos pertinere.* Ce raisonnement paraît peu solide. Épicure
aurait répondu qu'il prenait ces
dispositions non pour lui, puisqu'il n'admet pas la survivance
de l'âme, mais pour ses disciples
et dans l'intérêt de ses doctrines.

6. *Mente peragravisset.* Cicéron
avait lu Lucrèce. Peut-être se
rappelait-il ces vers : « Extra pro-
cessit longè flammantia mœnia

Democritus? Ut alios omiltam, hunc appello, quem ill
unum secutus est. 103. Quod si dies notandus fui
eumne potius[1], quo natus, an eum, quo sapiens factu
est? Non potuit, inquies, fieri sapiens, nisi natus esset
Isto modo[2] ne si avia quidem ejus nata non esset. Re
tota, Torquate, non doctorum hominum, velle post mor
tem epulis celebrari memoriam sui nominis. Quos qui
dem dies quemadmodum agatis et in quantam hominun
facetorum urbanitatem incurratis non dico: nihil opus es
litibus: tantum dico, magis fuisse vestrum, agere Epicur
diem natalem, quam illius, testamento cavere ut ageretur

CAPUT XXXII.

**La mémoire qui, d'après lui, contribue tant au bonheur,
n'est pas soumise à notre volonté.**

104. « Sed ut ad propositum revertamur, de dolore enin
quum diceremus, ad istam epistolam delati sumus, nunc
totum illud concludi sic licet : Qui in summo malo est
is tum, quum in eo est, non est, beatus: sapiens auten
semper beatus est et est aliquando in dolore: non es
igitur summum malum dolor[3]. Jam illud quale tendem
est, bona præterita non effluere sapienti, mala meminisse
non oportere? Primum in nostrane potestate est quic
meminerimus[4]? Themistocles quidem, quum ei Simonide

---

mundi, Atque immensum pera-
gravit mente animoque.»(Livre I,
vers 72.)

1. *Eumne potius.* On ne s'attend
pas à cet accusatif, après ces
mots : « Dies notandus fuit ; » on
peut suppléer « notare debuit. »

2 *Isto modo.* A ce compte...

3. *Malum dolor.* Conclusion
imprévue. Cicéron avait raisonné
comme s'il voulait prouver que
le sage épicurien ne peut êtr
heureux.

4. *Quid meminerimus.* L'objection est solide : ni le souvenir, n
l'oubli ne dépendent de nous.

an quis alius[1] artem memoriæ polliceretur : « Oblivionis, inquit, mallem.   Nam memini etiam quæ nolo : oblivisci non possum quæ volo. »   105. Magno hic ingenio, sed res se tamen sic habet, ut nimis imperiosi philosophi sit vetare meminisse.   Vide ne ista sint Manliana vestra[2] aut majora etiam, si imperes quod facere non possim.   Quid? si etiam jucunda memoria est præteritorum malorum[9] ut proverbia non nulla veriora sint quam vestra dogmata. Vulgo enim dicitur : « Jucundi acti labores; » nec male Euripides (concludam[3] si potero, latinè : græcum enim hunc versum nostis omnes) :

Suavis laborum est præteritorum memoria[4].

Sed ad bona præterita redeamus.   Quæ si a vobis talia dicerentur, qualibus C. Marius uti poterat, ut expulsus, egens, in palude demersus, tropæorum recordatione levaret dolorem suum, audirem et plane probarem[5]. Nec enim

---

1. *An quis alius.* « Que ce soit Simonide ou un autre. » Cette anecdote a été souvent racontée par Cicéron.

2. *Manliana vestra*, ce sont là des ordres à la façon de Manlius. *Manliana imperia* était une expression consacrée pour signifier des ordres difficiles ou impossibles à exécuter. Voir Tite-Live, V, XXIX, 6.

3. *Concludam.* Suppléer *numeris :* je tâcherai de rendre par un vers latin le vers grec que vous connaissez tous.

4. *Memoria.* Ἀλλ' ἡδύ τοι σωθέντα μεμνῆσθαι πόνων. C'est un vers de l'*Andromède* d'Euripide, pièce qui a disparu. La pensée en elle-même est juste, mais d'une vé-

rité qui n'a rien d'absolu; le souvenir des maux passés peut être tantôt agréable, tantôt pénible. Virgile a dit : « Forsan et hæc olim meminisse juvabit; » mais il n'est pas moins exact en écrivant : « Quanquam animus meminisse horret, luctuque refugit. »

5. *Plane probarem.* Le souvenir des biens perdus peut aussi provoquer des sentiments de douleur ou de plaisir; il n'y a pas là de loi inflexible. Chacun se rappelle ces vers du Dante : « Je ne sais pas de plus grande douleur que de se souvenir des jours heureux, au sein de la misère présente. » Marius au marais de Minturne pouvait se réjouir ou s'affliger au souvenir de ses tro-

absolvi beata vita sapientis neque ad exitum perduci poterit,
si prima quæque[1] bene ab eo consulta atque facta ipsius
obliviono obruentur.   106. Sed vobis voluptatum perceptarum   recordatio vitam beatam facit et quidem corpore
perceptarum.   Nam si quæ sunt aliæ, falsum est omnes
animi voluptates esse e corporis societate.   Corporis autem voluptas si etiam præterita delectat, non intelligo cur
Aristoteles[2] Sardanapali epigramma tantopere derideat,
in quo ille rex Syriæ glorietur se omnes secum abstulisse
libidinum voluptates[3].   Quod enim ne vivus quidem,
inquit, diutius sentire poterat, quam dum fruebatur, quomodo id mortuo potuit permanere?   Fluit igitur voluptas
corporis et prima quæque avolat sæpiusque relinquit
causam pœnitendi quam recordandi.   Itaque beatior Afri-
canus cum patria illo modo loquens:

Desine, Roma, tuos hostes[4]. . . . .

reliquaque præclare :

Namque tibi monimenta[5] mei peperere labores.

Laboribus hic præteritis gaudet, tu jubes voluptatibus.

phées. Hormis lui-même, nul ne
peut savoir quel sentiment il a
éprouvé.

1. *Prima quæque*. C'est une
locution très-usitée, et Madvig en
cite de nombreux exemples. Traduire : « les uns après les autres, » comme quelques lignes
plus bas, « prima quæque avolat.»

2. *Aristoteles*. On ne trouve cette
mention dans aucun des livres
d'Aristote que nous possédons.
Cicéron la rappelle plus explici-
tement dans les *Tusculanes*, V,
xxxv, 101.

3. *In quo.... voluptates.* On
trouve dans les *Tusculanes*, V,
xxxv, 101, la traduction en deux
vers de cette inscription : « Huc
habeo quæ edi quæque exsaturata
libido Hausit, at illa jacent multa
et præclara relicta. » Les deux
vers grecs ont été conservés, ils
sont un abrégé de l'inscription
primitive.

4. *Tuos hostes....* Ce fragment de
vers et le suivant sont probablement tirés des *Annales* d'Ennius.

5. *Monimenta.* Leçon du meilleur manuscrit : Madvig et Klotz
écrivent *mœnimenta*, et remplacent *namque* par *nam*.

ic se ad ea revocat, e quibus nihil unquam retulerit
d corpus, tu totus hæres in corpore.

CAPUT XXXIII.

n'a pu expliquer comment les plaisirs de l'âme sont plus vifs
que ceux du corps, qui en est l'origine et la cause.

107. « Illud autem ipsum qui obtineri potest, quod dicitis
mnes animi et voluptates et dolores ad corporis volup-
ates ac dolores pertinere? Nihil tene delectat unquam
video quicum loquar), te igitur, Torquate, ipsum per se
nihil delectat? Omitto dignitatem, honestatem, speciem
psam virtutum, de quibus ante dictum est; hæc leviora
onam: poema, orationem quum aut scribis aut legis,
quum omnium factorum, quum regionum conquiris his-
oriam, signum, tabula[1], locus amœnus, ludi, venatio,
illa Luculli (nam si tuam dicerem, latebram haberes: ad
orpus diceres pertinere), sed ea quæ dixi, ad corpusne
efers? an est aliquid quod te sua sponte delectet[2]? Aut
ertinacissimus fueris, si perstiteris ad corpus ea, quæ
ixi, referri, aut deserueris totam Epicuri voluptatem,
i negaveris. 108. Quod vero a te disputatum est majores
sse voluptates et dolores animi quam corporis, quia

---

1. *Signum, tabula*. On remarquera ces nominatifs qui s'expliquent par l'interrogation « Nihil
ene delectat, » mais qui se trou-
ent enchâssés dans une construction qui exigerait des accu-
atifs.

2. *Sua sponte delectet*. « N'y a-t-il
ien qui te fasse par soi-même

quelque plaisir? » Cette expression
répétée ne paraît pas d'une propriété parfaite. La question n'est
pas de savoir s'il y a des objets
qui par eux-mêmes ont la vertu
de nous émouvoir de plaisir,
mais s'ils peuvent agir sur l'âme
sans l'intermédiaire des organes
et l'affliger ou la réjouir.

trium temporum[1] particeps animus sit, corpore autem
præsentia solum sentiantur, qui id probari potest, ut is,
qui propter me aliquid gaudeat, plus quam ego ipse gaudeat[2]? Animo voluptas oritur propter voluptatem corporis et major est animi voluptas quam corporis : ita fit ut
gratulator lætior sit quam is, cui gratulatur[3]. Sed, dum
efficere vultis beatum sapientem, quum maximas animo
voluptates percipiat omnibusque partibus majores[4] quam
corpore, quid occurrat[5] non videtis. Animi enim dolores
quoque percipiet omnibus partibus majores quam corporis. Ita miser sit aliquando necesse est is, quem vos
beatum semper vultis esse, nec vero id, dum omnia ad
voluptatem doloremque referetis, efficietis[6] unquam.
109. Quare aliud aliquod, Torquate, hominis summum
bonum reperiendum est : voluptatem bestiis concedamus,
quibus vos de summo bono testibus uti soletis[7]. Quid?
si etiam bestiæ multa faciunt, duce sua quæque natura,
partim indulgenter[8] vel cum labore, ut in gignendo, in
educando, ut perfacile[9] appareat aliud quiddam iis propositum, non voluptatem : partim cursu et peragratione

---

1. *Trium temporum.* Voir livre
I, xvii, 55.

2. *Ipse gaudeat.* Selon Épicure,
l'âme ne peut éprouver aucune
émotion qui n'ait sa cause dans
une impression des organes. Comment se fait-il alors que ses plaisirs puissent être plus vifs que
ceux du corps?

3. *Animo.... gratulatur.* Cette
phrase pourrait être une simple
note marginale; elle commente
avec exactitude la précédente qui
est un peu subtile. A ce titre, elle
n'est pas inutile.

4. *Omnibus partibus majores :*
« Infiniment plus grandes. »

5. *Quid occurrat.* « Vous ne
voyez pas la difficulté. »

6. *Ii efficietis.* « Vous voulez
lui assurer un bonheur constant;
mais vous n'y parviendrez jamais,
tant que vous rapporterez tout au
plaisir. »

7. *Uti soletis.* Voir livre I,
xxi, 71.

8. *Indulgenter.* Avec bonté, peut-
être même avec désintéressement.

9. *Ut perfacile....* La conjonction *ut* ne se trouve pas dans les
manuscrits. En la rétablissant on
a un sens plus clair et une construction moins embarrassée.

lætantur, congregatione aliæ cœtum quodam modo civitatis imitantur.   110. Videmus in quodam volucrium
genere nonnulla indicia pietatis, cognitionem, memoriam :
in multis etiam desideria videmus ; ergo in bestiis erunt
secreta a voluptate humanarum quædam simulacra virtutum, in ipsis hominibus virtus, nisi voluptatis causa,
nu'la erit ? et homini, qui ceteris animantibus plurimum
præstat, præcipui a natura nihil datum esse dicemus ?

CAPUT XXXIV

Le bien de l'homme ne peut être celui de la brute. Nos facultés
nous destinent à une fin plus élevée, et nous avons trop de
puissance pour un tel but.

111. « Nos vero, si quidem in voluptate sunt omnia,
longe, multumque superamur a bestiis, quibus ipsa terra
fundit ex sese pastus varios atque abundantes nihil labo-
rantibus ; nobis autem aut vix aut ne vix quidem suppe-
tunt multo labore quærentibus. Nec tamen ullo modo
summum pecudis bonum et hominis idem mihi videri
potest. Quid enim tanto opus est instrumento in optimis
artibus comparandis, quid tanto concursu honestissimorum
studiorum, tanto virtutum comitatu, si ea nullam ad
aliam rem nisi ad voluptatem conquiruntur ? 112. Ut, si
Xerxes, quum tantis classibus tantisque equestribus et
pedestribus copiis, Hellesponto juncto, Athone perfosso,
maria ambulavisset [1], terram navigasset ; si, quum tanto
impetu in Græciam venisset, causam quis ex eo quæreret

1. *Navigasset.* Ces expressions | supportables en prose ; aussi Bai-
sont du style poétique et à peine | ter propose de lire *mari* et *terra*.

tantarum copiarum tantique belli, mel se auferre ex Hymetto voluisse diceret, certe sine causa videretur tanta conatus : sic nos sapientem plurimis et gravissimis artibus atque virtutibus instructum et ornatum non, ut illum maria pedibus peragrantem, classibus montes, sed omne cœlum totamque cum universo mari terram mente complexum, voluptatem petere si dicemus, mellis causa dicemus tanta molitum. 113. Ad altiora quædam et magnificentiora, mihi crede, Torquate, nati sumus, nec id ex animi solum partibus, in quibus inest memoria rerum innumerabilium, in te quidem infinita, inest conjectura consequentium, non multum a divinatione differens, inest moderator cupiditatis pudor, inest ad humanam societatem justitiæ fida custodia, inest in perpetiendis laboribus adeundisque periculis firma et stabilis doloris mortisque contemptio : ergo hæc in animis[1], tu autem etiam membra ipsa sensusque considera, qui tibi, ut reliquæ corporis partes, non comites solum virtutum, sed ministri etiam videbuntur. 114. Quod si in ipso corpore multa voluptati præponenda sunt, ut vires, valetudo, velocitas, pulchritudo, quid tandem in animis censes? in quibus doctissimi illi veteres inesse quiddam cœleste et divinum putaverunt. Quod si esset in voluptate summum bonum, ut dicitis, optabile esset, in maxima voluptate, nullo intervallo interjecto, dies noctesque versari, quum omnes sensus dulcedine omni quasi perfusi moverentur. Quis est autem dignus nomine hominis, qui unum diem totum

---

1. *Hæc in animis.* La construction est interrompue : Nous sommes faits, dit Cicéron, pour une plus noble destinée, et il est facile de le comprendre non-seulement en considérant les facultés de notre âme, « nec solùm ex animi partibus, » mais encore l'organisation de notre corps. Seulement, au lieu de continuer sous cette forme, il s'interrompt et dit : « Considère aussi nos organes, etc. » Ces anacoluthes sont très-fréquents dans cet ouvrage écrit à la hâte. On en trouvera un autre plus bas 115.

velit esse in isto genere voluptatis? Cyrenaici quidem non
recusant, vestri hæc verecundius, illi fortasse constantius.
115. Sed lustremus animo non has maximas artes, quibus
qui carebant inertes a majoribus nominabantur, sed
quæro num existimes, non dico Homerum, Archilochum,
Pindarum, sed Phidiam, Polyclitum, Zeuxin ad voluptatem artes suas direxisse. Ergo opifex plus sibi proponet
ad formarum quam civis excellens ad factorum pulchri-
tudinem? Quæ est autem alia causa erroris tanti, tam
longe lateque diffusi, nisi quod is, qui voluptatem summum bonum esse decernit, non cum ea parte animi, in
qua inest ratio atque consilium, sed cum cupiditate, id
est, cum animi levissima parte deliberat[1]? Quæro enim
de te, si sunt di, ut vos etiam putatis, qui possint esse
beati, quum voluptates corpore percipere non possint, aut
si sine eo genere voluptatis beati sunt, cur similem animi
usum in sapiente esse nolitis[2].

CAPUT XXXV.

Conséquences funestes de la morale de l'intérêt : destruction
de la vertu, abaissement des caractères.

116. « Lege laudationes, Torquate, non eorum, qui sunt
ab Homero laudati, non Cyri, non Agesilai, non Aristidi
aut Themistocli, non Philippi aut Alexandri : lege nostrorum hominum, lege vestræ familiæ : neminem videbis ita

---

1. *Deliberat.* Ces lignes con-
tiennent la critique la plus décisive de l'épicurisme : c'est un système qui bouleverse l'ordre de
nos facultés et soumet les plus

nobles aux plus humbles.

2. *Esse nolitis.* Cette objection
est sensée, mais bien imprévue ;
la pensée est décousue, comme
trop souvent.

laudatum, ut artifex callidus comparandarum voluptatum
diceretur. Non elogia monumentorum id significant, velut hoc ad portam [1] : UNUM HUNC PLURIMÆ CONSENTIUNT
GENTES POPULI PRIMARIUM FUISSE VIRUM. 117. Idne con-
sensisse de Calatino [2] plurimas gentes arbitramur, primarium populi fuisse, quod præstantissimus fuisset in
conficiendis voluptatibus? Ergo in iis adolescentibus bo-
nam spem esse dicemus et magnam indolem, quos suis
commodis inservituros et quidquid ipsis expediat facturos
arbitrabimur? Non videmus quanta perturbatio rerum
omnium consequatur, quanta confusio [3]? Tollitur beneficium, tollitur gratia, quæ sunt vincula concordiæ. Nec
enim, si tuam ob causam cui commodes, beneficium illud
habendum est, sed feneratio, nec gratia deberi videtur
ei, qui suam ob causam commodaverit. Maximas vero
virtutes jacere omnes necesse est voluptate dominante.
Sunt etiam turpitudines plurimæ, quæ, nisi honestas natura plurimum valeat, cur non cadant in sapientem non
est facile defendere. 118. Ac ne plura complectar — sunt
enim innumerabilia —, bene laudata virtus voluptatis
aditus intercludat necesse est. Quod jam a me exspectare
noli. Tute introspice in mentem tuam ipse, eamque omni
cogitatione pertractans percontare ipse te, perpetuisne
malis voluptatibus perfruens in ea, quam sæpe usurpabas,
tranquillitate degere omnem ætatem sine dolore, as-
sumpto etiam illo, quod vos quidem adjungere soletis
sed fieri non potest, sinè doloris metu, an, quum de om-

---

1. *Ad portam.* La porte Capène. Cette inscription ressemble pres- que littéralement à celle du tom- beau de L. Scipion Barbatus, qu'on peut lire dans le *Corps des inscriptions latines*, édité par Mommsen, t. I, p. 18.

2. *De Calatino.* Calatinus était consul en 258 et devint dictateur en 249.

3. *Quanta confusio.* Cicéron pré- voit combien les progrès de l'É- picurisme seront funestes à sa pa- trie.

nibus gentibus optime mererere, quum opem indigentibus salutemque ferres, vel Herculis perpeti ærumnas. Sic enim majores nostri labores non fugiendos tristissimo tamen verbo ærumnas, etiam in deo, nominaverunt. 119. Exigerem ex te cogeremque ut responderes, nisi vererer ne Herculem ipsum ea, quæ pro salute gentium summo labore gessisset, voluptatis causa gessisse diceres. »

Quæ quum dixissem : « Habeo, inquit Torquatus, ad quos ista referam, et, quanquam aliquid ipse poteram, tamen invenire malo paratiores. — Familiares nostros, credo, Syronem dicis et Philodemum [1], quum optimos viros, tum homines doctissimos. — Recte, inquit, intelligis. — Age sane, inquam. Sed erat æquius Triarium aliquid de nostra dissensione judicare. — Ejuro, inquit arridens, iniquum, hac quidem de re : tu enim ista lenius, hic Stoicorum more nos vexat. » — Tum Triarius : « Posthac quidem, inquit, audacius. Nam hæc ipsa mihi erunt in promptu, quæ modo audivi, nec ante aggrediar quam te ab istis, quos dicis, instructum videro. » — Quæ quum essent dicta, finem fecimus et ambulandi et disputandi.

1. *Et Philodemum.* Syron et Philodème sont des philosophes épicuriens. Le premier fut, dit-on, le maître de Virgile et de Varius. Le second était l'ami de L. Pison, et l'on a retrouvé dans les papyrus d'Herculanum quelques-uns de ses écrits.

FIN.

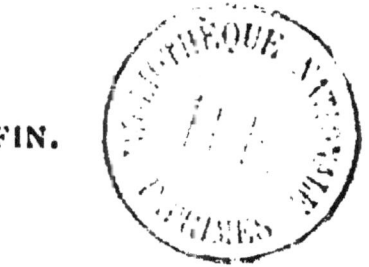

39172. — Imprimerie Lahure, rue de Fleurus, 9, à Paris.

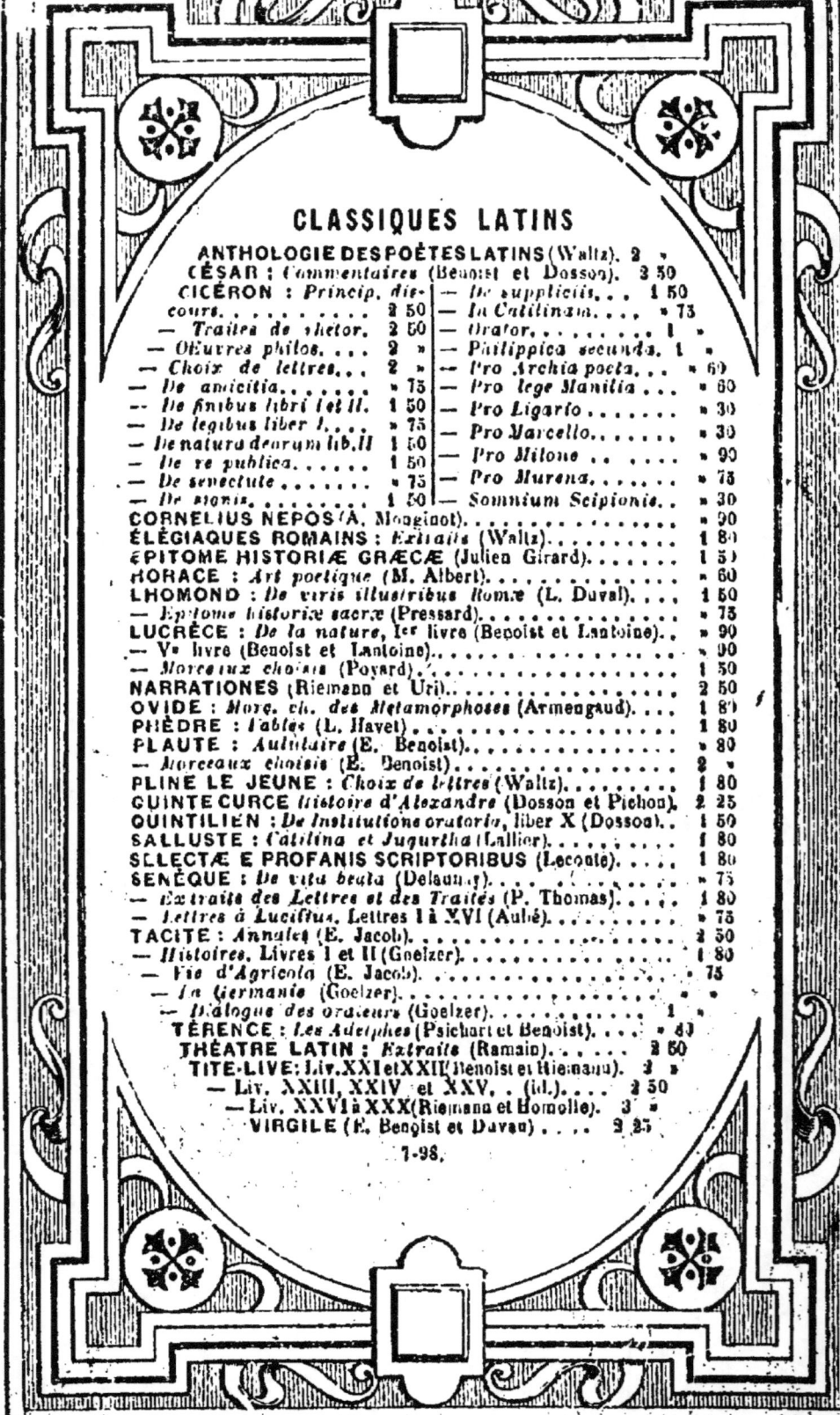